감정
연구

감정
연구

권택영 지음

따뜻하고 친근한
감정의 힘

글항아리

일곱 개의 키워드:
감정이 풍부하면 판단이 정확해진다

*감정은 고독, 착각, 후회, 집착, 공감과 마찬가지로
진화의 산물이기에 자의식적이다.*

5월의 장미 광장은 화려하다. 아이들은 마냥 즐겁고 젊은이들은 아름다운 봉오리를 사진으로 남기려 하며 나이 든 사람들은 그냥 바라본다. 아름다움과 추함이 한데 어우러져 한쪽에서는 봉오리가 젊음을 뽐내고 바로 그 옆에서는 시든 꽃잎들이 풀 죽어 있다. 감정의 눈은 어느 한쪽에 자신을 투사한다. 그래서 5월은 잔인하다.

2019년 5월이 지나 '열정'이라는 아주 작은 꽃잎을 사랑했다. 광장을 지나 한쪽 길가에 늦게 핀 자주색 꽃망울들은 눈에 잘 띄지 않는다. 그리고 시간이 지나 가을에 태풍 '링링'이 창문을 뒤흔들 때, 나는 두려움에 잠을 못 이루었다. 젊음의 기쁨, 노년의 슬픔, 숨은 열정, 그리고 두려움……. 나는 감정의 시간 속에 살고 있었다.

나와 함께 숨 쉬는 이 자연스럽고 변덕스러우며 종잡을 수 없는 감정을 연구할 수 있을까. 이 책은 그때 시작된 글이다.

솔로몬은 지혜로운 왕이었다. 어느 날 두 여인이 아기를 안고 그를 찾아온다. 두 여인은 그 아기가 자신의 아이라고 서로 주장한다. 왕은 누가 진짜 어머니인지 어떻게 가려낼 것인가. 입고 온 옷? 키? 인상과 말투? 아니면 변호사 같은 유창한 말솜씨? 아니었다. 왕은 곁에 서 있는 신하에게 명령한다. 그 아기를 공평하게 반으로 잘라 나누어주라고. 신하가 칼을 들어올리는 순간 한 여인이 칼을 막으며 아기에게 달려들었다. 그리고 소리친다. 저 여인에게 아기를 주라고. 그럼 누가 어머니일까. 아이의 생명을 살리려고 아기를 포기한 여인이다. 솔로몬 왕은 법조문이나 합리적 이성보다 고귀한 어머니의 사랑이라는 감정을 이용했다. 그는 지혜라는 이성이 사랑이라는 감정과 뗄 수 없는 것임을 알고 있었다. 어머니를 가려내는 그의 판결은 인간에게 가장 자연스럽고 절대적인 것이 감정임을 알려준다. 감정은 법이나 이성보다 하위 개념이었지만 실제로 우리를 움직이는 더 강력한, 숨겨진 힘이었다.

면접을 보거나 소개팅을 할 때 우리는 거울을 보고 옷매를 가다듬으며, 심지어 좋은 인상을 주려고 성형수술까지 생각하는 사람도 있다. 면접관이나 연인의 선택이 이성적 판단 못지않게 상대방의 인상이나 옷차림, 분위기 등 감정에 영향을 받기 때문이다. 심지어 면접 보는 날의 날씨조차 점수에 영향을 미친다고 한다. 감독관은 쾌청하고 맑은 날에 행복감을 느끼고 기분이 좋아져서 점수를 후하게 주는 반면, 바람 불고 흐린 날은 우울하고 불쾌해 점수를 낮게 주는 경향이 있다고 알려져 있다. 이처럼 나의 판단은 기분과 느낌의 영향을 받는다.

예로부터 감정은 문학과 예술의 동력이었다. 그러나 철학은 "나는 생각한다, 고로 존재한다"는 데카르트의 명제처럼 대체로 감정을 억압하거나 이성보다 하위 범주에 놓았다. 그보다 훨씬 이전, 그리스의 철학자 플라톤과 아리스토텔레스 역시 감정을 놓고 견해를 달리했다. 플라톤은 『공화국Republic』 제10장에서 시인을 공화국에서 추방해야 한다고 주장한다. 이 집 저 집 구걸하며 방랑하는 시인 호머에게 배울 것이 있는지 보아라. 이성을 다져야 할 남자들이 무대에서 펼쳐지는 극을 보고 마음이 흔들리며 눈물을 흘린다. 시인은 진리의 미망迷妄을 관객에게 심어주고 그들의 마음을 흩어놓아 공화국 건설에 전혀 도움이 되지 않는다.

플라톤의 그다음 발언은 오늘날에 말해졌다면 인터넷에서 성차별로 여성들에 의해 고발당했을지도 모른다. 그런 나약한 행동은 감정이 넘치는 여자와 어린애에게나 일어날 법한 일이라는 것이다. 소위 '플라톤 이래 이성 중심주의와 남성 우월주의'라고 포스트모더니스트들이 그토록 비판했던 게 근거 없는 이야기는 아니었다. 물론 공화국의 초석을 다져야 할 때였고 이성 역시 감정과 조화를 이루어야 하므로 그를 일방적으로 비난할 수는 없다.

반론을 펴는 제자는 훌륭한 스승 밑에서 태어나기 마련이다.

아리스토텔레스가 바로 그의 제자였다. 그는 스승을 직접 비판하진 않았다. 그러나『시학Poetics』이라는 한 권의 책으로 우회하여 반론을 제시한다.『시학』은 예술의 정당성과 역할을 해부하듯이 살핀 미학의 고전이다. 극의 리듬, 운율, 시어, 형식, 인물의 성격, 배경, 장면, 주제, 개연성 등을 낱낱이 해부한 이 책에서 그는 특히 플롯을 중시했다. 소포클레스의『오이디푸스 왕』을 유기적 구성의 예로 들면서 그는 극이 독자의 감정을 어떻게 움직이는지 주목했다. 극의 구성이 한 단계씩 클라이맥스를 향해 갈수록 관객의 감정은 긴장되고 고조된다. 마침내 갈등이 최고조에 달했을 때 발견과 반전이 일어나면서 대단원이 끝난다. 관객의 감정이 반전과 발견을 경험하면서 긴장과 갈등이 해소되는 것을 그는 '감정 정화', 즉 '카타르시스'라고 일컫는다. 감정이 정화되면서 관객은 "무슨 이야기지?"라는 질문과 함께 극에 대한 판단을 내리게 된다. 그리고 추락하는 왕에게 연민Pity과 두려움Fear을 느낀다. 신탁의 예언을 피하려는 주인공의 행동이 오히려 신탁을 실천하는 길이 된 아이러니 때문에 연민이 일어나고 최고의 지위에서 죄인으로 추방되는 결말에서는 인간의 운명과 신에 대한 두려움을 느낀다. 이처럼 예술은 감정 없이는 판단도 없다는 것을 보여준다.『시학』이 고전인 이유는 시간이 흘러도 주요 내용이 반복되기 때문이다.

　데카르트의 이성과 감정의 이원론에 저항하여 스피노자는 감정과 이성의 일원론을 주장했다. 칸트는 자신의 저작 중 가장 나중에 쓴『판단력 비판』에서 개인의 주장이나 개념보다 예술의 형식(플롯)을 경험하고 얻어지는 판단력이 가장 공정하다고 말했다. 감정을 제거한 것이 아니라 감정의 움직임을 통해 하나의 판단에 이르게 되기 때문이다. 니체 역시 아폴론을 해체하는 디오니소스의 위력을 비극의 기원으로 봤고 프로이트는 예술을 무의식과 의식의 결합으로 보았다.

오늘날 뇌과학에서는 감정을 통해 판단이 이루어지기에 뇌의 하부와 상부가 소통하며 균형을 이룬다고 본다. 극은 나에게 가장 정상적인 뇌의 흐름을 경험케 하는 예술적 장치다. 인지과학, 심리학, 그리고 뇌과학에서는 이것을 '공감Empathy'이라고 말한다.

감정은
생명과 직결된다

그런데도 누가 감정이 무엇이냐고 물으면 나는 '이것'이라고 선뜻 대답하지 못한다. 아니 긴 세월 문학, 심리학, 그리고 현상학을 통해 의식과 감정을 연구해온 지금도 누가 물어보면 최근 뇌과학자의 말을 빌려 "감정은 인간을 살게 하는 원동력, 즉 호메오스타시스Homeostasis이고 호르몬 분비와 직결된다"라고 어깨를 으쓱하며 말한다. 그러면 듣는 이는 한층 더 고개를 갸웃거린다. 그게 지금 내가 허우적거리고 있는 사랑의 감정에 대한 답이란 말인가? 연인을 둘러싼 분위기처럼 흐릿하고 모호하게 느껴지는 감정이라는 단어, 그건 그저 마음속에서 일어나는 어떤 느낌일까? 우울하거나 외로울 때는 슬픔을, 이별할 때는 아픔을 그리고 만날 때는 설렘과 행복을 느끼는 어떤 것일까? 시험을 앞두고는 두려움을, 의사의 '괜찮다'는 말을 들으면 안도감을 느낀다. 연인이나 친구에게 느끼는 질투심도 있고 나쁜 짓을 생각하면 수치심을, 불륜에 빠진 남녀라면 죄의식을, 그리고 정의가 외면당하는 것을 볼 때면 분노를 느낄 것이다. 그런 감정들은 제각기 마음속의 특정 영역에 잠재되어 있다가 자극을 받으면 곧장 튀어나온다. 위장에서 소화액이 나오고, 폐는 숨을 쉬듯이 제각기 영역이 있는 것처럼 느낀다. 영화 「인사이드 아웃Inside Out」에서처럼 행복은 아름다운 캐릭터이고 슬픔은 못생긴 캐릭터이며 제각기 맡은 역할을 해낸다. 도대체 그런 캐릭터들이 어떻게 만들어졌고 왜 존재하는지도 모른 채 나는 그렇게 느낀다.

그러나 나의 뇌는 몸 전체보다 작고 그 안에서 수백억 개의 뉴런은 글로벌하게 작동한다. 뉴런들은 하부에서 상부로, 다시 상부에서 하부로 순식간에 흐른다. 그래서 최근 뇌과학자 안토니오 다마지오와 리사 배럿은 실제 우리 뇌는 「인사이드 아웃」과 같이 역할 분담이 되어 있지 않다고 말한다. 그 영화는 슬픔을 억압하는 나에게 슬픔도 행복만큼 삶에 필요하다는 것을 보여주는 잘 짜인 이야기일 뿐 실제 감정은 그런 고정 캐릭터들의 모임이 아니다. 마찬가지로 독자는 하나의 문학작품에서 하나의 독립된 감정이 아니라 여러 감정을 복합적으로 경험하면서 평가하고 판단한다.

21세기의 심리학, 인지과학, 뇌과학은 한결같이 감정이 의식이나 이성보다 더 강력하며 생명과 직결된 아주 오래된 시스템이라고 주장한다. 심지어 리사 배럿은 2017년에 출간한 책『감정은 어떻게 만들어지는가?』에서 마음과 몸을 이분화하지 말라고 주장한다. 건강한 감정이 곧 건강한 몸이라는 것이다. 그런데도 나는 여전히 감정이 무엇이냐고 물으면 선뜻 대답을 못 한다. 그리고 의사들은 건강관리에서 감정의 중요성을 그리 강조하지 않는다. 왜 그럴까. 우선 오랫동안 우리는 감정을 모호하고 억압해야 하는 어떤 것이라고 배워왔다. 그건 구체화할 수 없는 것이고 너무나 자연스러운 현상이어서 연구 대상이 아니라고 느낀다. 그러나 이런 분위기는 1990년대에 이르러 변하기 시작했다. 기억, 감정, 공감이 연구의 중심 주제로 떠오르고 심리학, 인지과학, 뇌과학 저널들이 창간되며 학문의 경계를 허무는 융합이라는 단어가 부상한다. 무슨 일이 일어났던 것일까.

흑인, 여성, 식민지인, 동성애자 등 소수자의 인권운동으로 점철된 반세기 동안의 포스트모더니즘은 권리 찾기에 어느 정도 성공하지만 인종, 남녀, 성 정체성 사이에 갈등이 깊어지는 새로운 문제를 낳는다. 또한 컴퓨터로 상징되는 디지털 정보화 시대는 자동화와 지적 경쟁을 심화시키면서 일상을 제대로 누리지 못하는 여러 정신 질환이 출몰케 한다. 이런 맥락에서 정치적 저항운동이 끝나갈 무렵, '인간이란 무엇인가'라는 새로운 화두가 등장했다. 그리고 인간에 대한 탐색에서 자연과학과 인문학은 분리될 수 없다는 인식이 떠오른다. 계몽주의 이후 감정을 억압해온 이성 중심의 역사가 자연과학과 인문학을 분리했으나, 진화론은 생물학이거나 인문학이며 심리학은 자연과학이거나 철학이 아닌가. 1990년대 초 하버드대학은 과학과 인문학을 융합하는 프로젝트를 시도하고 그 결과를 2000년에 『뇌와 기억, 그리고 신념의 형성Memory, Brain and Belief』이라는 책으로 발표했다. 이 책은 심리학, 뇌과학, 철학, 문학 등 여러 분야에서 공통된 주제를 탐색하는데 기억Memory을 핵심 용어로 삼는다.

　기억은 인간의 생존을 좌우하는 몸과 뇌의 기능이고 진화의 상 징이며 학습과 문화 발달의 동인이다. 이런 경향을 뒷받침하는 기 술의 발달이 1990년대에 이루어진다. 뇌를 읽어내는 기능적 자기 공명영상fMRI과 양전자 방사 단층 촬영법PET Studies 등 그동안 신 비의 세계였던 뇌 속을 탐색하는 기술 장비들이 고안되고 1990년 대 이탈리아 학자들이 거울뉴런을 발견하면서 언어와 공감 연구가 활발해진다. 그리고 프로이트와 뇌과학을 연결한 『신경정신분석 Neuro-psychoanalysis』 저널이 창간된다. 윌리엄 제임스는 현대 뇌과학 의 아버지로서 재인식되고 그가 낳은 현상학은 인지과학으로 발전 한다. 이제 의식의 입장에서만 접근하던 여러 정신 질환은 감정의 입장에서 고려되기 시작한다.

나는 웃기에
행복하다

나는 행복해서 웃는가 아니면 웃기에 행복한가. 많은 사람은 '웃기에 행복하다'는 말이 참 웃기는 말이라고 생각할지 모른다. 그러나 이 말은 현대 뇌과학의 선구자이며 유럽 현상학과 미국 실용주의 철학의 아버지인 19세기 미국의 심리학자 윌리엄 제임스(1842~1910)의 말이다. 그는 의식이 고정된 실체라는 기존 통념을 뒤엎은 혁신적인 뇌과학자였다. 제임스는 생각이 언제나 대상을 향하고 주관적이며 변화한다고 주장하면서 '의식의 흐름'이라는 모더니즘 기법에 영향을 준 심리학자다. 또한 「감정Emotions」이라는 글에서 우리는 행복해서 웃는 게 아니라 웃기에 행복하고, 슬퍼서 우는 것이 아니라 울기에 슬프다고 말했다. 그의 주장은 오늘날 뇌과학에서 사실로 증명되고 있다. 감정이 먼저 몸을 통해 나타나고 의식은 그 후에 그 감정을 느낀다. 그런 과학적 사실에도 불구하고 나는 '행복해서 웃고 슬퍼서 운다'고 믿고 싶고 또 자동으로 그렇게 믿는다.

웃기에 행복하다는 말도 맞고 행복하기에 웃는다고 느끼는 것도 맞다. 둘 다 맞다니? 과학이 어떻게 그럴 수 있나? 나는 다음과 같은 7개의 키워드로 감정에 대한 '모든 것'을 설명하려 한다. 물론 모든 것이란 현재 내가 알고 있는 것에 한하지만.

첫 번째 키워드는 사랑이라는 감정이다. 우리를 지배하는 감정 중 가장 알 수 없는 것이 사랑이다. 사랑하는 연인은 늘 그 사람을 '생각한다'. 옆에 다른 사람이 있어도, 길을 가면서도, 문득 그는 누구일까, 그는 지금 무엇을 하고 있을까, 나는 그를 잊어야만 한다 등등. 이제 그만 생각하고 싶을 정도로 생각한다. 그렇다면 사랑은 감정이 아니고 생각인가? 이상한 것은 철학자나 감정 이론가가 사랑을 감정의 목록에 마지못해 올린다는 점이다. 데카르트와 스피노자의 감정 목록에는 사랑이나 질투가 들어 있지 않고 최근 뇌과학자들의 목록에도 사랑은 빠져 있다. 19세기에 프로이트가 성욕을 리비도의 본질로 삼았던 것은 아마 기존 철학자들이 이 부분을 간과했기 때문일 것이다.

예로부터 목록을 대표하는 감정은 공포 혹은 두려움이었다. 그래서일까. 뇌과학자 조지프 르두(1949~)는 공포 혹은 두려움을 주로 연구한다. 호메오스타시스로 유명한 다마지오의 목록에서도 사랑은 희미한 그림자일 뿐이다. 야크 판크세프의 목록에는 사랑 대신에 정욕Lust이란 단어가 들어 있어 흥미롭다. 물론 사랑은 정욕을 포함하지만 조금 다르다. 대신 판크세프는 추구Seeking 시스템을 가장 두드러진 감정으로 삼는다. 판크세프의 추구하는 욕망은 라캉의 욕망Desire을 연상시킨다. 아마 과학자들은 사랑을 연구 대상으로 삼지 않는지도 모른다. 그것은 문학을 지배해온 압도적 주제였기 때문이다. 사랑이라는 감정은 두려움, 추구, 외로움, 정욕, 기쁨, 슬픔, 질투, 죄의식 등 모든 감정을 포함한다. 그리고 고독을 낳은 자의식Self-Consciousness이고 대상을 향하는 지향성이며 사회적인 공감이다.

두 번째 키워드는 감정Emotion과 느낌Feeling의 차이에 관한 것이다. 지금까지 이 두 용어는 이성에 대한 반대 의미로 구별 없이 사용되어왔다. 우리에게는 느낌이라는 단어가 막연하고 모호하여 과학의 대상이 아닌 문학 용어로 인식되어온 것이 사실이다. 그러나 최근의 뇌과학에서 이 두 단어는 구별되는데, 몸의 기억인 습관과 진화에 따른 회상이 다르게 구별되는 것과 같은 차원에서 구별된다. 사랑은 자의식이고 기억하는 모든 것이다. 감정을 저장하는 편도체와 기억을 입력하고 출력하는 해마는 서로 연결되어 붙어 있기 때문에 사랑과 기억은 영향을 주고받는다. 따스하고 친밀한 감정으로 경험한 일은 오래도록 자세히 떠오른다. 감정에 깊은 상처를 남긴 말과 폭력은 트라우마가 되어 강박적, 반복적으로 떠오른다. 기억과 감정은 인간을 인간답게 만드는 학습과 경험의 모든 것이다. 습관과 회상을 빼면 우리는 하등 동물조차 될 수 없을 것이요 감각과 느낌을 제거하면 우리는 생명을 유지하지 못한다.

세 번째 키워드는 생명이다. 감정은 살아 있는 모든 동물이 생명을 지키는 전략이자 수단이다. 진화 이전부터 오래된 생명 유지의 근원으로 감정은 항상성(호메오스타시스)의 대리자다. 다마지오에게 특히 그렇다. 외부로부터 자극을 받으면 감정과 함께 몸의 반응이 뒤따른다. 몸은 균형을 이루어 생명을 유지하려 한다.

네 번째 키워드는 감정과 인지 판단의 관련성이다. 이성을 중시한 전통 사상은 인지와 판단을 이성의 몫이라 생각하고 감정을 하위 개념으로 억압했다. 그러나 최근의 연구들은 감정 없이는 이성도 존재하지 않는다고 밝힌다. 아니 뉴런의 흐름에서 감정과 생각은 별개의 것이 아니라고 주장한다. 그것을 넘어 감정이 풍부해지면 판단이 더 정확해진다고 말한다. 감정과 인지 판단의 관계에 대해 알아본다.

다섯 번째 키워드는 감정과 건강의 관련성이다. 감정은 생존 전략이기에 여러 호르몬을 분비하여 생명을 유지하려 한다. 어떤 감정이 되풀이되면 그와 연관된 호르몬이 지나치게 많이 분비되어 건강에 영향을 미친다. 스트레스를 받으면 몸을 보호하기 위해 코르티솔이 분비된다. 그런데 지속적인 스트레스는 지나친 호르몬의 분비로 해마에 영향을 미쳐 기억력을 감소시킬 수 있다. 긍정적인 감정이 건강에 좋은 영향을 미치는 것도 같은 맥락이다. 그렇다면 감정 조절은 어떻게 가능한가.

여섯 번째 키워드는 예술이다. 감정은 진화의 산물이고 자의식이다. 아리스토텔레스가 『시학』에서 논의하듯 극, 시, 소설, 영화 등 서사 예술은 감정을 경험하면서 판단에 이른다. 직접 판단에 이르지 않고 감정을 통해 '돌아서 가기detour'다. 다시 말하면 햄버거와 같은 패스트푸드가 아니라 나물이나 된장찌개 같은 숙성된 음식이라는 것이다. 돌아가기는 공감의 원리이기도 하다. 예술의 창조는 관객의 공감을 얻으려 하기에 고독한 작업이지만 사회적 소통이기도 하다. 그래서 잘 짜인 플롯이나 형식이 중요하다. 미적 판단은 감정과 의식이 상호 연결되어 얻어지기에 뇌를 원활하게 소통시키고, 이런 공감은 마음을 치료한다. 실제 공감 치료의 가능성을 예로 들어본다.

일곱 번째 키워드는 문학작품을 통해 예술이 마음을 치료하는 예시다. 플라톤이 지적하듯 이성적 판단을 위해 감정을 억압해야 하는가. 부모나 선생님이 가르치듯 감정을 억압하여 이성적 인간이 되어야 하는가. 만일 그와 반대로 감정을 풍요롭고 섬세하게 길러 오히려 판단이 정확해진다면 공감은 일상을 안전하게 누릴 수 있게 해주는 이정표다. 심리학자 윌리엄 제임스의 동생이었던 헨리 제임스는 형의 사상을 미학으로 승화시킨 예술가였다. 그의 대표작을 분석하여 왜 풍부한 감정이 정확한 판단을 내리게 하는지, 어떻게 공감이 마음을 치료하는지 살펴본다.

감정은 동물과 인간이 살아 있다는 증거다. 다른 점은 인간만이 의식의 진화로 '회상'이라는 삽화적 기억을 지니며 이것이 동물과 달리 나의 감정을 모호하고 복잡하게 '느끼도록' 만든다는 것이다. 습관적인 기억 외에 경험을 저장하고 학습하며 떠올리는 회상은 인간을 만물의 영장으로 만들었지만 그만큼 취약한 동물로 만들기도 했다. 나는 2018년 『생각의 속임수』라는 책에서 삽화적 기억이 자의식을 낳아 고독, 착각, 후회, 집착 그리고 공감하는 인간을 만들었다고 밝혔다. 나의 뇌는 자신이 하는 일의 과정을 보여주지 않고 순식간에 일을 처리하며 결과만을 드러낸다. 그래서 독자에게 이런 과정을 보여주기는 쉽지 않았다. 어떤 친절한 독자는 그냥 한 가지 항목만 다루었더라면 더 쉽게 읽혔으리라는 아쉬움을 전하기도 했다.

이 책은 앞 책의 연속이다. '감정' 역시 회상과 자의식의 연속선상에서 나타나는 '느낌'이기 때문이다. 그리고 이번에는 감정이라는 하나의 항목만 파고들었다. 가을날 마지막 작은 꽃잎들 사이에서 여기저기 나타났다 사라지는 조그만 나비의 날갯짓처럼 포착하기 어려운 정서Affect, 감정Emotions, 그리고 느낌Feeling이라는 단어를 포착해보려고 애써봤다. 그 나비들이 어디로 날아갈지 모른 채.

이 책이 빛을 보도록 도와주신 분들께 감사드립니다. 2020년 인문학과 뇌과학을 공부한 예명대학원대학 학생들과 기회를 주신 강응섭 교수님, 운동과 호르몬 분비의 관계를 설명해준 이소은 교수, 용기를 주신 한국연구재단, 경희대 산단의 윤희화님, 원고를 꼼꼼히 읽어주신 글항아리 이은혜 편집장님과 강성민 대표님, 그리고 출판을 도와주신 글항아리 여러분께 감사드립니다.

2021년 길가에 핀 작은 꽃잎에 감사하며
권택영

1장

사랑은
감정의
모든 것이다

사랑은 특정 대상을 향한 느낌이고 감정이다. 사랑을 하면 엔도르핀이라는 호르몬이 분비되어 우리를 아늑한 행복감으로 이끈다고 알려져 있다. 뇌과학자들은 내가 그 사람을 생각하는 것만으로도 좋은 호르몬이 나온다고 말한다. 그러나 사랑하는 감정은 슬픔과 절망의 원인이 되기도 한다. 영국의 로큰롤 그룹 핑크 플로이드의 「네가 여기 있으면 얼마나 좋을까Wish you were here」라는 노래처럼 "언제나 같은 그 오래된 불안The same old fears"은 너를 그리워하게 만든다. 두려움이 사랑을 낳는다. 그리고 그 두려움이 사랑을 확인하려 한다. 그래서 그가 없다는 것은 불안과 슬픔의 원인이다. 그보다 더 큰 감정은 전혀 이루어질 가망이 없다고 느낄 때 찾아오는 절망이다. 그는 닿을 수 없이 높은 곳에 있고 나는 한없이 작고 초라한 존재다. 그런데도 어느 순간 끊임없이 자신을 그와 비교하면서 슬픔을 느낀다. 어쩌다 갖는 소중한 시간은 아주 빠르게 지나가고 헤어져 있는 시간은 느리다. 사랑은 기쁨이든 슬픔이든 절망이든 감정이다. 풀 수 없는 모호한 감정의 대변자다. 이런 모호한 순간들 속에서 나는 끊임없이 그를 생각한다. 그는 누구일까. 지금 무엇을 할까. 지난번 들었던 말은 진실인가. 무슨 의미일까. 다음번 만남에서는 무슨 말을 할까. 이런 생각들이 부질없이 느껴지고 일상을 가로막으면 나는 이제 그만 잊어야 한다고 판단한다. 그렇다면 사랑은 감정인가, 생각인가.

감정
논쟁
– 사랑은 감정인가 생각인가

감정을 인지 기능과 연결 짓는 뇌인지과학자 로버트 C. 솔로몬은 감정을 생각 혹은 생각과 흡사한 어떤 것으로 표현했다(2004, 80). 만일 사랑이 가장 끈질긴 감정들이고 동시에 가장 끈질긴 생각들 Enduring thoughts이라면 감정은 이성과 큰 차이가 없다. 그런데 왜 플라톤 이래 철학자들은 이성을 위해 감정을 억압하라고 말했을까. 왜 데카르트의 이성에 스피노자는 감정으로 저항했고 칸트의 이성에 니체는 감성으로 반발했을까. 그리스 철학자 플라톤은 이성을 감정보다 더 위에 놓고 감정을 공화국에서 추방하려 했다. 감정을 자극하는 시인은 철학자보다 열등했다. 그의 제자인 아리스토텔레스는 은밀하게 추방된 시인을 다시 불러들인다. 그는 감정을 제거하려 하면 오히려 한꺼번에 폭발한다는 것을 알고 있었다. 그래서 감정을 살살 달래서 윤리적인 방향으로 정화하길 원했고 그것이 잘 쓰인 극의 역할이라고 봤다. 그뿐 아니라 감정은 사회생활, 예절 교육, 정치적 논쟁, 그리고 행복 추구에서 매우 중요한 역할을 한다고 믿었다. 아리스토텔레스는 감정의 네 가지 요소를 인지 판단, 그리고 감각적, 행동적, 생리적인 요소들로 나눴는데 이것은 순서만 거꾸로 되었을 뿐 오늘날의 심리학이나 뇌과학 이론과 거의 일치한다.[1] 뇌의 하부가 더 오래된 원조라고 믿는 진화론이나 현대 심리학은 뇌의 하부에서 상부로 오르는 뉴런들이 더 강력하다고 본다.

세월이 흘러도 감정과 이성의 논쟁은 이어진다. 데카르트는 플라톤보다는 덜했지만, 그의 유명한 말처럼 우리는 "생각하기에 존재한다". 사실 그의 이론을 자세히 들여다보면 감정을 몸과 영혼에 연결하여 일원론적 시각을 아예 배제한 것은 아니었다. 그러나 이후 사람들은 그가 제시한 몸과 영혼이라는 이원론을 한층 더 밀고 나가 18세기 계몽주의 이래의 대표 철학자로서 대우했다. 이후 혁신적 이론가들은 언제나 그를 무덤에서 끌어내어 전복함으로써 새 깃발을 올린다. 플라톤과 데카르트는 서구 이성 중심주의의 주모자가 되었다. 데카르트가 감정을 몸과 연결하고 인지를 영혼과 연결하여 이원적 구조를 주장한 것은 사실이다. 그러나 그는 감정을 영혼과의 경계선에 놓았다. 그리고 신기한 느낌, 사랑, 증오, 욕망, 기쁨, 그리고 슬픔이라는 여섯 가지 감정을 중시했다. 이상한 것은 두려움이라는 그 오래된 감정 대신 신기하고 이상하여 호기심이 생기는 느낌을 앞에 놓았다는 것이다. 알고자 하는 추구의 감정을 그가 맨 앞에 놓은 것은 오늘날 야크 판크세프가 주장하는 '추구 시스템Seeking System'을 감정의 제1순위로 놓은 것과 같아서 흥미롭다.

스피노자는 감정을 인지와 구별하지 않았다. 둘은 하나의 살아 있는 실체이자, 우리를 움직이는 에너지이며, 생명의 근원인 신이다. 그는 몸에서 일어나는 현상이 마음에서도 일어나고 마음에서 일어나는 생각은 몸에서도 일어난다고 주장하며 몸과 영혼을 분리하지 않는다. 스피노자는 감정을 자세히 나눠 긴 목록을 만들었는데 그 가운데 첫 번째는 욕망Desire이다. 무언가 하지 않으면 불안한 느낌, 이것이 인간의 본질이라는 것이다. 데카르트가 신기한 것에 대한 호기심Wonder을 앞에 놓은 것과 비교된다. 욕망은 단순한 호기심을 넘어서 인간의 가장 기본적인 감정이자 생각이며, 인간을 움직이는 동력이다. 욕망은 몸에서도 일어나고 마음에서도 일어난다. 욕망은 호기심보다 훨씬 더 넓고 본질에 더 가깝다. 데카르트의 이상한 것에 대한 느낌이 스피노자의 욕망보다 폭이 좁다는 것은 두 철학자 사이의 감정과 이성에 대한 견해 차이를 보여주어 흥미롭다.

스피노자의 감정 목록은 쾌감과 불쾌감으로 이어지는데 이 느낌은 오늘날 안정감 및 동요와 함께 정서Affect 혹은 기질이라 불린다. 정서는 아주 오래된 생존의 기본 조건으로 동물에게도 있다. 신기한 호기심은 그다음에 오고 이어서 경멸, 사랑, 증오가 뒤따른다. 다마지오는 최근에 과학과 인문학을 융합하여 주목받은 대표적인 뇌신경과학자인데 그가 1994년 선보인 책은 『데카르트의 오류』이고 2004년에 출간한 책은 『스피노자를 찾아서』이다.[2] 데카르트로부터 등을 돌리고 대신 스피노자를 향하는 최근 뇌과학자들의 일반적인 추세를 암시하는 제목이다. 앞으로 천천히 살펴보겠지만 나의 뇌 안에서 일어나는 뉴런의 흐름에서 감정과 생각(의식 또는 인지를 포함)은 그렇게 분리되어 일어나지 않는다. 이제 다시 사랑이 감정인가 아니면 생각인가라는 화두로 돌아가보자. 그렇다면 인류 문화의 기원인 그리스 문화에서 욕망, 혹은 사랑Eros은 어떻게 정의되었을까.

고대 그리스 시대에도 감정의 목록에서 사랑이라는 단어는 증오와 이웃처럼 함께 튀어나와 눈길을 끈다. 훗날 프로이트는 이것을 에로스와 타나토스라고 표현했다. 연인과 한 몸이 되고 싶은 욕망이 에로스라면, 반대로 연인을 파괴하고픈 욕망이 죽음의 신인 타나토스다. 프로이트는 이것을 삶 충동과 죽음 충동이라 부르고 한 짝으로 봤다. 대상과 한 몸이 되려면 대상을 파괴해야 가능하기에 에로스적 사랑은 순간적일 뿐 애초부터 살아서는 불가능한 꿈인지도 모른다. 우리가 사랑과 증오가 한 짝인 것을 알면 어떤 방식으로 사랑해야 하는지도 알 수 있을 것이다.

아리스토텔레스 역시 사랑과 증오를 이웃으로 놓고 연민과 두려움, 분노, 수치심, 부러움 등을 감흥Pathê이라는 단어 안에 포함시켰다. 오이디푸스 왕의 비극이 끝날 때 관객이 느끼는 감흥인 연민은 오늘날의 공감과 비슷하다. 극중 인물의 감정과 한마음이 되었다가 결말에 이르러 파국을 맞는 것을 보면서 가련한 느낌을 갖게 되는 것이 연민이다. 동일시에서 거리를 두고 판단이 개입된 결과다. 연민은 곧 두려움으로 이어진다. 고귀한 운명의 추락을 보며 느끼는 인간의 운명과 신에 대한 두려움이다. 두려움은 가장 원시적이고 보편적이며 우리를 사로잡는 감흥이다. 원래 사냥을 하던 시절에는 포식자에게 먹히지 않을까, 굶어 죽지 않을까 우려하는 마음에서 일어나는 감정이었을 것이다. 그러나 의식의 진화로 문명이 시작되던 그리스 시대의 두려움은 이보다 조금 더 사회적인 감정이 된다.

스핑크스의 수수께끼를 풀고 왕이 된 가장 지혜로운 사람이 신탁의 명령을 피하려 했다. 그런데 그 선택이 신탁을 그대로 실천하는 길이 되다니! 이런 아이러니에서 관객은 신과 운명에 대한 경외감을 느끼고 겸손해진다. 그리고 자신의 처지에 안도감을 느낀다. 두려움이 모든 동물에게 공통된 가장 원초적인 감정이라면 수치심과 부러움은 인간만이 갖는 진화의 산물이라고 볼 수 있다. 사회 속에서 타인을 의식하며 생기는 감정이기 때문이다. 윌리엄 제임스는 대표적인 감정으로 놀라움, 호기심, 광적인 기쁨Rapture, 두려움, 노여움, 정욕, 탐욕 등을 꼽았다. 놀라움, 호기심, 두려움이 감정 서열에서 앞자리를 차지하는 것은 선행하는 철학자나 과학자와 다르지 않다. 광적인 기쁨, 노여움, 탐욕은 이들보다 비교적 늦게 나타난 감정이라 볼 수 있다. 동물에게는 광적인 기쁨이나 노여움, 탐욕이 없다. 남과 비교하여 아파트 크기를 키우거나 더 나은 지위를 탐하지 않는다. 힘에 의한 서열이 있을 뿐이다. 동물과 달리 인간만이 타인을 의식하고 이에 따라 감정도 복잡해지며 다양해진다. 감정은 진화하기에 생물학적 현상이고 동시에 사회적 현상이다.

감정도
진화한다

두려움은 막연하게 느끼는 감정이다. 데이비드 콘스탄(2018)에 따르면 두려움은 앞으로 일어날 일에 대한 것이기에 추론 능력을 요구한다. 그러므로 유아기에는 느끼지 못할 수도 있다. 의식이 발달하기 전 아기는 공포와 두려움을 느낄 수 없다. 예를 들어 기저귀가 젖었을 때 아기가 칭얼거리는 것은 그것을 느껴서가 아니라 원시적 본능, 즉 생명을 유지하기 위해 불쾌감을 어른에게 알리는 나름의 조건반사 같은 것이다. 오직 엄마의 마음이 그런 징후를 느낌으로 해석하고 얼른 기저귀를 갈아주며 눈을 마주친다. 아이는 그런 과정에서 서서히 뇌 속에 내장된 물려받은 진화의 하드웨어를 개발하면서 사회화되고 의식이 발달한다. 문명의 발달로 두려움의 성향이 바뀌듯 원시적 본능이었던 두려움도 몸의 반응에서 의식의 차원으로 진화한다.

심리학이나 뇌과학은 이런 현상에서 감정과 느낌을 구별한다. 사랑은 감정이면서 동시에 '필링', 즉 느낌이라는 것이다. 감정과 느낌이 다르다고? 동물은 두려움을 느낄까? 불이 난 숲속에서 사슴이 도망치는 것은 본능이다. 그러나 인간처럼 느끼면서 도망치는 것이 아니라 즉각적인 몸의 반응이다. 생존을 위해 두려움이 아기에게 있듯이, 이는 동물에게 있는 가장 보편적 '감정'이기 때문이다. 그러나 '느낌'은 이와 차원이 다르다. 오직 인간만이 느낀다. 이 부분은 쥐의 공포를 연구한 두려운 감정의 대가 조지프 르두를 소개할 때 좀더 자세히 알아보고 지금은 고대 그리스 시대로 다시 돌아가자.

콘스탄의 조사에 따르면 질투는 두려움보다 늦게, 로마 시대가 돼서야 나온다. 질투는 그만큼 사회가 복잡해지고 남과 비교하거나 남을 의식할 때 일어나는 감정이기 때문이다. 감정에는 진화 과정에 따라 원시적인 기본 정서가 있고 의식이 진화되면서 인간에게만 나타나는 새로운 차원의 감정들이 있다. 그러고 보면 인간은 가장 다양하고 복잡한 감정의 소유자다. 감정이 많을수록, 세분화될수록 생각이 많아지고 복잡해지며 대신 생존력도 높아진다. 인류가 지구를 지배하는 소위 만물의 영장이 된 것은 감정이 복잡하고 다양해서다. 2019년에 발표된 한 논문에 따르면 키 큰 네안데르탈인을 물리치고 키 작은 호모사피엔스가 살아남은 이유는 유아기가 길었기 때문이다. 유아기란 몸의 존재에서 의식의 존재로 조금씩 눈을 떠가는 과정이다. 나와 남을 구별하지 못하다가 나를 의식하고 타인을 의식하면서 눈치가 빨해진다. 걸음마를 배우고 옹알이를 시작하면서 타인을 의식하고 언어를 배운다. 의식은 자의식과 같은 말이다. 동물과 달리 사회적 인간이 되는 길을 배우고 학습하는 기간이 길다는 것은 배움과 추구의 능력을 갖추게 되기 때문이고 그만큼 진화의 가능성이 높아진다.[3]

콘스탄에 따르면 그리스 시대는 아직 질투라는 감정이 없던 때다. 질투는 신화 속의 신들만이 가진 감정인지도 모른다. 그래서 사랑은 에로스와 필리아Philia로 구분된다. 열정적인 에로스는 본질적으로 아름다움에 대한 반응이기에 연인의 판단을 흐리게 하고 시간이 지나 아름다움이 사라지면 사랑도 사라진다. 그러므로 에로스는 변덕스럽다. 한 나라를 패망시킬 정도로 변덕스럽다. 트로이의 목마로 유명한 트로이 전쟁은 그리스의 미녀 헬렌이 그녀에게 반한 트로이 왕자 파리스와 도망친 것에서 비롯되었다. 헬렌은 물론 유부녀였다. 그녀의 아버지는 딸에게 에로스적 욕망의 기준에 따라 신랑감을 그녀 스스로 선택하도록 허락했다. 그녀는 메넬라오스를 선택했고 시간이 흘러 똑같은 기준을 잣대로 남편을 버리고는 파리스와 도망친다. 그래서 에로스는 "아프로디테 여신의 산들바람The breezes of Aphrodite"처럼 변덕스럽고 허망하지만 목숨을 걸고 전장에 나갈 정도로 강력하다. 자식을 낳아 생명을 연장하려는 생존본능이기 때문이다.

필리아는 선한 마음에서 나온다. 필리아는 친구 사이의 우정, 부모가 자식을 사랑하는 감정처럼 어떤 보상도 바라지 않는다. 그래서 에로스의 문제점을 보완하는 이상적인 사랑이다. 변덕스러움이 덜하기 때문이다. 하등 동물로 갈수록 필리아는 약하다. 아가페는 더욱 약하다. 가장 넓고 높은 신의 사랑이기 때문이다. 안타깝게도 동물로부터 진화한 인간에게는 동물의 흔적이 남아 있어 이 세 가지 사랑이 공존한다. 에로스는 본능이고 필리아와 아가페는 사회적 감정이다. 그러므로 이 세 가지는 별개의 것이 아니며, 하나로 조화를 이루어야 이상적인 사랑이 된다.

다시 말하면 남녀 사이의 사랑이 오래가려면 에로스만으로는 안 되고 필리아만으로도 안 된다. 치열한 열정으로 시작하여 때로는 우정처럼 함께 다투면서도 이해하고, 부모의 사랑처럼 보답을 바라지 않으며, 가장 높은 신의 사랑을 언젠가 얻으리라는 희망을 가지고 사는 것이다. 물론 가장 밑바탕에 있으면서 가장 오래된 에로스의 위력이 녹록지 않기에 이런 조화를 이루기는 쉽지 않다.

젊은이들이 잘 모르는 그리스 시대의 사랑에 관한 유명한 심포지엄이 있다. 플라톤의 『향연The Symposium』이다. 여러 명의 참가자가 '에로스'라는 주제를 놓고 대화하는 형식인데 대화자의 인격 및 직업이 말하는 내용과 일치하여 흥미롭다. 예를 들면 에뤽시마코스는 의술이 에로스의 지배를 받는다고 주장한다. 좋은 사랑과 병적인 사랑이 있다는 것이다. 재치 있는 아리스토파네스는 에로스의 기원을 이렇게 말한다. 태초에 세 가지 형식의 성이 있었다. 남자는 해이고 여자는 땅인데 이 둘을 합친 달이라는 양성성이 있었다.

그러나 양성성의 위력이 너무 커서 신들이 위협을 느껴 반으로 갈라놓았다. 그래서 사랑은 평생 잃어버린 반쪽을 찾는 과정이라는 것이다. 그러나 『향연』의 핵심은 마지막에 남은 아가톤과 소크라테스의 대화다. 특히 소크라테스가 이방인 여자 디오티마의 입을 빌려 아가톤에게 전달하는 에로스의 실체는 감정에 관한 핵심을 말해준다.

소크라테스는 욕망에 관한 질문으로 시작한다. 사랑은 어떤 것을 향한 욕망인가 아니면 아무것도 아닌 것을 향한 욕망인가. 욕망은 분명히 '어떤 것에 대한 것'이고 오직 그것을 갖지 못했을 때 일어난다. 욕망과 사랑은 네가 갖지 못한 것, 거기에 없는 것, 네가 필요로 하는 것을 향한다고 그는 말한다. 만일 에로스가 아름다움에 대한 욕망이라면 에로스는 추한 것이다. 네가 욕망하는 것이 아니기 때문이다. 에로스는 또한 선함도 아니다. 미와 선이 아니기에 미와 선을 갈망한다. 디오티마에 따르면 이처럼 에로스는 미와 추, 선과 악의 중간에 있다. 진실은 지혜와 무지의 중간에 있다. 오이디푸스 왕의 비극에서 보듯이 지혜는 언제나 무지와 함께 있기 때문이다.

아프로디테의 생일날 큰 잔치가 벌어지고 신들은 술에 잔뜩 취했다. 이럴 때 사건이 벌어진다. 발명의 아들인 풍성한 자원 Resources이라는 신도 술에 잔뜩 취해 뒤뜰에서 잠들었다. 이 틈에 가난Poverty의 여신이 그를 유혹하여 함께 잔다. 아니 겁탈인가? 풍성한 자원과 함께 잔 가난한 여신, 그 둘 사이에서 태어난 아들이 바로 에로스다. 그래서 에로스는 부자 아버지 덕에 결핍감을 채운다. 그러나 포만을 모르는 가난한 어머니 때문에 채움은 다시 비워진다. 채워도 채워도 끝을 모르며 언제나 가난하다. 그래서 에로스의 목적은, 모든 욕망의 기표가 그렇듯이, 재생산을 통한 불멸이다. 20세기 프랑스의 정신분석가 자크 라캉은 채워도 그때뿐인 욕망을 텅 빈 기표의 끝없는 순환이라는 말로 표현했다.

디오티마의 입을 빌린 소크라테스의 이야기는 지혜를 가르치는 스승과 제자의 동성애가 남녀 사이의 에로스보다 더 고상하다는 암시와 함께 끝난다. 제자 아가톤에 대한 스승의 구애다. 책의 저자인 플라톤이 소크라테스의 입을 빌려 말하고 싶은 에로스의 본질이기도 하다. 훗날 스피노자가 반복하듯, 20세기의 라캉이 또 다르게 반복하듯 욕망은 감정의 본질이었다. 결핍감은 두려움 혹은 불안이고 불안은 대상을 추구한다. 미와 선인 것처럼 보이는 연인은 막상 얻으면 아무것도 아닌 것으로 드러난다. 나의 결핍을 채워줄 듯한 절대적인 것은 베일을 쓰고 본 환상이기에 채우는 순간 텅 빈다. 이것이 피할 수 없는 에로스의 본질이다. 그러므로 사회적 동물로 진화한 인간의 에로스는 살기 위해 필리아의 눈치를 보게 된다. 그렇지 않으면 에로스도 필리아도 존재하지 못한다. 법과 사회가 에로스라는 몸의 소망을 억압해온 것은 마음을 놓는 순간, 그 위력이 종잡을 수 없이 강력하기 때문이다. 에로스는 모든 동물의 오래된 종족 보존 충동과 크게 다르지 않다.

우연성과
추구 시스템

편한 사이였던 옛 친구를 우연히 다시 만났다. 바람이 몹시 불던 초겨울, 결혼한 그와 함께 식사를 하고 이야기를 나눈 뒤 그녀는 그를 이전처럼 대할 수 없게 되었다. 무슨 일이 일어났을까. 사랑에 빠진 것이다. 분명히 그를 만나고 헤어질 때 그녀의 얼굴은 달아오르고 가슴은 두근거렸다. 그녀가 경험한 학습의 기억은 그것이 사랑이라고 추측했다. 우연은 필연처럼 그녀를 한동안 괴롭혔다. 사랑의 열병이 수그러든 훗날 그녀는 생각했다. 그날 몸에 열이 나고 감기 증세가 있었다는 것을. 배럿이 말했듯이 그녀는 감기를 사랑의 열병으로 착각했던 것은 아니었을까(배럿, 79~80). 그날 얼굴이 후끈대고 손이 뜨거워지며 가슴이 두근거리는 증세가 일어난 바로 그 자리에 그가 마주 앉아 있었다는 우연인 것이다.

　사랑의 우연성을 잘 그린 영화가 있다. 영국 배우 제러미 아이언스와 프랑스 배우 쥘리에트 비노슈가 출연한 루이 말 감독의 1992년 작품 「대미지Damage, Fatal」다. 영국의 국회의원 스티븐은 사회적 명예, 권력, 가문, 사랑스런 아내와 잘나가는 아들을 소유한 무엇 하나 부러울 게 없는 잘생긴 외모의 중년 남자다. 그러나 완벽한 것 같은 사람이 시험에 잘 걸려든다. 장관 지명을 앞둔 어느 날 그는 파티에서 아들의 연인 안나를 만난다. 둘은 서로 끌렸으며 안나의 유혹으로 치명적인 불륜이 시작된다. 오빠가 자신을 사랑했고 자신 때문에 자살했다는 안나의 이야기는 그의 열정에 불을 지핀다. 도대체 한 남자를 죽음으로 몰아넣은 이 여자는 누굴까. 견딜 수 없는 관계가 지속되자 양심의 가책으로 스티븐은 아내와 이혼하기로 마음먹는다. 그러나 안나는 아들과 아버지 사이를 오가는 위험한 삼각관계를 지속하고 싶어한다.

그녀가 원하는 것은 무엇인가. 모를수록 더욱 그녀에게 빠져드는 스티븐은 그녀가 보낸 열쇠를 들고 아파트로 찾아가고 마침 방문한 아들에게 정사 장면을 들킨다. 충격으로 아들은 뒷걸음치다가 2층 난간 아래로 떨어져 죽는다. 모든 사실이 세상에 알려지고 가정도 직업도 명예도 한순간에 잃게 된 스티븐은 과거를 참회하며 외롭게 홀로 방랑한다. 스티븐은 그녀와 열정에 빠질 때마다 "너는 도대체 누구인가"라고 물었다. 이 영화의 핵심은 불륜이 아니라 스티븐의 기막힌 마지막 대사에 있다. 방랑하던 어느 날 폐허 같은 땅에서 헤매던 그의 눈에 커다란 사진 한 장이 눈에 들어온다. 언젠가 함께 찍었던 사진을 누군가 확대해서 벽에 걸어놓은 것이었다. 안나를 사이에 두고 스티븐과 아들이 서 있는 사진이다. 그는 그녀를 들여다본다. 그리고 깨닫는다. 너무나 평범한 여자였다고. 우연히 한 가정과 한 남자의 삶을 파괴한 빗나간 열정은 알 수 없는 순간에 시작되었다. 그리고 그 큰 피해의 원인이 아주 평범한 여자였다는 것을 그는 깨닫는다. 너를 사로잡는 열정은 이렇게 엉뚱한 면이 있어 조심해야 한다는 것이 이 영화가 주는 윤리적 메시지다.

그런데 이 영화에서 감정과 관련된 또 하나의 중요한 포인트는 스티븐이 "너는 누구인가"라고 묻는 대사다. 사랑에 빠질 때 나는 그가 누구인가, 지금 무엇을 하고 있을까 궁금해진다. 보이지 않는 유령이 되어 그가 일하는 곳에 가서 그의 머리 위를 이러저리 날아다니고 싶고 그의 곁에 앉아서 하는 일을 지켜보고 싶기도 하다. 마음을 빼앗긴 사람이 갖는 호기심은 당연하다. 복수라도 하듯이 강탈자에 관해 샅샅이 알고 싶은 게 연인의 마음이다. 사실은 평범한 사람이고 나에게만 신비롭게 보일 뿐인데……. 제 눈에 안경이라는 우연성과 그 신비로움이 무엇인지 알고자 하는 추구의 마음은 크게 다르지 않다. 그리고 이 두 가지는 감정의 문으로 들어가는 첫 번째 관문이다. 데카르트는 이것을 '신기한 호기심'으로, 스피노자와 라캉은 '욕망'으로, 윌리엄 제임스는 '놀라움'과 '호기심'으로, 판크세프는 '추구 시스템'으로 표현하여 알고자 하는 욕망을 감정 목록 일순위에 놓았다.

　우연의 절대성은 이유를 갖고 있었다. 내 친구는 그 사람을 원하고 그 사람은 다른 친구를 좋아한다. 다른 사람은 또 다른 사람을 사랑한다. 어긋난 매듭을 풀려고 사람들은 계속 머리를 싸맨다. 오죽하면 대문호 셰익스피어조차 이 어긋난 사랑의 우연성을 재미있게 풍자했을까. 제 눈에 안경을 가지고 어긋난 매듭을 푸는 추구의 과정이 진화의 알맹이다. 뒤지고 찾고 알려고 하는 감정은 삶의 목적이고 도파민의 분비로 즐거움을 안겨준다. 「대미지」처럼 비극이 되든 셰익스피어의 풍자처럼 희극이 되든 우리는 늘 무언가를 추구한다.

아테네의 숲에서 두 남녀가 서로 짝을 찾아 뱅뱅 돈다. 허미아는 라이샌더를 사랑하지만 아버지의 반대에 부딪힌다. 그녀의 아버지는 드미트리와 결혼하지 않으면 수녀원에 보내겠다고 으름장을 놓는다. 사랑하는 남녀는 숲으로 도망친다. 한편 헬레나는 허미아를 뒤쫓는 드미트리를 사랑한다. 그래서 두 사람이 숲으로 도망가는 것을 일러준다. 네 사람이 뱅뱅 돌며 어긋난 사랑을 추구하는 사이, 요정의 여왕 티타니아를 짝사랑하는 요정의 왕 오베론은 자신과 비슷한 처지의 헬레나에게 동정심을 느낀다. 그래서 퍼크에게 자줏빛 꽃즙을 아테네 청년의 눈에 발라주라고 시킨다. 잠들었을 때 그 즙을 눈에 바르고 눈을 떴을 때 맨 처음 보는 대상에게 빠져드는 사랑의 미약媚藥이다. 물론 드미트리가 눈을 떴을 때 호랑이나 쥐가 아니라 헬레나를 봐야 한다. 그런데 퍼크는 실수로 드미트리가 아닌 라이샌더의 눈에 꽃즙을 바르고 그는 헬레나를 본다. 갑자기 구애하는 라이샌더를 보자, 헬레나는 이 사람이 갑자기 왜 이럴까 하며 그가 자신을 놀린다고 생각한다. 엉클어진 실타래를 풀려고 퍼크는 다시 꽃즙을 드미트리에게 바르고 이제 두 남자가 헬레나에게 구애한다. 더 헝클어졌다.

한편 자신을 알아주지 않는 요정의 여왕에게 복수하려고 오베론은 여왕의 눈에 즙을 바르고 눈을 떴을 때 직공 보텀을 보게 한다. 그러나 마법에 걸린 보텀이 당나귀로 변해 그녀는 당나귀를 사랑하게 된다. 오 사랑하는 나의 당나귀님! 그러나 이 극은 귀족의 생일날 축하 공연이었으므로 마법이 모두 풀리고 라이샌더는 허미아와, 드미트리는 헬레나와 서로 사랑하며 오베론은 티타니아의 사랑을 얻는 결말로 막이 내린다.

사랑은 『한여름 밤의 꿈』이다. 셰익스피어는 사랑이라는 절대적 우연을 희극으로 풍자했다. 허미아는 "내가 미워할수록 그는 날 더 쫓아오는 거야"라고 말하고 헬레나는 "내가 사랑할수록 그는 나를 더 미워하는데"라고 말한다. 아마 헬레나는 드미트리가 아니라 드미트리가 사랑한 허미아가 되고 싶던 것은 아닐까. 인간은 느끼지 못할지라도 이미 관계 속에서 태어난다.

인간을 비롯한 모든 동물은 먹어야 산다. 먹잇감을 찾는 행위는 본능이다. 배가 부르면 포식자를 피해 안전한 곳을 찾아 은신한다. 이상한 신호가 들리면 그게 무엇인지 밝혀져야 편안히 잠든다. 쉼터를 찾은 다음에는 종족 보존을 위해 짝을 찾는다. 먹잇감 구하기, 위험에 대한 방어, 그리고 짝에게 구애하는 일이 모든 동물에게 맡겨진 사명이다.

쥐도 뭔가 이상하면 행동을 멈추고 긴장하며, 개도 귀를 쫑긋 세우고 집중한다. 인간도 이상한 소리를 듣거나 포식자와 마주치면 온몸이 뻣뻣해지고 전율을 느낀다. 두려움과 공포는 가장 기본적인 감정이다. 그러나 짝에게 구애할 때는 아름답게 날개를 펴고 유혹의 노래를 부른다. 저 소리는 안전한 소리이고 저곳에는 먹이가 많고 지금은 짝에게 구애할 때야. 동물은 이런 것을 경험으로 배우고 기억으로 저장한다. 생존의 기본이다.

이처럼 두려움은 모든 동물에게 공통된다. 개도 공황장애를 앓는다. 최근 논문이 밝히듯 치료제인 프로작은 인간과 동물 모두에게 공통으로 쓰인다.[4] 그러나 의식이 진화한 인간의 두려움은 다른 동물과 똑같지 않다. 두려움은 모든 동물에게 있지만 인간에게는 늘 알 수 없는 불안심리Anxiety가 있고 뇌의 상하 균형이 깨지면 질병Anxiety Disorder이 된다. 예를 들어 전후 외상은 전쟁이 끝났는데도 여전히 적군이 저 모퉁이에서 숨어 있다가 튀어나올 것이라고 느끼는 불안 장애다. 아무리 주변에서 알려줘도 뇌의 손상으로 전쟁이 끝났다는 것을 인지하지 못하는 것이다. 하부에서 일어나는 몸의 반응만 나타나고 상부의 인지와 판단이 막혀버렸기 때문이다. 하부와 상부의 연결 고리가 끊기면 균형이 깨지고 심리적 질병의 원인이 된다.[5]

인간은 두려움을 경험하면서 장래를 위해 두려움에 대한 기억을 저장한다. 이것이 학습이다. 물론 동물도 경험을 저장하지만 그것은 몸에 저장되기에 단순하고 습관적이다. 의식이 진화한 인간은 동물처럼 단순하고 즉각적인 몸의 반응과 더불어 더 높은 차원의 느낌이 작용한다. 전두엽에 새겨진 기억의 저장고와 타협하는 과정이 진화의 산물이다. 신피질에 새겨진 기억들은 새로운 경험을 진단하고 판단을 내린다. 그리고 나는 그것을 감정으로 느낀다. 인간을 가장 강한 동물로 만들었으나 동시에 감기 증상을 사랑으로 착각할 수도 있게 만든 근거다. 동물의 반응이 조건반사적인 몸의 것이라면 인간의 반응은 몸과 의식 차원에서 거의 동시에 일어난다.

뇌의 하부와 상부를 매개하는 부위에는 감정을 저장하고 반응하는 편도체Amygdala와 해마Hippocampus가 있다. 그리고 이 두 부분은 하나로 연결되어 있어, 편도체는 즉각 감정을 해석하여 해마에 전달하고 해마는 전두엽이라는 경험의 저장소와 소통한다. 실존주의 학자들이 말하는 근원적 불안 혹은 라캉의 결핍은 바로 미래를 위해 저장된 인간만의 두려움이다. 인지를 거친 나의 두려움이기에 기질에 따라, 스트레스를 받는 환경에 따라 질병이 될 수도 있는 것이다. 이것이 우리가 지불해야 하는 진화의 지불청구서다.

어려운 학술 용어가 자꾸 튀어나오기 전에 사랑이라는 감정으로 돌아가보자. 짝짓기 역시 의식이 개입되면 복잡해진다. 『향연』에서 소크라테스의 디오티마 이야기를 기억하자. 사랑이 가난과 결핍에서 시작된다는 것을. 여기 사랑의 또 다른 엉뚱한 측면이 있다.

감정은 가치를 평가한다

잘나가는 생물학 교수를 사랑하는 젊은 여자는 세상에서 가장 멋지고 이상적인 직업이 생물학 교수라고 생각한다. 교수의 삶은 어떤 것이며 어떤 교수가 훌륭한가. 그녀에게는 생물학이 가장 중요한 학문이며, 세상은 온통 생물학 교수라는 직업에 대한 호기심과 선망으로 가득 차 있다. 그가 쓴 연구논문은 세상에서 가장 중요한 것이다. 그러나 여자의 꿈은 이루어지지 않고 짝사랑으로 끝난다. 세월이 흐른 후, 그녀는 우연히 외과 의사를 사랑하게 되었다. 이제 세상에서 가장 소중한 직업은 외과 의사다. 아픈 사람을 고치는 의사는 신처럼 숭고하다. 칼로 몸을 절개하는 용기라니. 의사는 어떤 과정을 거칠까, 돈은 얼마나 벌까. 그녀는 이제 텔레비전에서도 그 의사의 전문 분야와 관련된 건강 프로그램을 즐겨 본다. 아마 이 여자가 훗날 농부를 사랑하게 된다면 이제 농부가 세상에서 가장 멋지고 숭고한 직업으로 여겨질 것이고 만나는 사람들에게 자연의 소중함과 농업에 관한 이야기만 할 것이다. 그녀는 주관도 없고 변덕스러운 여자일까, 아니면 우리와 빼닮은 감정을 가진 여자일까.

우리는 사랑에 빠지면 그 사람과 그를 둘러싼 모든 것을 세상에서 가장 숭고한 가치로 여긴다. 그리고 자신을 한없이 작고 초라하게 느낀다. "그대 앞에만 서면 나는 왜 작아지는가." 아마 사랑의 고통 가운데 이것이 가장 큰 고통일지도 모른다. 동물은 짝짓기에서 이런 착각을 하지 않는다. 힘으로 대결하여 짝을 고르며 아무런 의심이나 미련도 없이 자식을 낳는다. 힘이라는 근육이 사랑의 시작이고 끝이다. 프로이트는 동물과 다른 인간의 사랑을 이렇게 설명했다.

유아기 아이에게 먹여주고 돌봐주는 어머니는 '이상적 자아The Ideal Ego'다. 자아와 타자가 분리되기 전이다. 철이 들어 사춘기가 되고 사랑에 빠지면 그 대상은 '자아이상The Ego-Ideal'으로 되살아난다. 어릴 적 이상적 자아는 나와 대상의 구별을 모르던 때의 착각이었다. 이제 철이 들면 나는 대상과의 차이가 존재하는 사회적 인간이기에 그와 하나가 되고 싶은 소망은 이루어지기 힘들다. 그는 여전히 내가 품고 있는 가장 이상적인 상이다. 어머니처럼 나를 먹여주고 돌봐줄 것이다. 동시에 그는 내가 그렇게 되고 싶은 자아이상이다. 그런데 어찌 된 셈인지 그는 나와 다른 개인이다. 그렇기에 나처럼 그렇게 느끼지 않을 수 있다. 연인과 하나가 되고 싶은 에로스적 욕망과 그렇게 되기 어렵다는 현실원칙 사이에서 사랑의 괴로움이 싹튼다. 사랑의 우연성처럼 이런 틈새도 비극의 씨앗이 될 수 있고 반대로 희극이 될 수도 있다.

오늘날과 달리 영화도 비디오도 없던 19세기에 작가는 명성과 돈, 사랑까지 얻는 선망의 직업이었다. 자기 작품을 낭독하는 작은 모임들이 유행했고 외국에서 낭독 모임에 초청받는 작가도 있었다. 영국 작가 찰스 디킨스는 지독히 가난해 전당포와 빚쟁이에게 시달리던 아버지 밑에서 자랐다. 그가 돈을 벌 수 있는 길은 작품으로 유명해지는 것이었다. 그는 훗날 미국 무대에 초청받아 작품 낭독을 했는데 너무 무리해서 건강을 해치게 된다. 이런 분위기를 알면 동시대 러시아 작가 안톤 체호프의 대표작 「갈매기」를 이해하는데 도움이 된다.

젊고 아름다운 처녀 니나는 이웃에 거주하는 당대의 잘나가는 작가 트리고린을 사랑한다. 많은 사람의 갈채를 받는 그가 부럽고 궁금하며 그의 명성과 부를 선망한다. 그녀의 꿈은 그가 쓰는 작품의 여주인공으로 무대에 서서 유명해지는 것이다. 도시로 나가 무대에 섰으나 그의 사랑을 얻는 것도 잠깐, 그는 그녀를 버린다. 배우로서 명성을 얻을 만한 재능이 없다는 점을 알아본 것이다. 그러나 그녀는 꿈을 포기하지 않는다. 그녀를 포기하지 않는 젊은 청년, 트레플료프의 마지막 구애를 뿌리치고 니나는 다시 도시로 나간다. 트리고린을 여전히 사랑하기 때문이다.

니나는 트리고린을 사랑하기에 명성을 얻고 싶은가, 아니면 자신이 명성을 얻기 위해 그의 명성을 사랑하는가. 그저 유명해져서 갈매기처럼 하늘 높이 날고 싶을 뿐이다. 이런 현상은 다른 인물들에게도 비슷하게 나타난다. 그들은 자기를 사랑하는 사람은 눈여겨보지 않고 자기보다 명성이 높은 사람을 사랑한다. 불가능한 것, 오를 수 없이 금지된 것을 사랑하는 것이다. 쫓아올수록 싫어지고 싫어할수록 좋아지는 것이다. 예를 들어 작가 지망생인 청년은 이미 명성을 얻은 작가 트리고린을 자아이상으로 삼는다. 하지만 아무리 노력해도 그처럼 될 수 없다. 트리고린은 작가로서의 명성뿐만 아니라 청년의 또 다른 자아이상인 어머니와 니나를 소유한다. 그리하여 어머니를 빼앗아 그를 패배시키고 싶었으나 실패하고 니나를 빼앗아 그를 패배시키려 했으나 또 실패한다.

작가 지망생 청년과 니나는 모두 이상적 자아를 추구하다 불행해지는 인물이다. 언젠가 청년은 공중에 나는 갈매기를 총으로 쏴 떨어트린다. 청년도 니나도 땅에 떨어지는 죽은 갈매기가 된다. 이런 사랑의 함정에서 벗어나는 길은 없는가? 같은 작가의 다른 작품을 보자.

올렌카는 끊임없이 누군가를 사랑해야만 하는 여자다. 그녀는 마을의 극장주와 결혼한다. 그는 그녀의 자아이상이다. 그래서 그의 모든 것이 최고의 가치이며 숭고하다. 만나는 사람들에게 그녀는 연극과 배우, 무대와 극장 매표에 관한 이야기만 한다. 그러던 어느 날 남편이 출장 갔다가 사고로 죽는다. 젊은 그녀는 이웃 마을의 목재상 주인과 재혼한다. 이제는 목재와 관련된 것들이 숭고해진다. 어떤 나무가 좋은 목재이고 어떤 식물이 기후에 맞으며 훌륭한 가구가 되는지 등등이 그녀의 자아이상과 연관된 이상적 대상들이다. 그러나 그도 감기로 죽는다. 이제 나이가 좀 들어 그녀는 셋집 주인인 수의사와 사랑에 빠진다. 그는 유부남이어서 매사에 조심하지만 그녀는 숭고한 이상적 대상을 참을 수가 없다. 개와 가축, 짐승의 전염병, 치료법 등등 그런 관심과 이야기만이 그녀의 모든 것이다. 수의사가 시베리아로 떠나자 그녀는 이제 늙어 더 이상 아무도 돌아보지 않게 되었다. 그러자 수의사의 아들을 기르고 사랑하면서 살아간다.

체호프의 유명한 단편 「귀여운 여인」이다. 자신의 의지도 정체성도 없이 대상에 따라 가치의 기준이 흔들리는 이 여인을 왜 체호프조차 귀여운 여인이라고 말했을까. 마음을 텅 비웠기 때문일까. 사랑하는 법을 알기 때문인가. 그래도 어쩐지 당대의 여성 차별 의식을 반영하는 것 같다. 올렌카는 적어도 「갈매기」의 주인공들처럼 남을 불행하게 만들거나 자살하지는 않는다. 욕망의 실체를 감추는, 아니 모르는 그들보다 올렌카는 솔직하다. 풍자에 가까울 정도로 주체는 증발하고 가치의 기준이 완전히 대상에게 있다.

비록 완전한 행복을 보장하지 않더라도 니나와 올렌카의 중간 어딘가에 현대 여성이 선택할 길이 있을 것 같다. 진화한 인간은 가장 강한 동물이지만 그렇기에 가장 취약한 동물이기도 하다. 의식이 감정의 지배를 벗어나지 못하기에 완벽한 해결은 없고 타협이 있을 뿐이다. 감정은 금지하면 없던 욕망도 생겨나고 억압하면 더 강해지기 때문이다.「대미지」의 주인공 스티븐이 평범한 여자였던 안나를 신비롭고 숭고하게 봤듯이 사랑은 자신을 한없이 작게 만든다. 유아기의 이상적 자아가 엄연한 대상으로 나타나기 때문이다. 그리하여 우선 이 사실을 받아들인다. 다음으로 사랑에 빠진 숭고한 대상을 흠모하지만 어쩌면 평범할지도 모른다는 생각을 하면서 그와 거리를 둔다. 그리고 그에게만 쏠린 감정의 에너지를 나에게 투입하는 것이다. 자신을 높은 위치로 끌어올리는 노력이다.

프로이트가 말하듯 연인은 바로 내가 되고 싶은 이미지다. 흔히 이런 경우 대상을 끌어내려서 자신과 맞추려 하는데 이것은 사랑이 아니고 증오요 파괴다. 연인의 위치까지는 아니더라도 나를 조금씩 끌어올리는 노력이야말로 사랑이 베풀어주는 유일한 출구 전략이다.「갈매기」의 주인공들처럼 가치의 기준을 몽땅 대상에게 내주면 나는 아무것도 없이 텅 빈 허수아비가 되고 피폐해져 자아 파괴의 충동을 느끼게 된다. 반대로 자신을 고귀하게 만들려는 어떤 노력도 없이 그저 연인을 이상화하고 그들을 위한 노래만 부르는 올렌카의 만족은 앵무새의 행복일 뿐이다. 마사 누스바움에 따르면 모든 감정은 가치와 사회적 중요도에 깊이 관여한다.

이제 '느낌'은 지각과 판단 등 인지를 가리키는 단어들과 대조되는 단어가 아니다. 그건 그저 그들을 표현하는 다양한 용어들일 뿐이다(195). 그래서 감정과 판단 사이에 여러 유형이 조금씩 다르게 나타날 뿐이다. 감정은 판단과 뗄 수 없는 관계 속에서 규정될 수 있다(196).[6]

감정과 인지, 판단이 뉴런들 사이에서 나타나는 여러 현상 가운데 하나라는 말은 그들이 모두 뇌의 하부와 상부의 소통에 밀접한 연관을 맺고 있다는 뜻이다. 그런데 왜 지금까지 사람들은 감정을 억압하라고 가르치며 인지와 판단을 더 높이라고 말해왔을까. 왜 감정대로 행동하지 말고 신중히 판단하라고 타이를까.

감정은
관계 속에서 일어난다

이 책의 맨 처음 화두는 사랑이 감정인가, 생각인가였다. 이루지 못하는 사랑에 마음이 상할 때 그녀는 그 사람을 잊기로 결심한다. 그러나 그녀는 여전히 그를 생각한다. 감정의 동요를 경험하면 사람들은 감정을 억압하며 잘 판단하라고 가르친다. 부모는 공부하기 싫어하는 자식에게 이성적인 판단으로 공부하라고 가르치며 학교는 폭력적인 학생에게 감정을 누르고 이성적인 사람이 되라고 가르친다. 감정은 흔히 나쁜 것의 대명사처럼 쓰인다. 예를 들어, 내가 지금 '뇌의 상하부'가 아니라 '뇌의 하상부'라고 쓰면 누군가 나에게 문법이 틀렸다며 고치라고 말할 것이다. 감정의 입장에서 보면 하상부이고 의식의 입장에서 보면 상하부인데 우리말에는 '하상부'라는 표현이 없다. 진화 과정에서 감정이 먼저인데 이성이 먼저인 것처럼 가르치는 이유는 무엇일까. 만일 둘이 뗄 수 없는 관계라면 감정은 나쁜 것이고 이성은 좋은 것이라면서 마치 별개인 양 가르치면 안 될 것이다.

영화 「대미지」의 스티븐은 죄의식을 느끼면서도 계속 사회의 눈을 피해 그녀를 만나고 "너는 누구인가"라고 묻는다. 그리고 치명적인 사건을 겪은 후 모든 것을 잃고 나서 깨닫는다. 그녀가 아주 평범한 여자였다는 것을. 체호프의 「갈매기」에서도 주인공은 자신이 흠모하는 대상이 될 수 없어 스스로를 파괴한다. 감정이 가치 판단이라면 사랑의 가치 판단은 터무니없이 높고 엉뚱해 보인다. 스피노자와 라캉이 말하듯 욕망의 속성이 그렇기 때문이다. 라캉은 욕망의 공식에서 주체는 거세되었기 때문에 대상을 판타지 속에서 본다고 말한다. 그는 이것을 공식 $ <> a로 표시했다. 주체($)는 대상(a)을 판타지(<>) 속에서 대한다는 의미다. 이때 주체를 거세된 주체로 표기하는데, 이것을 진화된 주체라고 바꿔보자. 컴퓨터 자판에는 달러를 표시하는 부호($)가 있다. 나처럼 컴퓨터가 익숙하지 않은 사람은 라캉의 주체를 찍으려 할 때 이 달러 기호가 있어 빌려 쓴다. 누군가는 돈이 주체를 상징한다고 오해할 수도 있지만 자본인 대신 진화된 주체로 해석해보자. 감정 위에 의식이 집을 지어 두 집이 '한 가족'이란 뜻이요, 동물성과 사회성을 동시에 가진다는 의미다. 주체를 가른 빗금 때문에 스티븐은 안나를 완벽하게 보았고 시간이 지나서야 아주 평범한 여자로 본다. 우리는 얻을 수 없는 것을 추구하기에 대상에 대한 가치 평가의 차이를 피할 수 없다.

두려움, 호기심, 기쁨, 슬픔, 노여움 등 감정의 종합선물 세트가 사랑이라면 이 모든 감정은 대상을 향하며, 그것은 삶의 목적이기도 하다. 나의 모든 것이고 나를 살게 하는 동인이다. 이런 의미에서 감정은 생명 보존의 전략이다. 그래서 사랑에 빠지면 괴롭고 사랑이 없으면 삶의 목표도 없어지며 공허해진다. 손안의 뜨거운 감자처럼 먹을 수도, 그렇다고 포기할 수도 없는 것이 사랑이다.

감정은 대상에 대한 감정이다. 감정이 가치 평가와 무관하지 않다는 것은 그곳에 반드시 어떤 대상이 있다는 뜻이다. 대상 없이 가치나 중요도를 느낄 수는 없다. 여기서 한 가지 중요한 사실은 이 대상이 반드시 인간만을 의미하지는 않는다는 것이다. 자아는 순수한 그 자체로 존재하기보다 그를 둘러싼 모든 물질, 심지어 입은 옷, 분위기, 그가 하는 말, 그의 능력, 돈과 권력, 사회적 지위 등 한 인간을 둘러싼 구체적이고 추상적인 물질을 모두 포함한다고 제임스는 말한다. 칸트의 초월의식Transcendental Ego을 비판하면서 다윈의 진화론의 입장에서 인간을 재해석한 윌리엄 제임스는 『심리학의 원리』(1890)에서 인간을 물질적 자아와 사회적 자아, 정신적 자아의 순서로 구분했다. 이 순서가 아리스토텔레스가 봤던 순서와 반대인 것은 다윈의 진화론이 나오기까지 긴 세월에 따른 인식론의 차이를 말해주는 듯해 흥미롭다. 물론 이 자아들은 분리된 게 아니라 하나로 존재한다. 제임스는 물질적 자아를 이렇게 표현했다.

그렇다면 우리는 번덕스러운 물질을 다루고 있음을 알 수 있다. 때로는 같은 대상이 나의 일부로 취급되고 때로는 그냥 나의 것으로, 그러고는 마치 내가 그것과 전혀 상관없는 듯 여겨진다. 그러나 가장 폭넓게 생각한다면, 한 인간의 자아는 그가 그의 것이라 부를 수 있는 것의 총 합산이다. 그의 몸과 심리적 강도뿐 아니라 옷과 집, 아내와 아이들, 그의 조상과 친구들, 명성과 직업, 그가 소유한 땅과 말, 그리고 심지어는 요트와 은행 수표까지 포함한다. 이 모든 물질이 그에게 같은 감정을 부여한다(PP 1: 193).

제임스의 이런 말은 조금 충격적으로 들린다. 우리는 한 인간이 물질과 상관없이 순수한 개체로 존재한다고 믿고 가르쳐왔기 때문이다. 그런데 그런 초월적 자아는 없다는 것이다. 영혼과 몸과 그를 둘러싼 사회적 가치와 물질은 그의 의식을 구성한다. 그의 의식을 구성하고 타인이 그를 대하는 감정을 구성한다. 그의 어떤 말 한마디에 사랑이라는 감정을 느낄 수도 있고 어떤 옷이나 몸짓 때문이거나 그의 명예와 능력, 돈 때문에 그럴 수도 있다. 그 모든 것이 나를 안전하게 보호해주고 나에게 쉴 곳을 제공해줄 것 같아서다. 물질은 이미 나의 일부이고 그의 일부다. 진화를 통해 사회적 인간이 되었지만 여전히 의식은 물질을 바탕으로 구성된다. 그리고 그 물질이 정신만큼 감정을 불러일으킨다.

몸에서 열이 나고 얼굴이 뜨거워지며 가슴이 두근거리는 것은 감기가 시작되는 증상일 수도 있고 사랑에 빠진 증상일 수도 있다. 왜 그녀는 감기를 사랑으로 느꼈을까. 배럿에 의하면, 외부 자극을 받으면 편도체가 감정을 수용하여 즉각 몸의 반응을 일으킨다. 그 뒤 해마가 이를 수용하여 감지하고 경험을 저장한 전두엽과 상의하여 어떤 감정인지 추측한다. 전두엽은 과거 경험의 기억을 더듬어 "이건 사랑이야"라고 추측한다. 몸 안에서 일어나는 반응이 먼저 오고 이어서 전두엽에 저장된 개념과 상의해 그것이 어떤 감정인지 인지하는 것이다.

만일 '포식자'라는 개념이 전두엽에 저장되어 있지 않으면 곰을 보고 몸은 즉시 도망칠망정 공포라는 감정을 느끼지는 못한다. 의식이 발달하지 않은 하등 동물일수록 즉각적인 몸의 반응이 전부다. 그러므로 힘센 동물에게 약한 동물이 먹히는 먹이사슬이 작용한다. 반대로 의식이 발달한 인간은 개념이 저장되어 더 잘 피신할 수도 있고 아주 위험할 때는 도구를 사용하여 상대를 포획할 수도 있다. 도구와 무기를 고안하도록 진화했기 때문이다. 물론 이 무기를, 감기를 사랑으로 착각하듯이, 잘못 사용할 수도 있다. 그래서 기술 교육 못지않게 인문학 교육이 인간에게 필요한 것이다.

감정은 대상을 향하고 대상과의 관계 속에서 일어난다. 이때 대상이 인간일 경우 물질성을 포함한다. 그런데 감정의 대상은 연인이나 짐승만이 아니라 나를 둘러싼 모든 것이다. 사람, 나무, 산, 들, 교회, 학교 등 구체적인 물질뿐 아니라 언어, 전통, 역사, 정치, 문화 등 내가 사는 세상 그 자체다. 나는 세상 속에서 태어나고 세상을 대면하며 세상과 관계를 맺고 산다. 나의 의식은 만물의 일부다. 제임스는 이것을 두고 우리의 인지나 판단은 대상에 종속되기에 의도Intention적이고 주관적이며 시간의 흐름에 따라 변화한다고 밝혔다. 그리고 후설은 이를 지향성Intentionality으로 발전시킨다.

같은 현상학 계열의 하이데거는 이를 존재Dasein라 부르고 존재가 세상과 관계 맺는 것을 하이픈으로 연결하여 표현했다Being-in-the world. "나무도 나를 바라본다"고 말한 메를로퐁티는 상호 엮임의 의미로 '키아즘Chiasm'이라는 용어를 쓴다. 앞서 언급한 것처럼 라캉은 도식($<>a)으로 주체와 대상을 연결해놓는다. 결핍의 주체는 항상 대상을 추구하는데 그 목표는 완벽한 실체가 아니기에 잡으면 신기루처럼 저만큼 물러나 나를 다시 유혹한다. 주체는 판타지로 대상을 추구한다는 욕망의 도식이다. 이렇게 세상과 관계 맺기는 감정에서 출발한다.

왜 숲에 들어가면 마음이 고요하고 평온해지는가. 숲이 나를 바라보고 있기 때문이다. 나무는 내 감정과 의식의 일부인 것이다. 왜 사람을 만나는데 분위기가 중요한가. 은은한 불빛, 비바람에 흔들리는 창밖의 나뭇가지, 달콤한 바이올린 선율, 찻잔을 감싼 부드러운 손, 미소와 어떤 말…… 술에 약간 취하면 더 좋다. 마음이 느슨해진다는 것은 남을 덜 의식하고 분위기에 몰입한다는 것이다. 이런 분위기에서 사랑이라는 알 수 없는 감정이 일어날 수도 있다. 사랑은 결핍, 혹은 두려움으로 충족의 대상을 추구하다가 어느 순간 몸 혹은 물질적 반응으로부터 우연히 찾아온다. 이제 제임스의 의도 또는 지향성을 다른 방향으로 짚어보자.

감정과 마찬가지로 의식은 대상을 인지할 때 전두엽에 저장된 개념, 즉 과거의 경험과 상의하고 추측한다. 그런데 그 경험은 고정불변이 아니라 시간이 흐르면서 변한다. 새로운 경험이 앞의 경험 위에 덧씌워지기 때문이다. 따라서 대상에 대한 감정이나 인지도 변한다. 스티븐이 안나에게 빠졌을 때 그녀는 그에게 신비롭고 알 수 없는 대상이었다. 그러나 훗날 그녀를 봤을 때는 아주 평범한 여자였을 뿐이다. 스티븐의 감정과 인지는 대상을 향하고 그 대상은 시간이 흐르면 다르게 해석된다. 자아는 대상과의 관계 속에서 태어나고 그 관계는 끊임없이 변한다. 그리고 대상은 개인의 주관에 의해 달라진다.

우리는 평면 위에 그려진 가로수 그림에서 깊이를 본다. 원근법이다. 이것이 시선의 속임수다. 실제로 가로수를 볼 때 갈수록 길의 폭이 좁아지는 것을 뇌는 기억해둔다. 그래서 2차원의 평면에서 3차원의 깊이를 보는 것이다. 시선의 속임수가 아닌 생각의 속임수다. 응시Gaze를 드러내기 위해 인상파 화가들은 원근법을 지우려고 했다. 의식의 베일을 걷고 실체 혹은 감각에 가까이 다가가려 한 것

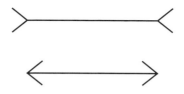

메를로퐁티가 『지각의 현상학』에서 선보인 그림.

이다. 메를로퐁티는 자신의 책에서 지향성의 예로 위와 같은 그림을 선보인다. 두 개의 선은 사실 길이가 같다. 그러나 곁에 붙은 화살표의 방향에 따라 길이가 달라 보인다. 인지와 판단은 '관계 속'에서 나온다는 것이다. 「대미지」의 주인공이 같은 사람을 시간과 환경에 따라 다르게 인지하듯이 세잔과 같은 초기 인상파 화가들은 같은 경치가 시간에 따라, 햇빛의 방향에 따라 달리 보이는 것을 그리려고 했다.

감정과 느낌은 대상과의 관계 속에서 끊임없이 변화하고 흐른다. 따라서 어떤 대상에 대한 고정불변의 절대적 감정이나 판단은 있을 수 없다. 대상에 대한 감정과 인지는 주관적이다. 대상도 나를 바라보고 있기 때문이다. 나와 나무는 상호 연결되어 나는 나무 없이는 나무에 대해 느끼거나 생각할 수 없으며 나무에 대한 느낌은 늘 변한다. 플라톤의 이데아처럼 변치 않는 단 하나의 대상이나 사랑은 이데아로만 존재할 뿐이다. 우리는 흐르는 물속에 발을 딛고 서 있다. 물은 한번 흘러 지나가면 다시 돌아오지 않는다. 즉 한순간도 같은 물에 발을 담글 수 없다. 만물이 변하고 흐른다는 헤라클레이토스의 말처럼 변하는 세상 속에 태어난 인간의 감정 또한 변화하기 마련이다.

사랑이
우연처럼 느껴지는 이유

모든 생물은 세상 속에 태어나고 세상과 뗄 수 없이 연결된다. 소는 풀이라는 물질에 의해 생명을 유지하고 거미는 거미줄을 쳐서 곤충을 잡아먹고 산다. 우리 눈에는 거미줄이 보이지만 곤충들에게는 보이지 않는다. 안 보이면서도 끊어지지 않는 가느다란 줄, 그것이 거미가 생명을 유지하는 수단이다. 하등 동물로 갈수록 생명 유지의 수단이 단순하다. 하나의 재주로 먹고산다. 식물도 예외가 아니다. 나무는 햇빛과 공기와 물을 먹고 흙 속에서 생명을 유지한다. 그냥 자연을 받아들이는 게 생명 유지의 수단이다. 포유동물로 진화하면 먹거리가 다양해진다. 원숭이는 나무 열매도 따먹고 사람의 손에서 바나나도 받아먹는다. 사람은 육해공을 가리지 않고 이것저것 다 먹는다. 자연을 활용할 뿐 아니라 사회와 문화도 창조한다. 사람을 둘러싼 세상은 관계가 넓고 다양하다. 그래서 삶은 복잡하고 뇌는 스트레스를 많이 받는다.

　모든 생물은 환경 혹은 관계와 단절되어서는 아예 태어나지도 못한다. 감정 역시 마찬가지다. 단순한 하등 동물일수록 감정도 단순하다. 생명 유지를 위한 공포와 두려움, 쾌적함과 불쾌감 등 기본적인 감정뿐인데 이것도 의식이 진화하지 않기에 몸의 반응으로만 나타난다. 반면 인간의 감정은 세상이 복잡한 만큼 복잡하다. 외부 자극을 받으면 편도체가 반응하고 몸의 행동으로 나타난다. 그리고 해마와 전두엽을 거쳐 느낌으로 지각한다. 이런 과정은 무의식적으로 순식간에 일어난다. 우리는 오직 의식하는 순간에 어떤 감정을 느낀다. 그래서 의식(혹은 개념)이 먼저이고 몸의 반응이 나중에 온다고 느낀다. 웃기에 행복한 것이 아니라 행복하기에 웃는다고 느끼는 것처럼. 그러나 실제로는 몸의 반응이 먼저 있고 그 후에 인지가 따른다. 진화가 그런 순서로 됐기 때문이다. 뇌의 감정 회로에서 불이 반짝하고 들어오는 극히 짧은 순간 이후에, 의식의 지각으로 나는 느끼고 판단한다.

원시 시대에 인간이 호랑이를 보고 저게 뭔가 하고 느끼고 생각하다가 도망치면 잡아먹히기 십상이다. 우선 다른 동물들처럼 즉각 도망쳐야 한다. 도망치는 행동은 목숨과 직결되기에 빨라야 한다. 다리가 떨리고 온몸이 굳어지며 전율한다. 외부 자극이나 대상에 몸이 먼저 반응하는 것이다. 도망치면서 거의 동시에 공포를 느낀다. 이것이 제임스가 주장하는 감정론의 핵심이다. 울기에 슬프고 도망치기에 무섭다. 울기를 멈추면 슬픔도 약해진다. 그러나 전두엽의 개념 추측에 의해서만 무섭다는 느낌이 오기 때문에 우리는 무서워서 도망친다고 믿는다. 사랑이라는 감정도 같은 맥락이다. 몸의 반응이 먼저 오고 그다음 느낌이 일어나며 생각을 하게 된다. 제임스는 이렇게 말한다.

여자에 대한 남자의 사랑, 아기에 대한 어머니의 모정, 뱀을 보고 소리치는 공포, 위험한 절벽에 대한 두려움은 모두 비슷하게 묘사될 수 있다. 세상을 커다란 가구로 본다면 특이하고 견고한 몇 조각이 치명적으로 아주 특이한 정신적, 육체적 반응을 운명적으로 불러내는 식이다. 그런 것들이 용의주도하게 이성적 추론으로 내려진 판단이 아니라 그와 정반대이며 그런 식의 판단보다 앞서서 먼저 일어나는 경우들이라는 것이다(James 1884, 190).

제임스의 「감정이란 무엇인가What is Emotion」(1884)의 한 구절을 읽으면 약간 충격을 느낀다. 우리가 그토록 믿는 남녀의 숭고한 사랑도 몸의 반응이 먼저라니? 사랑이라고 느껴서 몸이 뜨거워지는 것이 아니라 몸의 열기가 사랑으로 의식된다니? 리사 배럿이 말한 감기를 사랑으로 착각했다는 예를 다시 들어보자. 그와 대화하고 식사하면서 그녀의 몸이 뜨거워지고 가슴은 두근거린다. 이것이 몸의 반응이다. 해마는 전두엽과 상의하여 이게 뭐지 하며 경험의 저장고를 뒤적인다. "아, 이건 사랑이라는 개념 같은데……." 만일 내가 감기 증상을 더 강하게 저장해놨다면 감기로 측정할 수도 있다. 그러나 과거 사랑에 빠졌을 때 그와 비슷한 몸의 반응이 있었던 터라 전두엽은 감기보다 사랑이라는 개념을 선택한 것이다.

사랑이 우연처럼 느껴지는 이유는 몸의 반응이 먼저 일어나고 다음으로 의식의 인지에 의해 느낌이 오기 때문이다. 의식은 자신이 해결할 수 없는 것을 우연으로 보려 하고 몸은 의식 속에 숨어 말을 하지 못한다. 아마 동물은 사랑을 우연처럼 느끼지 않을 것이다. 의식이 발달하지 않은 동물에게는 느낌이 아닌 몸의 반응이 전부이기 때문에 힘이 절대적이다.

스티븐이 안나를 보고 사랑에 빠지는 것은 아마 그때 스티븐한테 감기 증상이 있었기 때문인지도 모른다. 아니면 그녀를 둘러싼 분위기와 어조에서 옛 애인의 모습을 느꼈는지도 모른다. 인생을 파멸로 몰아넣은 운명적 사랑도, 100년이 넘은 제임스의 심리학이나 2017년에 출간된 배럿의 뇌과학에서 보면 몸의 증상에서 시작돼 착오가 생긴다. 물론 모든 사랑이 감정 예측의 착오로만 일어나는 것은 아니다. 예를 들면 스티븐이 그녀와 만났을 때 무척 외로웠거나 삶이 무의미하다고 느껴 뭔가 목적에 목말랐을 수도 있다. 모든 것을 완벽하게 소유한 국회의원, 이제 장관 임명을 눈앞에 둔 성공적인 인생행로, 이런 순간에 삶이 허망하게 느껴질 수 있다. 욕망은 목표물을 주지만 언제든 그것을 얻은 후 텅 빈 허망함을 안겨주기 때문이다. 이것이 동물과 인간의 다른 부분이다. 동물에게 목표물은 분명하다. 소가 말린 풀을 빵으로 착각하는 일은 없다. 그리고 풀을 배불리 먹고 나서 텅 빈 공허를 느끼지는 않는다. 시간이 날 때 한가로이 앉아 되새김질을 즐길 뿐이다.

동물의 대상에 대한 평가는 실체와 큰 차이가 없고 단순하다. 쾌와 불쾌의 감정으로 그것을 분별하는 정도다. 동물에게도 포식자에 대한 두려움이나 먹이를 찾고 안전을 추구하는 감정이 있다. 이상하고 낯선 것을 보면 그게 무엇인지 알아보고 위험한지 아닌지 따져봐야 한다. 두려움과 추구하는 감정은 가장 원시적인 감정이다. 그러나 의식이 진화한 인간에게 두려움과 추구 시스템은 착각과 환상, 그리고 그와 정반대인 평가절하와 텅 빈 공허를 안겨준다. 예를 들면 두려움은 자의식에 의해 나의 두려움이 되고 전두엽의 학습과 저장에 의해 이유 없는 불안으로 자리 잡는다. 저장된 경험들로 학습 효과를 높여 가능한 한 위험을 줄이고 안전을 보장하기 위해서다. 자의식은 사회적 감정을 낳고 타인을 의식하며 비교한다. 사회가 복잡해지고 경쟁이 심해지면 불안은 더욱 커진다.

미국 작가 마크 트웨인이 말했듯 우리는 평생 수많은 걱정을 하고 살아간다. 그러나 돌이켜보면 그 가운데 실제로 일어난 일은 그리 많지 않다. 어쩌면 우리는 걱정을 담보로 하여 안전을 누리고 사는지도 모른다. 걱정은 경험과 학습의 결과로 전두엽에 저장된 안전망이다. 지나친 걱정은 좋지 않음에도 걱정을 하는 것은 매사에 신중하고 조심하게 만들기 때문이다. 그런데 불안이 우리에게 주는 신호는 이보다 더 중요한 데 있다.

불안을 잠재우기 위해 나는 끊임없이 무언가를 추구한다. 하이데거는 인간의 손이 동물의 앞발과 얼마나 큰 차이를 갖는지 지적한 적이 있다. 두 손은 글을 쓰고 무언가를 추구하며 만들고 고안한다. 추구는 불안이 주는 스트레스 호르몬 대신 기분 좋은 도파민을 분비하게 만든다. 도파민은 가장 기본적인 활력소 호르몬으로 삶의 의미를 부여한다. 데카르트의 호기심, 스피노자의 욕망, 제임스의 놀라움과 호기심, 라캉의 욕망, 그리고 최근 판크세프의 추구 시스템은 모두 불안을 잠재우는 가장 기본적인 추구 감정의 여러 다른 이름이다.

그렇다면 감각(혹은 감정)이 더 즐거울까, 감각을 개념화하는 과정이 더 즐거울까. 감각은 뇌의 하부에서 일어나고 개념화는 상부에서 일어난다. 물론 답은 상부다. 즐거움은 느낌의 영역이기 때문이며, 오직 의식과 전두엽의 개념화에 의해 일어나기 때문이다. 번스타인은 개념화 작업이 감각적 정보보다 더 기쁨을 준다고 말한다. 감각적 자극이 올 때 그것이 무언인지 알아보고 밝히는 개념 추측이 나에게 즐거움을 준다. 그 이유는 "뇌의 관련 부위에 아편 제재에 반응할 때와 같은 쾌감 수용체가 가장 밀집해 있기 때문"이다. 대상을 보면서 그것이 무엇인지 해석하는 과정이 즐거움을 준다. 보는 것, 듣는 것, 냄새, 미각, 그리고 살갗에 닿는 촉각 등 모든 감각은 밖에서 오는 자극이다. 우리는 감각 그 자체가 즐거운 것이라 여기지만 사실은 그 감각이 무엇인지 해석하는 작업이 더 쾌감을 준다. 마치 영화를 볼 때 이야기를 따라가며 저게 왜 나오지? 저게 무슨 내용이지? 호기심을 느끼면서 내용을 파악해가는 인지 과정이 즐거운 것과 같다. 그렇기에 긴박감, 갈등, 호기심으로 해석의 공간을 주지 못하는 문학이나 영화는 성공하지 못한다. 아마도 알고자 하는 욕망 그 자체가 쾌락을 주기에 인류는 야생을 멀리하고 문명의 세상을 만들어왔는지도 모른다. 감지한 것을 인지하는 연결 고리는 오직 인간에게만 있는 중요한 속성으로 인류가 가장 강한 종으로 살아남는 데 공헌한다.[7]

사랑에 빠질 때 그 사람의 모든 것에 대해 알고 싶은 강한 욕망도 이런 배움의 욕망과 다르지 않다. 우연히(사실은 우연이 아닐지도 모르는데) 나를 사로잡은 대상에 대한 호기심은 거부할 수 없이 강력하고 그 신비로움은 생각할수록 더 생각나게 만든다. 그가 누구고 무엇인지 파악해야 그를 사로잡을 수 있다고 믿기 때문이다. 이것이 뇌과학자가 말했듯 "가장 지속적인 생각들"이 끝날 때 사랑이 시작되는 것이 아니라 멈추는 이유이기도 하다.

번스타인은 인간에게 배움의 소망은 가장 강한 욕망으로, 현실을 더 잘 설명하는 대응 전략을 마련하기 위한 것이라고 말한다.[8] 생각이 멈추면 사랑도 멈춘다는 것이 사실이라면, 사랑을 지속하는 길은 덜 괴롭게 생각하는 길이다. 될수록 천천히 가끔씩 잊지 않고 생각하면서 에너지를 몽땅 그에게 쏟지 말고 더 많은 에너지를 자신을 위해 투자하는 것이다. 그를 사랑하는 나를 사랑하는 것이다.

감각이나 자극을 수용하고 해석하는 부분이 뇌의 하부와 상부로 나뉘고 이 두 집안이 한집에 살기 때문에 이 연결 고리는 균형과 조화를 이루면서 소통해야 한다. 어느 한쪽으로 기울면 배가 기울듯이 심리적 안정을 얻기 어렵다. 예를 들어 편도체로 기울어 전두엽의 인지 부분과 연결이 끊기면 외상후 스트레스(전쟁 후 외상)와 같은 증상이 나타나고 반대로 전두엽의 해석 부분에 기울면 일중

감정 연구

독과 같은 중독의 원인이 된다. 헤더 벌린에 따르면 편도체는 감정을 담당하고 사유 시스템인 해마와 전두엽에 연결된다. 중독은 마음을 조정하는 이 연결 고리가 균형을 잃을 때 일어난다. 정서와 인지는 서로 연결되지만 이 과정은 의식하지 못하는 사이 순식간에 일어나 우리의 생각과 느낌, 그리고 행동을 형성한다(2011, 64, 69).

인지 시스템의 과도한 작동은 그것이 아편과 같은 쾌락을 주기 때문이며, 기술 문명이 과도하게 추구되는 것은 사랑이 과도하게 추구될 경우와 마찬가지로 위험하다는 뜻이다. 문명도 지나치면 스토킹이 된다. 추구 시스템도 조절이 필요한 것이다. 우리를 편리하게 만들기 위해 여러 장치가 고안되지만 우리는 더 바쁘게 뛴다. 경쟁은 더욱 가속화된다. 하이데거가 암시하듯이 두 발로 걷던 시대의 경쟁은 마을 안에서 일어나지만, 말을 타고 다니면 고을 안이 되고 자동차를 타게 되면 한 나라가 되며 비행기를 타면 전 세계가 된다. 인터넷과 스마트폰이 고안된 오늘날의 경쟁은 전 지구적이다.

아편과 같은 쾌락 때문에 끝없는 지식 추구도 중독이 될 수 있다. 아마 언젠가 우리는 인공지능과 경쟁을 벌이다가 지고 말지도 모른다. 로봇의 무한한 능력이 감정을 가질 수 없을 때 그것은 사이코패스처럼 무자비해질 수 있다. 이것이 로봇의 윤리다. 인간의 보조 수단으로 긍정적인 일에만 쓰여야 한다는 것이다.

나는 외롭기에 사랑을 추구하고 내재된 불안 때문에 무언가를 만들며 지식을 추구한다. 고독과 불안은 진화의 선물이다. 동물은 먹고 안전하게 생명을 유지하는 것만 추구한다. 먹이를 저축하거나 집을 투자의 수단으로 삼거나 짝짓기 대상을 스토킹하지 않는다. 동물에 비해 앞이마가 튀어나오고 머리 윗부분이 발달했기에 인간은 외롭고 불안하다. 전두엽에 경험을 저장하고 기억하는 작업이 왜 인간에게 외로움, 불안, 추구, 사랑, 기쁨, 슬픔, 노여움, 질투, 죄의식, 공감이라는 감정을 발달시켰을까. 감정의 진화와 기억은 어떤 관련이 있는가. 사랑은 왜 자존심 싸움인가. 나는 자존감을 어떻게 지킬 것인가. 이런 문제들이 회상하는 능력과 관계있다면? 회상이 자의식을 낳고, 자의식은 시간을 낳는다. 그리고 감정도 다양해지고 복잡해진다. 감정은 인지 및 판단과 분리될 수 없다는데 왜 부모나 선생님은 감정을 억압하고 이성적인 사람이 되라고 가르칠까. 그리고 왜 나는 이런 가르침에도 불구하고 그대로 따르지 못하나? 다음 장에서 이 문제를 풀어보자.

감정은
이미지다

한때 나의 모든 것을 다 주어도 아깝지 않다고 느꼈던 사람이 세월이 흘러 다시 만났을 때 그저 평범한 사람으로 보이는 이유는 무엇일까. 자신이 가진 모든 것을 던진 스티븐이 세월이 흘러 안나를 다시 봤을 때 그녀는 평범하기 그지없었다. 나는 시간에 따라 같은 사물이나 대상을 결코 똑같은 눈으로 보거나 똑같이 느끼지 못한다. 나의 뇌는 시간 속에서 이미지를 달리 만들어내는 '이미지 메이커'이기 때문이다. 의식의 진화로 나는 대상을 이미지로 파악한다. 달이 아니라 달을 가리키는 손가락에 대해 이야기할 뿐이다. 뇌의 하부는 자극에 즉시 반응한다. 동물인 까닭에. 그러나 이 동물성에 의식은 직접 접근하지 못한다. 삽화적 기억에 의해 '나의' 경험, 나의 생각이 태어나고 동시에 너의 경험, 너의 생각과 어울려 사는 '사회적 동물'이 되었기 때문이다. 감정은 의식의 중계로 전두엽의 예측에 의해 나의 느낌이 된다. 회상(삽화적 기억)은 이처럼 인간과 동물을 '같으면서 다르게' 만든 진화의 분기점이었다.

마이웨이

영화나 소설에서 주인공이 과거를 회상하는 장면은 그리 낯설지 않다. 노래에서도 마찬가지다. 프랭크 시나트라가 1969년에 부른 노래, 그 후 엘비스 프레슬리가 자신의 삶을 되돌아보며 다시 불렀던 「마이웨이My Way」라는 노래가 있다. 이 제목을 그대로 옮겨 한 사람의 일생을 다큐멘터리로 만드는 「마이웨이」라는 프로그램이 최근에 생긴 것을 보면, 이 노래는 누구나 즐겨 부르는 최고의 팝송일 것이다. 젊은이들보다 삶의 황혼기에 접어든 장년과 노년층이 아껴 부른다. 고달프고 힘든 삶에서 실수도 있고 후회도 있었지만, 총결산 보고서를 마감하는 순간 당당히 자신을 주장하며 살아왔노라는 자긍심이 있기 때문이다. 그런데 이 노래를 진화론과 뇌과학으로 풀어보면 어떨까. 찰떡처럼 잘 들어맞는다. 많은 사람이 공감하는 이유가 있다. 기억, 의식의 진화, 시간의 탄생, 자의식, 감정과 느낌, 심리학, 인지과학, 뇌과학에서 열거하는 핵심 용어들이 이 노래에 다 들어 있다. 우선 가사 내용을 보자.

자, 이제 마지막이 가까워졌네
그래서 내 삶의 마지막 커튼을 마주 보고 있네
내 친구여, 분명하게 말해두고 싶어
내가 확신하는 내 경우를 말해보겠어요
난 충만한 삶을 살았지
구석구석 여러 곳을 돌아다녔지
그리고 이보다 훨씬 더 중요한 것은
난 내 방식으로 돌아다녔다는 것이오
And now the end is near
And so I face the final curtain
My friend, I'll say it clear
I'll state my case of which I'm certain
I've lived a life that's full
I traveled each and every highway
And more, much more than this
I did it my way

후회, 조금은 했었지
그런데 다시 보니 언급할 만한 건 별로 없네
난 그저 해야 할 것을 했을 뿐
그리고 그걸 예외 없이 끝까지 해냈지
난 내 진로를 계획했고

감정 연구

그 길을 따라 조심스럽게 한 걸음씩 딛고
그리고 이보다 훨씬 더 중요한 것은
난 내 방식으로 걸었다는 것이오
Regrets, I've had a few
But then again too few to mention
I did what I had to do
And saw it through without exemption
I planned each chartered course
Each careful step along the byway
And more, much more than this
I did it my way

그래 맞아요, 친구도 알겠지만,
어떤 때는 지나치게 과욕을 부린 적도 있지.
하지만 그런 모든 일에 의심이 들 때도
난 그걸 대수롭지 않게 해냈어
난 대면하고 당당하게 맞서면서
내 방식대로 해냈지요
Yes, there were times I'll sure you knew
When I bit off more than I could chew
But through it all when there was doubt
I ate it up and spit out

I faced it all and I stood tall

And did it my way

사랑도 해봤고, 웃기도, 울기도 했었지요

내가 겪어야 할 패배는 아낌없이 받아들였소

이제, 눈물이 마르고 나니

그 모든 게 달콤하게 느껴집니다

지나온 모든 걸 회상하며

당당히 이렇게 말해도 되겠지요

오, 아니, 아니오, 난 아니오

난 내 방식대로 해냈어요라고

I've loved, I've laughed and cried

I've had my fill, my share of losing

And now as tears subside

I find it all so amusing

To think I did all that

And may I say not in a shy way

Oh, no, oh no not me

I did it my way

무엇 때문에 인간이고, 그가 가진 게 무엇인가요?

그 자신이 아니라면 아무것도 아니랍니다

감정 연구

그가 정말로 느끼는 것을 말하고

그걸 비굴하지 않게 말하는 것이지요

과거가 말해주듯이, 난 고난을 겪어냈고

그것을 내 방식대로 해냈지요

For what is a man, what has he got

If not himself then he has naught

To say the things he truly feels

And not the words of one who kneels

the record shows I took the blows

and did it my way

대부분의 알려진 번역은 man을 남자로 해석하는데 인간이라고 이해하는 것이 옳다. 여자도 진화했기 때문이다. 여자도 실수하고 고난을 겪지만, 당당히 맞서고 비굴하지 않게 그녀의 방식대로 사는 것, 그리고 삶의 마지막 순간에 자기 삶을 긍정하는 것은 남자와 똑같이 중요한 덕목이기 때문이다. 이제 「마이웨이My Way」가 어떻게 나라는 개인을 넘어 인간의 길이 되는지 보자.

이 노래는 생의 마지막에 이르러 전 생애를 돌아보는 이야기다. 나는 사랑하고 웃기도 하고 눈물도 흘렸지만 매 순간을 철저히 성실하게 살았다. 굴욕이 아닌, 나의 방식으로 모든 패배를 감내하며 당당히 맞섰다. 그런데 돌이켜 생각해보면 그런 일들이 달콤하게 느껴진다. 이런 내용은 삶의 커튼이 내려지기 전 과거를 돌아보며

할 수 있는 이야기다. '회상Recollection'이라는 뇌의 기능이 없으면 부를 수 없는 노래다. 회상은 전 생애를 돌아보는 순간만이 아니라 삶의 매 순간 일어난다. 나는 하루하루, 아니 매 순간 낯선 일에 부딪힌다. 예상한 일보다 예상치 못한 일이 더 자주 일어난다. 어떻게 안전하게 대응할 것인가. 방법은 하나뿐이다. 과거의 경험에 의지하는 것이다. 뇌는 순간마다 자동으로 과거에 겪은 경험을 떠올리며 대응한다.

인간에게 주어진 지혜란 예측과 예측의 오류에 따른 새로운 지혜를 얻는 것에 다름 아니다. 경험을 어느 정도 비축한 중년에 이르면 행복할 때는 불행했던 일을 떠올리고 불행할 때는 행복한 순간을 떠올리는 지혜를 얻는다. 그리고 더 나이가 들면 지나간 일들을 아름답게 떠올린다. 앞으로 살날이 줄어들수록 지난 시간이 소중하고 아쉽고 아름답게 느껴진다. 감정은 기억을 아름답게 왜곡한다. 아무리 슬프고 힘든 일도 시간이 지나면 달콤하게 느껴진다. 이처럼 경험을 저장하고 인출하는 회상 능력은 뇌가 갖는 가장 기본적인 능력이다. 마치 은행에 돈을 저축하고 필요할 때 꺼내 쓰는 것처럼. 어쩌면 은행이 하는 일은 우리에게 가장 친숙한 뇌의 기능을 모방한 것인지도 모른다.

노년에 이르러 원숙한 감정으로 과거를 떠올린다. 살아온 날을 떠올리면서 과거를 기억하는 능력이 없다면 「마이웨이」란 노래는 가능하지 않다. 아니 매 순간의 경험들 가운데 어떤 것들을 뇌의 전두엽에 저장해놓지 않았다면 노래도 춤도 소설도 영화도, 아니 사랑도 가능하지 않다. 리처드 도킨스는 『이기적 유전자』에서 인간이 다른 동물들로부터 갈라서는 전환점은 기억을 갖게 되는 시점이라고 말했다. 회상은 한 인간의 인격이고 지식이며 선택이고 모든 것이다. 그래서 이것을 자서전적 기억이라고도 부른다.

『기억과 물질Matter and Memory』(1910)의 저자 앙리 베르그송은 의식과 기억을 코트와 못에 비유했다. 그가 살았던 20세기 초에는 벽에 못을 박고 옷을 걸었으니 못과 코트는 어느 한쪽이 없으면 제 기능을 하지 못한다. 진화는 의식의 발달을 뜻하고 의식은 회상 능력이 없으면 존재하지 않는다는 것은 무슨 뜻인가. 한 인간의 개성은 물론 인격을 만드는 것은 뇌의 뉴런에 경험을 저장하고 인출하는 의식의 기능에 의한 것이며 이것을 기억이라 부른다.

이제부터 회상이라는 단어 대신에 '기억Memory'이라는 용어를 사용하자. 회상이라는 단어는 우리에게 친숙하다. 그러나 '기억'이라고 하면 조금 멀어지고, 삽화적 기억Episodic Memory이라고 말하면 좀더 낯설게 느낀다. 심리학이나 뇌과학에서는 회상이라는 단어 대신 '기억' 또는 '삽화적 기억(서사적 기억)'이라는 용어를 즐겨 쓴다. 인간은 동물이지만 여느 동물과는 달리 진화된 기억의 소유자다. 경험은 몸에 새겨둔 습관과 다른 종류의 기억이다. 독수리도 어미에게 하늘을 나는 법을 배우고 사자를 사냥하는 법도 익힌다. 마찬가지로 인간은 살아가면서 필요한 여러 기능을 몸에 익힌다. "나는 수영도 잘하고 자전거도 탈 줄 알아요"라고 말하면 이런 실력은 연습으로 몸에 익힌 습관적 기억이다. 습관적인 기억은 단순하지만 다른 동물도 가지고 있다. 몸의 기억이라는 본질에서 인간과 크게 다르지 않다.

그런데 자전거를 배우면서 일어났던 어떤 날에 대한 기억을 떠올려보자. 그런 기억은 감정의 영향을 받는다. 바람이 몹시 불던 날, 내가 자전거에서 떨어졌을 때 다정하게 내 손을 잡아주었던 그 사람, 언제나 다치지 않도록 배려해주던 다정한 마음, 집으로 돌아오는 길에 들른 작은 찻집에서 그가 했던 말…… . 이런 일은 뇌리에 깊숙이 각인되어 반복해서 떠오른다. 이런 기억은 그에 대한 감정의 종류, 감정의 깊이에 따라 다르게 새겨진다. 만일 그것이 감사하는 마음이었다면 그리 깊이 각인되지 않는다. 그러나 사랑, 그것도 이루어질 수 없는 사랑이었다면 떠올리는 횟수가 많아진다. 그럴 때마다 잊어야 한다고 다짐한다. 그러나 기억하는 횟수가 많아질수록 더 깊이 각인되어 잊기가 더 어려워진다. 감정과 기억의 아이러니다. 이런 기억은 상처가 깊어지는 기억이기 때문에 때로는 잔인하다. 그러나 출구는 있다. 정상적인 감정을 지닌 사람의 경우 시간이 지나면 그런 기억은 조금씩 퇴색되고 변형이 일어나며 그다음 경험의 밑거름이 된다. 이것이 인간만이 가진 삽화적 혹은 서사적 기억이다. 감정이 사적일수록, 남에게 말할 수 없는 것일수록 깊이 각인되고 시간에 의해 변형된다. 감정과 기억은 이미지다.

베르그송은 기억을 세 종류로 나누었는데 첫째는 '순수 기억'으로 현실에서는 접근 불가능한 가설이다. 둘째는 습관적 기억으로 '몸의 기억'이고 셋째는 '이미지 기억'이다. 인간에게만 존재하는 회상, 혹은 삽화적 기억인데 이것을 '이미지'로 본 것은 중요하다. 우리는 사물이나 감각에 직접 접근하지 못하고 그것을 오직 이미지로만 인지한다는 최근의 심리학과 뇌과학의 견해를 반영하기 때문이다.

베르그송은 윌리엄 제임스의 현상학과 심리학으로부터 영향을 받았다. 제임스는 의식을 독자적인 실체가 아닌, 대상에 반응하여 뇌의 하부와 상부를 이어주는 뉴런들의 상호작용으로 봤다. 기억이나 생각은 의식의 독자적 작용이 아니라 감각, 감정, 몸, 외부 세상과 뗄 수 없는 관계 속에서 일어난다는 혁신적인 아이디어였다. 나는 "생각한다. 고로 존재한다"는 데카르트적 코기토를 전면 부인한 셈이다.

나는 울기에 슬프다:
윌리엄 제임스의 물질성

학문의 세계에서 용어는 권력이다. 누가 만든 용어인가는 그의 독창성을 의미하기 때문이다. 기억에 관한 연구에서도 발견자마다 같은 현상을 달리 부른다. '회상'은 흔히 문학이나 예술에서 쓰이는 용어이며 기법이다. 기억에 대한 논의, 그것도 기억을 과학적으로 밝히려는 노력은 19세기 다윈의 생물학 이후 심리학의 발달과 함께 생겨난다. 그 가운데 미국 심리학의 아버지인 윌리엄 제임스와 빈의 정신분석가 프로이트는, 최근의 뇌과학자인 에릭 캔델이나 제럴드 에덜먼이 언급하듯이, 현대 뇌과학의 선구자들이다. 현재 출간된 뇌과학 분야의 논문들은 이 두 심리학자가 이미 밝힌 것들의 범위를 크게 벗어나지 않는다. 둘 다 다윈의 진화론을 따르는 과학자로서 그때까지 예술과 인문학의 전유물이었던 마음(심리)을 자연과학의 영역으로 가져왔다. 그리고 미다스의 손처럼 의식의 손이 사물에 닿으면 이미지로 바뀌는 것을 자신의 영역에서 조금씩 다르게 표현했다.

제임스는 하버드 의과대학 교수로서 1890년『심리학의 원리』를 출간하고 자신의 이론을 철학과 종교의 문제로 넓혔다. 그는 어렸을 때부터 아버지의 배려로 유럽의 문화를 경험했고 교육받았다. 특히 독일의 심리학에 영향을 받았고, 훗날 미국의 실용주의와 유럽의 현상학이 탄생하는 계기를 마련했으며 '의식의 흐름'이라는 모더니즘 기법에 영향을 주었다. 무엇이 그런 독창성의 핵심이었을까. 바로『심리학의 원리』에서 밝힌 "생각은 대상과 뗄 수 없고 이들 사이에서 끊임없이 흐른다"는 명제다. 데카르트는 "나는 생각한다. 고로 존재한다"고 말했다. 생각을 고유하고 단일한 내 의식의 활동으로 본 것이다. 의식은 이성이고 개인의 감정을 억압하며 다스리는 주체였다. 그래서 부모님이나 선생님은 네 감정을 억누르고 이성으로 생각하라고 가르친다. 그런데 나는 이런 가르침을 제대로 따르지 못한 채 비틀거리며 빗나간다.

이제 제임스의 의견을 들어보자. 의식은 독자적인 실체가 아니라 이미 타자를 포함하여 나와 대상 사이에서 끊임없이 흐른다. 타자란 무엇인가. 의식이 흡수하지 못하는 이물질, 의식의 저편, 우리가 다가서지 못하는 감각, 감정, 몸, 그리고 물질의 세계다. 타자란 타인을 비롯하여 세상을 구성하는 모든 것이다. 타자가 내 기억과 생각의 일부인 것은 그들이 이미지의 여분으로 존재하는 데다 그 힘이 막강하기 때문이다.

감각이나 감정을 포함하여 그동안 열등하다고 느낀 몸과 물질이 의식의 일부가 된다. 아니 그 모든 것 없이 의식은 존재하지 않는다. 나는 환경과 세상 속에서 태어나고 내 의식은 세상에 대한 반응이다. 숲에 들어서면 마음이 가라앉는다. 내가 바라보는 자연과 나무는 내 마음의 일부다. 영혼 또는 주체는 감정, 물질, 몸을 초월하기는커녕 오히려 이들 덕에 이들과의 '관계' 속에서 태어난다. 내 의식은 세상에 대한 반응이기에 생각은 주관적일 뿐이고 언제나 대상을 향하기에 의도적이다. 이처럼 진화는 물질이나 동물성을 떼어버린 것이 아니라 의식이 몸과 물질 위에 '이층집'을 올린 것이다. 그러므로 계단 저 아래 감각의 세계는 외부의 자극에 의식보다 먼저 자동으로 반응한다. 그러면 제임스는 이런 주장을 어떻게 삽화적 기억과 연결했을까?

기억도 감각과 의식의 이중 구조를 벗어나지 않는다. 제임스는 모든 동물에게 존재하는 몸의 기억을 일차적 기억 혹은 '습관'이라 부르고 인간에게만 있는 삽화적 기억을 '이차적 기억'이라 부른다. 동물과 마찬가지로 인간은 습관의 덩어리여서 생존에 유리한 많은 행동을 무의식중에 수행한다. 독수리가 나는 법을 배우듯 인간도 걷는 법을 배우고 무언가 잡는 법을 배운다. 유전적으로 물려받은 습관도 있고, 살아가면서 습득하는 습관도 있다. 에릭 캔델에 따르면 인간은 진화 과정에서 얻는 규칙적이고 소중한 정보가 입력되어 유전되는 하드웨어와 개인이 특정 환경 속에서 살면서 부모로부터 물려받은 기질 위에 경험과 학습을 통해 얻는 정보가 입력된 소프트웨어로 이루어진다. 이때 후자에 의해 한 사람의 개성과 주관성이 구성되기 때문에 우리는 타인 가운데서 외로움과 소통의 어려움을 느끼며 살아간다.[9]

몸의 습관은 이렇게 유전적 성향과 살면서 얻어가는 이차적 습관으로 형성되는데 이때 의도적인 연습을 통해 몸의 습관을 바꾸는 것도 가능하다. 제임스는 잘못된 기억 위에 덧씌워지는 새로운 습관의 형성을 '가소성Plasticity'이라 표현했다(1:74). 습관의 가소성은 학습의 중요성과 함께 무의식적이고 자동적인 몸의 기억이 인성의 형성에 중요하다는 것을 말해준다. 몸의 기억은 말하지 않지만 말보다 더 정확하고 강력하다. '보이지 않는 것'의 위력이 실용주의라는 열린 철학을 낳는다. 예를 들어 어떤 장소에서 일정 기간 공부를 하면, 뇌는 그 장소에 갈 때 공부할 태세를 갖춘다. 그곳에 가야만 집중이 되고 공부가 잘된다. 몸이 길들여졌기 때문이다. 이런 곳을 하나씩 마련해두면 좋다.

언제나 그곳에 가면 마음이 밝아지고 평화로워지는 장소는 마음의 질병을 치유하거나 예방하는 한 가지 길이 된다. 영화「인사이드 아웃」은 감정 뉴런의 활동에 관한 이야기지만 동시에 친숙한 장소를 떠난 주인공이 새로운 곳에 적응하지 못하는 이야기이기도 하다. 옛 장소를 잊지 못해 혼자 떠나려다가 가족의 슬퍼하는 얼굴이 떠올라 울음을 터트리면서 되돌아가는 이야기다. 삶에서는 행복만이 중요한 것이 아니라 슬픔도 중요하다. 슬픔은 시간이 흐르면 기쁨이 되기 때문이다.

이 소녀는 아마 이곳에 적응하면서 정이 들면 훗날 또 다른 곳으로 떠날 때 같은 감정을 느낄 것이다. 장소는 내가 어떻게 느끼는가에 의해 달라지는 것이지 장소 그 자체가 갖는 절대적 의미는 없다. 그것은 내 경험과 기억의 결과물인 동시에 내 인지와 판단에 영향을 준다. 의식과 물질의 상호작용 속에서 내 습관이 형성되고 감정이 형성된다. 이것이 뇌의 가소성이다. 습관적 기억과 감정은 긴밀히 연결된다. 제임스는 우리 삶의 많은 판단과 행동이 몸과 장소라는 물질에 의해 자동으로 일어난다고 말한다.

나는 세상과 환경 속에서 몸으로 태어난다. 말을 배우고 철이 드는 것은 그 이후다. 의식이 발달해도 감정과 물질세계는 기본적으로 의식에 연결되어 인지와 판단에 영향을 미친다.[10] 그런데 여기에 제임스의 또 다른 견해가 있다. 공부가 잘되는 장소를 정해놓으라고 하더니 네가 한곳에서 너무 오래 앉아 공부하는 것은 도움이 되지 않는다고 말한다. 기억을 잘하려면 한동안 머물러 있다가 장소를 바꿀 필요가 있다는 것이다. 이건 또 무슨 소린가. 기억은 절대로 익숙한 것을 싫어한다니. 한 장소에 익숙해지면 학습 효과가 낮아지기 때문에 도서관에서 공부하다가 다시 피곤해지면 학생회관

로비로 옮겨 앉아 책을 읽고, 다시 피곤해지면 또 다른 장소로 이동한다. 이것이 학습에 효과적이라는 것이다. 낯선 여행의 경험은 기억에 남고 늘 같은 곳에서 같은 일을 하면 뇌에 그런 경험이 거의 저장되지 않는 것과 같은 맥락이다.

기억은 낯설고 새로운 대상만을 저장한다. 이미 익숙한 대상은 새롭게 배울 것이 없으므로 저장하지 않고 넘겨버린다. 학습할 것이 없으면 새롭게 자료를 업데이트할 필요가 없기 때문이다. 진화는 이익이 되는 것만 선택한다. 선택과 망각, 이것이 익숙한 장소를 좋아하는 '습관'과 낯선 곳을 기억에 저장하는 '회상'이라는 이차적 기억이 갈라서는 분기점이다.

낯선 곳에서 우리는 호기심과 신기함, 불안이라는 감정을 느낀다. 여행하거나 새로운 일이 일어난 날의 기억이 떠오르는 것은 삽화적 기억이 감정과 연결되어 있음을 의미한다. 감정 가운데 사랑의 대상은 가장 강렬한 호기심과 알고자 하는 욕망을 일으키기 때문에 사랑에 빠진다는 것은 아름다운 기억을 저장하여 기억을 풍성하게 만드는 길이다.

제임스는 학습에서 단시간의 암기식이나 주입식이 나쁜 이유가 다른 것과 연결되지 않은 기억은 곧 망각 속으로 사라지기 때문이라고 말한다(1:445). 공부도 되도록 천천히 시차를 두고 되풀이할 때 깊이 새겨진다. 특히 기억은 주위 환경이나 사람, 물질과 연결될 때 잘 저장된다. 낯선 환경이나 관심 있는 사람을 대할 때는 감정의 최우선 순위인 놀라움이나 호기심이 일어나기 때문이다. '추구하는 감정'과 연결되지 않은 기억은 깊이 저장되지 않기 때문에 곧 사라진다. 이차적 기억은 나의 사적 저장소에 저장됨으로써 나의 감정에 영향을 받는다. 이때 제임스는 특히 '따스함과 친근감'을 강조한다.

따스함과 친근감이라는 감정이 없으면 기억은 잘 저장되지 않는다. 사랑은 대부분 따스함과 친근감으로부터 시작된다. 선생님의 인성에 의해 학생의 학습이 엄청난 차이를 일으키고 의사의 따스한 말 한마디가 환자의 회복에 엄청난 영향을 준다. 어릴 적 부모의 보살핌과 사랑이 아이의 한평생 불행과 행복을 좌우한다. 남녀 간의 사랑도 우연히 닿은 따스한 손길이나 친근한 말 한마디에서 비롯되기도 한다. 두 사람이 얼마 동안 만났다 헤어진 경우, 사랑이 깊었던 사람은 시간이 흐른 뒤 그때를 자세히 기억하지만 마음을 열지 못했던 사람은 기억에 남는 게 별로 없다. 윌리엄 제임스의 동생 헨리 제임스의 걸작 『정글 속의 짐승』은 형의 이런 사상이 반영된 작품이다.

삽화적 기억은 나의 마음에 새겨지기에 같은 일을 겪은 나의 기억과 너의 기억은 다르다. 풍성한 기억은 마음의 재산이기에 사랑이라는 감정을 아끼는 것은 손해다. 너를 사랑하는 마음은 넘치기 마련이어서 괴롭지만 그런 날들이 지나면 두고두고 꺼내 보는 풍성한 일기장이 된다. 울고 웃고 사랑했지만 지나고 나면 달콤하게 느껴진다는 「마이웨이」의 노랫말처럼, 이것이 인간을 만물의 영장으로 만든 회상이자 상상력이다. 베르그송이 기억을 이미지 기억

Image Memory이라 부르는 것은 우리 뇌가 과거의 사실을 현재 입장에서 이미지화하여 떠올린다는 뜻이다. 물론 제임스는 기억뿐만 아니라 생각도 감정과 몸, 그리고 외부의 물질세계와 연계되어 있다는 것을 강조한다.

여느 동물과 달리 의식이 진화한 인간은 몸, 물질, 동물성을 직접 파악하지 못하고 의식을 거쳐 전두엽의 예측으로 느끼고 인지하며 판단한다. 이때 흡수되지 못한 몸의 여분이 남아 의식에 영향을 미친다. 이 부분은 뒤에 '숭고함'과 '프린지Fringes'를 설명할 때 다시 언급할 것이다. 진화론? 동물성? 이미지? 이마고? 누가 내 이야기를 하는데? 이쯤에서 프로이트가 더 이상 참을 수 없다는 듯이 달려든다.

이미지 형성의 두 단계:
프로이트의 무의식

기억과 감정에서 따스함과 친근감에 주목하여 기억과 학습, 생각과 기억의 물질성을 이야기한 제임스와 달리 프로이트(1856~1939)는 무의식에 주목했다. 나의 일상을 힘들게 하는 원인 모를 감정의 상처는 무엇 때문일까. 마음을 치료하는 의사로서 그 역시 데카르트의 투명하고 고정된 의식을 거부했다. 만일 그렇다면 원인 모를 정신적 부적응이 일어날 리 없기 때문이다. 인간은 동물로부터 진화했고 동물적 감각과 감정은 몸과 마음에 각인되어 현실과 갈등을 빚는다. 제임스가 말한 의식이 흡수하지 못한 몸, 감각, 감정의 잉여는 프로이트에게 의식이 억압한 무의식이었다. 현실에 의해 억압된 감정은 무엇일까. 이것이 풀어내야 할 무의식의 핵심이었다.

프로이트는 정신분석이라는 용어의 창시자이고 무의식의 발견자가 되어 심리를 인문학과 자연과학의 융합으로 봤다. 다윈의 진화론은 환자를 치료하면서 집필한 사례 연구, 성 이론, 예술론, 예술가의 생애 분석, 문명과 종교의 발생에 이르기까지 프로이트의 글에 영향을 끼친다. 리트보가 말하듯이 프로이트는 다윈의 사상이 절정일 때 생물학 수업을 받았다.[11] 그는 설암의 고통과 나치의 위협 속에서 영국으로 망명한 후에도 죽기 전까지 글을 썼다. 그의 글들을 끊임없이 관통하는 핵심 사상은 무엇이었을까. 무의식, 의식, 전의식? 아니, '이드, 에고, 슈퍼에고?' 그렇다. 그러나 이것은 삼분법을 의미하지 않는다. 이드Id의 변형이 슈퍼에고Super-Ego이기에 삶은 고달프다. 무의식이라는 쾌락원칙은 고집이 세다. 현실원칙과 갈등을 피하기 위해 위장할 뿐 결코 사라지지 않는다. 이런 현란한 용어들 뒤에 묻혔으나 변함없이 존재했던 그의 탐색은 기억이라는 뇌의 활동이었다.

대학에서 교수가 되려는 꿈을 포기하기 전 프로이트는 뇌과학에 관한 논문을 쓴다. 1895년에 쓴 「과학적 심리학을 위한 연구Project for a Scientific Psychology」다. 윌리엄 제임스가 『심리학 원리』를 내놓은 지 5년 후다. 에릭 캔델은 『통찰의 시대The Age of Insight』(2012)에서 이 두 심리학자를 현대 뇌과학의 선구자로 인정하면서 두 편의 글을 비교한 적이 있다. 제임스의 글이 분명하고 아름답게 쓰인 반면 프로이트의 글은 대담하지만 너무 빡빡하고 이해하기 어렵다는 것이다.[12] 물론 프로이트는 생전에 이 글을 출판하지 않았다. 그는 유대인으로 교수 임용이 거부되자 정신분석의로 개업했다. 그리고 학계의 비난과 놀라움을 동시에 불러일으키면서 1900년에 『꿈의 분석』을 내놓았다. 「과학적 심리학을 위한 연구」는 오랫동안 묻혀 있다가 반세기가 넘어 1950년에야 에른스트 크리스에 의해 발굴되어 지금은 스트레처가 편집하고 번역한 전집의 1권에 실려 있다. 학자들은 21세기 뇌과학의 선구자로 프로이트를 재조명할 때 어김없이 이 글을 언급하곤 한다.

유대인으로 프로이트와 같은 분석의를 꿈꾸고 미국으로 망명한 캔델은 막대한 연구비를 받으면서 기억의 원리로 군소라는 동물로부터 인슐린을 무한정 만들어내는 업적을 올린다. 그는 이 공로로 노벨상을 수상한 뇌과학자다. 그는 프로이트가 만일 그때 연구비를 받는 교수가 되었더라면 위대한 과학자가 되었으리라고 말한 적이 있다. 그러나 캔델의 말과 달리 프로이트는 처음부터 끝까지 기억에 관한 연구를 포기한 적이 없다. 이제 그 증거를 살펴보자.

「과학적 심리학을 위한 연구」가 쓰인 비슷한 시기에 프로이트는 동료 빌헬름 플리스와 편지를 교환했다. 『꿈의 분석』이 나오기 전후(1887~1904) 그의 생각이 기록된 이 편지들은 초기 프로이트를 이해하는 데 중요한 자료가 된다. 그 가운데 1896년 플리스에게 보낸 편지 52번은 훗날 '무의식은 언어처럼 구조화되어 있다'라는 말로 프로이트를 재해석한 자크 라캉이 슬며시 언급한 적이 있다(그는 언제나 슬며시, 수수께끼처럼, 한두 마디로, 가끔씩 선배를 끌어들이곤 한다). 이 편지의 핵심은 무엇일까.

기억의 흔적들은 새로운 경험의 지각에 의해 계속 새롭게 재배열된다. 그런데 의식에 해당되는 지각이 일어나는 지각뉴런들은 일어난 일들의 흔적을 간직하지 않는다. 다시 말하면 의식과 기억은 서로 배타적인 관계라는 것이다.[13]

경험을 수용하는 지각뉴런과 그것을 저장하는 저장뉴런은 분리되어 있다. 오늘날의 용어로 말하면 경험을 인지하고 수용하고 인출하는 해마와 경험을 저장하는 뉴런인 전두엽은 서로 배타적인 관계로 분리되어 있다는 것이다. 100년 전에 이미 프로이트는 이 부분을 강조했다. 물론 제임스도 이차적 기억에서 이 부분을 다른 방식으로 언급하지만 프로이트만큼 명확하지 않았고 끈질기게 물고 늘어지지 않았다. 지각뉴런과 저장뉴런이 상호 배타적인 관계에 있기에 인간은 가장 뛰어난 종으로 진화한 것이다. 왜 그런지 설명을 잠깐 뒤로 미루고 우선 프로이트가 기억에 관한 견해를 평생 가지고 있었다는 것을 좀더 살펴보자.

나는 어릴 적 문방구에서 글쓰기 패드를 본 적이 있다. 푸르스름한 색깔의 직사각형으로 가볍고 얇은 손바닥 크기의 패드인데(혹시 오늘날 스마트폰의 전신은 아닐까) 겉장은 투명한 셀로판지로 안을 보호하는 장치다. 겉장에 글씨를 쓰면 그다음 장인 초 먹인 셀로판지에 글씨가 쓰인다. 이것을 떼면 마지막 세 번째 초 먹인 판지에 글씨의 흔적이 남고 두 번째 판지의 흔적들은 사라진다. 그래서 얼마든지 글을 쓸 수 있다. 마치 컴퓨터에 글을 써서 버튼을 누르면 다른 곳에 저장되고 무한히 다시 쓸 수 있는 것과 같다. 물론 결정적인 차이가 있다. 컴퓨터는 저장한 것을 똑같이 인출하지만 나의 뇌는 저장한 것을 똑같이 인출하지 않는다. 컴퓨터와 달리 감정이 개입되기 때문이다. 그렇다면 나의 뇌가 컴퓨터보다 열등한가. 아니다. 컴퓨터보다 더 영리하다. 이 부분을 증명하기 위해 글쓰기 패드로 돌아가보자.

프로이트는 이 글쓰기 패드가 자신이 주장한 기억의 원리와 같다고 봤다. 1925년에 발표한 「신비한 글쓰기 패드에 관한 소고A Notes upon the "Mystic Writing-Pad"」(SE 19: 225-232)에서 그는 1895년에 쓴 초고의 내용을 좀더 명확하게 가다듬고 수정한다. 이 글에서 프로이트가 주목한 것 역시 외적 자극을 수용하는 뉴런과 그것을 저장하는 뉴런이 분리되어 있다는 초기의 주장이었다. 그는 지각뉴런을 의식이라 부르고 기억을 저장하는 뉴런을 기억의 흔적Memory-Trace이라 부른다. 의식과 흔적이 배타적 관계라야만 의식이 경험을 무한히 수용할 수 있기에 진화에서 다른 동물보다 유리한 고지를 차지한다. 컴퓨터에 입력하는 것을 버튼으로 클릭해 저장해야만 계속 입력할 수 있는 것과 마찬가지다. 뇌에서 무한히 받아들이고 꺼내는 장치가 해마다. 그리고 대표적 저장소인 기억 흔적이 전두엽이다. 받아들인 경험을 기억으로 무한히 저장한다는 것은 배움의 무한한 가능성을 암시하는 것이다. 그만큼 현실에 유리하게 대응할 수 있게 된 것이다. 의식은 부지런히 현재 시간을 따라가면서 위기에 대응하고 새롭게 배운 것을 저장소에 넘긴다. 무한히 수용하는 뉴런과 무한히 저장하는 뉴런으로 분리된 분업을 택한 것이다. 바로 이 분업을 못해 힘센 사자도 인간에게 우위의 자리를 내준다. 인간만이 시계를 보고 과거를 회상한다.

그런데 진화는 무한히 저장하고 인출하는 기능을 개발했지만 컴퓨터와 달리 의식은 저장한 원본을 똑같이 인출하지 않는다. 분업에 의해 과거는 현재에 이미지로 떠오르기 때문이다. 그 이유는 무엇일까. 그것은 현실 대응에 불리할까, 유리할까. 컴퓨터에는 '유아기 성욕'이라는 이미지 형성의 단계가 없다. 이 차이로부터 탐색을 시작하자.

유아기 성욕

제임스와 프로이트 심리학의 차이는 전자가 학습에 중점을 두는 반면 후자는 환자의 치유를 위해 기억의 구조에 주목했다는 점이다. 부적응의 원인이 되는 억압된 감정이 있을 것이다, 현실에 눈뜨기 전에 유아는 어떤 경험을 했을 것이다, 아니라면 왜 철이 들었는데 법과 현실에 맞춰 살기가 그렇게 힘든가, 교육이나 교회에서 서로 사랑하라고 그토록 강조하는데 왜 증오 범죄는 사라지지 않는가. 모든 범죄는 사회가 금지한 것을 어기기 때문에 일어난다. 범죄인이 아닌 정신 질병의 경우도 마찬가지다. 행복한 사랑이 드문 이유도 마찬가지다. 프로이트는 이렇게 가정하고 의식이 발달하기 전, 2세에서 3세 사이에 아이가 의식하지 못하는 상태에서 가졌던 감정인 몸의 기억을 주목했다. 이것이 유명한 '유아기 성욕Infantile Sexuality'이다.

법과 사회가 억압한 감정을 최면을 통해 찾으려 한 브로이어와 달리 프로이트는 꿈을 분석하여 찾으려 했다. 꿈을 현실에서 이루지 못한 소망의 충족으로 본 그는 환자의 꿈 이야기를 듣고 그것을 두 가지 비유의 단계인 은유와 환유로 해석해냈다. 꿈속에서조차 현실의 금지를 인지한 환자는 소망을 다른 대체물로 바꾸고 그래도 안심이 안 되어 그 옆의 것을 짚는다는 것이다. 그러나 무의식을 비유로 파악하려 한 야심찬 저술서인 『꿈의 분석』은 믿었던 동료 플리스의 비난에 직면한다. 해석이 지나치게 자의적이라는 것이다. 찬사보다는 비난을 더 많이 받은 프로이트는 기죽거나 포기하지 않고 첫 저술서의 약점을 보완하는 연구를 계속한다.

우리는 왜 평생 사랑을 갈구하는가. 그리고 왜 금지된 대상을 원하는가. 채울 수 없는 공허는 왜 일어나는가. 유아기 성욕은 무의식의 단계에서 갖는 감정으로 유아가 자신을 돌봐주는 이에 대해 느끼는 애정이다. 애정은 보살핌이고 동시에 대상을 의식하지 못하기에(자의식은 의식이 발달한 후에 생긴다) 대상과 한 몸이 된 아늑한 쾌감이다. 예를 들어 남자아이가 어머니(혹은 돌봐준 누이)에 대해 느끼는 감정인데 사랑받는 애정임과 동시에 그들과 한 몸이라는 착각이다. 이 착각이 첫 단계의 이미지인 '이마고$_{Imago}$'를 형성한다. 너와 나의 구분을 의식하기 이전이다. 그러나 이 경험은 유아기를 지나 현실에 눈을 뜨면서 억압된다. 프로이트는 자기도 모르게 어머니와 한 몸이 되는 오이디푸스의 비극에서 '오이디푸스 콤플렉스'라는 용어를 만든다. 현실이 금지했지만 여전히 남아 다른 형태로 위장된 감정이 콤플렉스다. 예를 들면 어머니를 싫어해 절대로 어머니 같은 여자를 사랑하지 않으려던 남자도 어느 순간 아내에게 "너는 왜 어머니처럼 반찬을 만들지 못하냐"며 불평한다. 어머니의 사랑은 절대적이고 모든 애정의 본보기다. 이것은 여자아이도 마찬가지다. 남녀를 차별하지 않는 유일한 사랑이 유아기 어머니의 사랑이다. 사랑의 성공과 실패는 이 근원적인 감정이 타인을 의식하며 사는 사회 속에서 어떤 형태로 살아남느냐에 달려 있다.

유아기 성은 약 3, 4세까지 일어나는데 나와 대상을 동일시하는 첫 단계인 '근원적 나르시시즘'과 이것을 가로막는 '아버지의 법'이라는 두 번째 단계인 '이차적 나르시시즘'으로 나뉜다. 훗날 라캉은 이것을 거울단계(혹은 상상계)와 상징계로 나누었다. 라캉에 따르면 동물과 달리 유아는 6개월에서 18개월 사이 대상을 이미지로 오인한다. 그 후 현실에 눈뜨면서 어머니를 단념하지만 그 이미지를 평생 꿈꾸면서 산다. 상대방이 어머니처럼 나를 돌봐줄 연인이라고 기대하는 것도 벅찬데 거기다 한 몸이 되는 쾌락을 꿈꾸다니. 그러나 현실 앞에서도 이 꿈을 버리지 않는 것이 사랑이라는 철없는 감정이다. 프로이트는 「성 이론에 대한 세 편의 글」(1905)에서 이차적 나르시시즘을 애정 성향Affectionate Current과 관능 성향Sensual Current으로 나누었다. 먹이를 찾고 포식자를 피해야 하는 인간은 늘 불안하다. 불안을 잠재우는 가장 이상적 감정은 어머니의 품 안에서 느끼는 아늑하고 보호받는 쾌감이다. Affectionate라는 단어는 불안에 저항하는 아늑한 평화의 감정으로 정서를 좌우한다. 제임스도 쾌감과 동요의 정서란 생존을 위해 조상들로부터 몸에 입력된 하드웨어라고 암시했다.[14]

프로이트의 애정 성향은 정서에 해당되는 이미지의 첫 단계라고 볼 수 있다. 물론 관능 성향은 두 번째 단계인데 잊지 말아야 할 것은 이 두 단계가 현실에서 언제나 공존한다는 점이다. 이드가 위장하여 초자아 속에 있듯이 첫 단계의 이미지(쾌감원칙)는 두 번째 이미지(현실원칙) 속에 위장된 형태로 늘 존재한다. 나는 죽어도 쾌감원칙을 포기하지 않는다. 의식의 잉여로서 감정은 죽어도 포기되지 않는다.

사랑은 두 연인이 서로 똑같이 불안에서 벗어나 아늑한 평화를 누리기를 원하는 소망이다. 그런데 남녀가 똑같이 어머니가 되고 아기가 되어야 하는데 실제로는 언제나 자신이 아기가 되고 상대방이 어머니가 되어 사랑받기를 원하는 무의식이라는 감정이 숨어 있다. 법이나 윤리보다 이 감정이 더 원초적이다. 그리고 관능이라니! 이건 더 어렵다. 엄연히 두 몸인데 하나 되기를 소망하는 불가능한 꿈이기에 라캉이 말한 것처럼 쾌락은 오직 찰나일 뿐이다. 프로이트는 이 두 성향이 조화를 이루어야 행복한 사랑을 이룰 수 있다고 말하지만 이 조화는 쉽지 않다. 우리가 아기이고 어머니 같은 연인에게 사랑을 느낀다는 원리를 믿는다면 양보와 타협이 있을 뿐이다.

이제 다시 기억으로 돌아가 유아기 성욕을 주장한 프로이트가 정신 질환에 이것을 어떻게 응용하는지 보자. 프로이트는 유아기 기억을 「스크린 메모리Screen Memories」(1889)라고 불렀다. 스크린이란 무언가를 가리는 장치다. 안 보이지만 그 너머에 분명히 어떤 감정이 있었다는 의미다. 금기에 의해 사소한 것을 기억하고 중요한 것을 빠트린다. 금기에 의해 어떤 것을 상징적으로 기억한다(압축 혹은 은유). 금기에 의해 그 옆의 것을 기억한다(환유). 의사는 이것을 환유와 은유로 풀어 망각한 기억을 밝힌다. 그리고 무엇이 부적응의 원인인지 찾아내는 것이다. 프로이트는 꿈과 기억이 다르지 않다고 봤던 것이다. 그런데 이때 중요한 것은 유아기 소망이 의식 속에서는 지워졌기에 몸의 흔적으로만 남아 있다는 점이다. 성인이 되어서도 같은 행동이 몸으로 반복되는 예를 「늑대인간의 분석 From the History of an Infantile Neurosis」(1918)에서 찾아보자.

러시아 귀족인 세르게이는 동물 공포증에 시달리다가 프로이트를 찾는다. 겨울날 차가운 유리 창문 너머로 대여섯 마리의 늑대가 자신을 바라보는 꿈을 4세 이후 11세까지 자주 꾸었다고 그는 고백한다. 늑대들은 나뭇가지에 앉아 움직이지도 않은 채 그를 응시했다. 프로이트는 늑대가 그를 응시한 것은 반대로 그가 늑대를 응시한 것으로 무언가를 본 충격이 흔적으로 남아 있는 것이라고 분석한다. 세르게이의 어릴 적 기억들을 분석하면서 프로이트는 그가 한 살 반 때 본 부모의 배후 성교 장면이 그 충격이라고 답한다. 그리고 이 '원초적 장면'은 어린 아기가 동물의 교미를 부모의 것으로 착각한 것일 수도 있다고 말한다. 그는 이런 결론을 그 후의 나비에 대한 공포와 연결하여 유추한다.

나비 공포는 세르게이가 네 살 반 때쯤 마루를 닦는 하녀 그루사에 대해 갖고 있는 기억에서 비롯된다. 두 장면의 공통점은 무엇이었을까. 바로 그가 본 특정한 자세였다. 배후 성교에서 어머니의 자세와 마루를 닦는 하녀의 약간 구부린 자세가 닮았고 이후 세르게이는 비슷한 자세의 여성에게 강렬한 열정을 느낀다. 스크린 너머 기억은 몸에 남아 있고 몸의 기억으로만 존재하는데 이것이 무의식중에 반복된다는 것이 프로이트의 가설이다. 몸의 기억은 왜 반복되는가. 스크린이라는 의식이 몸을 억압해도 여전히 이미지 너머에 살아 반복되는 몸의 잉여가 존재하기 때문이다.

『꿈의 분석』이 자의적이라는 비난만큼 늑대인간 분석은 발표 당시 떠들썩한 반응을 불러일으켰다. 유럽 사회가 프로이트 열풍에 휩싸인 것만큼 반론도 만만치 않았다. 러시아 귀족사회에서 아이는 절대로 부모와 같은 방에 재우지 않는다는 반론도 있었다. 원초적 장면The Primal Scene이라는 용어도 탄생한다. 그러나 프로이트의 생각은 다른 곳에 있었다. 유아기 기억은 무의식적인 반복과 전이Transference 없이는 풀 수 없다는 것이다. 첫째, 정신 질환을 치유하기 위해 기억을 통해 상흔을 찾을 때 그 원초적 장면은 이후 몸의 반복으로 나타난다는 것, 사회가 금기한 어머니에 대한 사랑과 아버지에 대한 증오라는 감정이 제대로 억압되지 못했을 때 유아는 여러 형태의 증상을 보인다는 것이다. 바로 신경증이다. 프로이트는 「기억하기, 반복하기, 해결하기Remembering, Repeating, and Working-through」(1914)에서 이것을 다음과 같이 서술했다.

> 우리는 전이 그 자체가 반복의 한 조각임을 알아야 한다. 그리고 반복은 의사를 향해서뿐 아니라 현재 상황의 다른 모든 측면을 향해 망각한 과거를 전이한다. 그렇기에 환자의 병적 증세는 분석의 출발점에서 끝나는 것이 아니다. 그의 병은 과거의 사건이 아니라 현재의 힘으로 다루어져야 한다(SE 12: 151).

이 말은 왜 그리 중요할까. 인간의 기억은 컴퓨터와 다르다는 것이다. 유아기 기억은 몸의 반복으로 나타나는데 이 반복은 전이의 일부로서 환자의 현재 욕망과 분석자의 현재 욕망이 서로 만나는 점에서 해결된다. 그의 질병을 과거 사건으로 다루지 않고 현재의 힘으로 다루어야 한다는 것은 기억이 시간을 따라 덧칠해지기에 과거의 사건은 현재 시점에서 해석되어야 한다는 것이다. 이것이 전이이며 전이를 통하지 않으면 분석은 이루어지지 않는다. 반복과 전이를 통해 저항이 걷히고 기억이 돌아온다. 물론 이때 기억의 저 편에 억압된 것은 정확히 그대로 찾아지는 원본이 아니다. 이것이 왜 컴퓨터보다 영리할까. 원본을 출력할 수 없다는데…….

이미지의 전략:
실수를 통해 배운다

뇌는 영리하지 않으면 선택하지 않는다. 애써 찾아낸 원초적 장면 이 원본이 아니라 현재본인 것은 학습의 목적이 과거에 있지 않고 현재에 있기 때문이다. 의식은 현재의 위기와 낯섦에 적절히 대응 하기 위해 진화했다. 아들의 연인인 그 여자를 못 보면 죽을 것 같 았던 「대미지」의 주인공이 시간이 흐른 뒤 다시 그녀를 사진에서 봤을 때 몹시 평범한 여자임을 깨달은 것은 같은 대상을 세월이 달 리 보게 만들었기 때문이다. 마찬가지로 우리는 힘든 현실도 지나 고 나서 돌아보면 모두 아름답고 그립다고 느낀다. 옛날에는 좋았 지라고 생각하지만 사실 당시의 일기를 보면 지금과 별 차이 없이 삶은 갈등과 두려움, 고난의 연속이었다.

사랑도 했고, 웃기도, 울기도 했었지요.
내가 겪어야 할 패배는 아낌없이 받아들였소.
이제, 눈물이 마르고 나니,

그 모든 게 달콤하게 느껴집니다.

「마이웨이」는 그렇게 노래한다. 그 모든 어려움도 지나고 나면 달콤하게 느껴지니 고난에 당당하게 대응하라는 것이다. 인지는 기억과 감정의 영향을 받는다. 시간이 흐르면서 다른 경험들이 계속 앞의 경험 위에 덧칠해지기 때문에 힘든 과거도 달콤하게 느껴진다. 현재의 불안이 과거를 달콤하게 채색하고 그 과거로부터 무언가 배웠다는 느낌을 준다. 다시 똑같은 실수를 하지 않기 위해서 인간은 이런 식의 진화를 선택했다. 트라우마조차 그런 치명적인 실수를 다시는 되풀이하지 말라고 강력히 경고하는 것이라고 엘리자베스 켄싱거(2007, 216)는 말한다.

우리는 실수를 통해 배운다. 기억이 시간에 의해 덧칠해지기에 가장 최근에 배운 지혜의 눈으로 대상을 인지하는 것이다. 의식은 시간을 부지런히 따라가면서 현실에 대응하고 경험한 것을 저장뉴런들에 넘긴다. 그리고 기억은 필요한 순간에 과거가 아닌 현재의 시각에서 저장된 것을 인출한다. 과거는 현재가 만든 이미지로, 그 자체가 아니다. 감각이나 물질처럼 과거의 일도 의식의 베일에 의해 이미지로 느끼는 것이다.

컴퓨터는 저장한 과거를 정확히 그대로 출력한다. 시차가 없다. 시간의 흐름이라는 관념이 없어 과거와 현재 그리고 미래라는 시간 개념이 없다. 이미지 기억 혹은 서사적 기억이 없다. 이것이 인간은 컴퓨터를 고안하여 이용하지만 컴퓨터는 인간을 만들어내지 못하

2장. 감정은 이미지다

는 이유다. 동물이 시계를 차지 않는 것도 마찬가지다. 정서와 감정이라는 동물성 위에 의식이 집을 짓지 않기에, 한집에 두 가구가 살지 않기에, 언제나 습관적 대응일 뿐이다. 프로이트가 환자의 치유를 통해 주장한 핵심은 바로 진화의 본질인 의식과 저장소의 분업이었다. 그리고 후에 인정하듯이 과거, 감정, 사물 모두 전이를 통해 인지된다.

프로이트는「신비한 글쓰기 패드」에 관한 소고의 맨 끝부분에서 의식이 기억의 흔적을 접속하고 떼는 것에 의해 시간이 생겨난다고 말한다. 저장하고 인출할 때 접속이 이루어지므로 앞선 기억 위에 뒤의 기억이 덧쓰이고 이 덧쓰인 기억을 인출하기에 시차가 일어나는데 이것이 바로 시간이다. 의식(해마)은 계속 앞으로 나아가면서 가장 업데이트된 과거의 경험을 인출하기에 과거, 현재, 미래라는 시간 개념이 태어나는 것이다. 엔델 툴빙과 마틴 러페이지는 이렇게 말했다.

그것이 송어든, 집고양이든, 또는 우리 자신에 관해서든 생각해보면, 생존은 분명히 과거의 인지를 요구하지 않는다. 그것은 현재의 기술과 지식을 요구한다. 이것이 배움과 기억에 관련된 모든 형식이 현재와 미래를 향해 인도되는 이유다. 우리는 이런 기억의 형식들에 "앞을 보며 나아가는 기억들proscopic memories"이란 이름을 붙이자(2000, 211).

프로이트가 기억의 원리에서 의식Consciousness이라 불렸던 부분은 1953년 환자 H. M.(헨리 몰레이슨)에 의해 해마로 불리게 된다. 해마는 뇌의 중간 부분에 위치한 변연계Limbic System의 일부로 말굽 모양의 뉴런들이다. 간질병을 치료하기 위해 뇌의 해마 부분을 제거한 이 환자는 부모와 가족을 알아보는 반면 매일 드나드는 의사와 간호사는 낯선 사람으로 여겼다. 해마가 손상을 입기 전까지의 기억은 남아 있는데 손상된 이후의 일들이 저장되지 않는 것이다. 이것은 두 가지 중요한 사실을 증명했다. 첫째, 해마는 새로운 경험을 저장하는 데 필수다. 둘째, 여전히 옛 기억이 남아 있다는 점은 기억의 흔적들이 해마가 아닌 다른 곳에 저장된다는 것이다. 이 발견은 오늘날 기능성 뇌 자기공명영상fMRI과 같은 장비가 발달된 이후에도 달라지지 않는다. 어떤 시간이 진행 중일 때 해마는 활성화되지 않고, 종료된 사건을 기억할 때만 활성화된다. 진행 중인 사건은 대뇌피질에서 해마를 거치지 않고 즉각 활성화되지만 종료된 사건을 인출해야 할 때는 반드시 해마가 필요하다. 해마는 시간을 따라가면서 저장한 기억들을 새롭게 재해석한다.

1990년대에 뇌를 스캔하는 새로운 기술 장비가 발달하면서 기억은 과거 사건을 그대로 인출하는 것이 아니라 현재 상황에서 재구성된다는 프로이트의 반복과 전이 개념이 학자들에 의해 증명된다. 대니얼 색터는 『기억을 찾아서Searching for Memory』에서 "맛과 냄새는 연약하지만 더 오래가고 부유하며 더 지속적이고 더 충실하고 오랜 시간 동안 몸에 머문다"(1996, 27)고 말한다. 진화 이전 몸의 기억은 보이지 않지만 끈질기다. 프루스트의 『잃어버린 시간을 찾아서』의 주인공 마르셀은 홍차에 담근 마들렌 조각의 맛에 의해 지난날을 떠올린다. 감각이 회상의 문을 여는 것이다. 색터는 여기서 오래 묻혀 있다가 갑자기 떠올리는 서사적 기억은 현재의 기억이라는 점을 강조한다.

기억의 원리는 과거의 배움이 현재의 생존을 위해 쓰이기를 원한다. 그리고 진화는 철저히 이 법칙을 따른다. 색터는 기억이 현재욕망에 의해 구성된다는 것fabricated memory에 주목하며 재판 과정에서 자백이나 증인의 증언 등이 허구일 수 있다는 가능성을 제시한다. 재판이 공정하기 위해서는 증언보다 구체적인 물증이 더 중요한 것이다. 이미지의 뇌는 상상력의 뇌요 창조적인 뇌다. 그래서 구체적인 물증을 얻기 위해 스마트폰을 고안했다. 컴퓨터가 인간의 허구적 기억을 보완해 원본을 뽑아내듯이 스마트폰은 구체적인 물증을 저장했다가 보란 듯이 꺼내준다.

같은 해인 1996년 심리학자 툴빙은 뇌의 반구에서 저장과 인출이 비대칭, 즉 상호 배타적이라는 것을 표시하는 HERA(The Hemispheric Encoding/Retrieval Asymmetry) 모델을 제시했다. 그는 의미기억Semantic Memory을 반복에 의해 새겨지는 중독증, 본능적 기억, 언어와 지식의 습득 등으로 규정하고 저장과 인출이 모두 왼쪽 전두엽에서 일어난다는 것을 밝힌다. 왼쪽 전두엽은 논리적 지식에 능숙하기에 왼쪽 뇌가 담당한 오른손은 습관적 동작에 능숙하다. 그리고 회상에 해당되는 삽화적 기억Episodic Memory은 의미기억이 인출될 때 저장된다. 지식이나 단어를 인지하는 순간 회상을 위해 왼쪽 전두엽에 저장이 동시에 일어난다. 그리고 오직 서사적 기억이 인출될 때만 오른쪽 뇌가 활성화된다.

오른쪽 전두엽이 활성화된다는 것은 진화를 의미한다. 삽화적 기억은 의식의 진화에 의해서만 나타나기 때문이다. 이런 의미에서 오른손을 옳다고 보는 것은 왼쪽 뇌를 우대하는 것으로, 이는 인간적이지 않다. 현상학적 심리학자 맥길크라이스트가 『주인과 대리인The Master and his Emissary』(2010)에서 강조하듯이 오른쪽 뇌가 주인인데 현대인들은 왼쪽 뇌를 주인으로 대접해왔고 그리하여 이것이 여러 정신 질환을 일으키는 원인일 수 있다. 오랫동안 논리적인 일만 해 왼쪽 전두엽의 활성화가 지나치면 예술이나 미적 경험의 부족으로 인해 정신적으로 메마르고 우울증에 걸릴 수 있다.

젊은이는 노인보다 기계적이며 논리적인 추구에 강하다. 본능적인 습관을 담당하는 왼쪽 뇌가 더 활성화되기 때문이다. 나이가 들면 점차 오른쪽 전두엽의 인출이 활발해지면서 사물의 전체 윤곽을 보는 지혜가 늘어난다. 동시에 자주 과거를 회상하면서 자신의 삶을 돌아보게 된다. 「마이웨이」는 젊은이의 노래가 아니다. 중년이나 노년에 이르러 자신의 삶 전체를 돌아보는 오른쪽 전두엽이 더 활성화된 시기의 이야기다. 그러면 「마이웨이」에서 가장 중요한 부분은 어디일까. 소절마다 반복되는 "내 방식대로 해냈다"는 말이다.

눈치 안 보고 내 방식대로 하는 게 왜 그리 중요한가. 왜 그토록 힘든가. 사랑하는 사람에게 감정을 감추는 것도 마찬가지다. 감정을 드러내놓기가 힘든 이유는 사로잡히지 않기 위한 본능 때문이다. 모든 감정은 자존심과 관련된다. 나는 세상에게 보이는 자의식을 가진 사회적 동물이기 때문이다. 나이 든 사람들이 모두 좋아하는 「마이웨이」는 이렇게 끝난다. 나는 내 방식대로 해냈어요, 남의 눈치 안 보고 남의 시선에 주눅 들지 않고 내가 옳다고 믿는 것을 당당하게 밀고 나갔어요. 남을 의식하고 그들에게 공감하지만 눈치 보거나 비굴해지지 않았기에 그것은 진화된 내가 당당히 살기 위한 길이다. 아니, 인간의 길이다.

　형 윌리엄 제임스는 심리학자였고 동생 헨리 제임스는 작가였다. 형과 동생은 늘 철학과 문학에 대해 토론했는데 동생은 형의 사상을 존경하고 형은 동생의 예술에 조언과 관심을 아끼지 않았다. 동생의 작품 속에는 형의 흔적이 은밀하게 숨어 있어 소설 읽기의 재미를 더한다. 난해하기로 유명한 동생의 중편 가운데 『정글 속의 짐승The Beast in the Jungle』이란 작품이 있다. 홀로 외롭게 사는 중년의 사내 마처는 런던의 큰 저택에서 열린 파티에 갔다가 자신을 알아보는 메이와 인사를 나눈다. 그는 아름다운 그녀와 있었던 과거의 일들을 잘 기억하지 못했다. 그러나 메이는 그날의 일들을 상세하게 떠올린다. 항상 정글 속에서 짐승이 튀어나올 것 같은 불안에 시달리는 마처는 누구하고도 사랑을 나누지 않는 메마르고 고독한 남자였다. 메이는 그의 가슴에서 두려움이라는 짐승을 쫓아내고 그 자리에 사랑을 심어주려 애쓴다. 그러나 늘 자기 안에 갇혀 있는 마처는 불안을 이겨내려는 이기적인 모습으로 그녀를 대하고 메이는 끝내 그의 마음을 열지 못한 채 세상을 떠난다.

두려움은 인간의 가장 큰 적이다. 영리한 방향으로 진화한 인간도 두려움은 해결하지 못했다. 아니 그것을 줄이지 못하고 더 키웠다. 왜 그렇게 되었을까. 겁이 많으면 모험을 하지 않으려 하고 체험을 피해가기에 기억의 저장고에 저장을 많이 하지 못한다. 그래서 마처의 경우 살았다고 말할 수 없다. 왜 같은 경험을 했는데 두 사람의 기억이 다른가. 사람들 사이에서 같은 일을 두고 서로 기억이 달라 다투는 일은 흔하다. 제임스는 『심리학의 원리』에서 이렇게 말한다.

그 자신이 아니라 다른 사람의 의식 속으로 들어오는 직접적인 '광경'이나 생각은 없다. 의식은 완벽한 섬이고 각기 다르다는 것은 양보할 수 없는 절대 법이다. 기본적인 심리적 사실은 '이 생각'도 '저 생각'도 아니고 '나의 생각'이요, 모든 생각은 개인에게 속한다고 말할 수 있으리라. 어떤 같은 시간대도 가까운 거리도 내용과 질에서 비슷하다 해도 동일한 생각들로 용해될 수 없다. 그것들은 제각기 개인의 마음속에 있는 장벽에 의해 갈라진다. 그러므로 인간 사이에 존재하는 생각들 간의 불화는 본질적으로 가장 절대적인 불화다(1:151).

인간은 진화의 대가로 절대 고독을 안고 산다. 고독이란 개인과 사회의 관계 속에서 태어나는 자의식이다. 나의 고독은 나와 타인의 차이를 의식하기에 태어나며 다른 동물들에게는 이런 감정이 없다.

마처가 시달리는 두려움의 정체는 무엇일까. 그는 늘 짐승이 튀어나올 것 같은 불안으로 눈앞의 사랑을 외면한다. 원시시대에 짐승은 숲속 정글에 숨어 있다가 튀어나왔다. 모든 동물은 이 포식자에게 먹힐까 두려워한다. 인간도 포식자를 피하기 위해 처음에는 나무 위로 기어올라가거나 둥우리를 만들어 몸을 숨겼다. 의식이 조금 발달한 초기에 인간은 집을 짓고 울타리를 치며 무기를 고안한다.

두려움은 인간을 진화하게 만들었다. 그러면 현대사회에서 두려움은 사라졌나? 산업사회가 되자 두려움은 다른 형태로 나타난다. 회상을 하고 시간을 인지하면서 인간은 유한한 생명, 즉 시간이 지나면 죽는다는 것을 알아차린다. 자의식의 발달로 '나'의 죽음을 느끼게 된다. 이제 죽음의 원인은 외부의 짐승보다 개인이 손에 쥐고 있는 시계로 변한다. 이것이 내면화된 불안이다. 자의식은 죽음이 '나의 것'이라고 느끼게 하고 윌리엄 제임스가 말했듯이 세상 어느 누구와도 나눌 수 없이 혼자서 감당해야 하는 절대 고독과 불안을 동시에 안겨주었다.

느낌은
감정의 이미지

자의식은 두 살 반쯤부터 발달하기 시작한다. 오른쪽 전두엽에서 의식이 활성화되고 삽화적 기억이 가능해지면서 유아는 천천히 성장한다. 툴빙은 이 자의식이 시작되는 시점을 '어린이 기억상실' 혹은 '유아기 망각Childhood Amnesia'이라고 표현하는데 이 현상은 프로이트가 「스크린 메모리」에서 이미 이야기한 것과 같다. 자의식이 싹트면 동시에 그 이전의 기억들은 모두 지워진다. 프로이트는 유아가 성장 후 세 살 이전에 일어난 일은 기억하지 못한다고 말한다. 자의식이라는 변화가 그 이전의 기억을 저장도 인출도 할 수 없게 만들기 때문이다. 자의식을 얻는 대가로 나는 유아기에 일어났던 일을 모두 잊어야만 한다. 오른쪽 전두엽이 회상 기능을 인출한다는 것은 오직 몸의 기억인 습관과 행동만 남는다는 의미다. 자의식이 없던 시절이란 삽화적 기억, 즉 나라는 개인의 기억이 없던 시절이다.

두 살이 끝날 무렵 유아가 자의식을 갖게 되면, 의도적인 회상의 능력이 생기고 과거, 현재, 미래라는 시간 의식이 생긴다. 과거를 되돌아보고 미래를 구상한다. 시간의 흐름을 의식하고 시계를 보면서 나는 대상에 대해 인식하기 시작한다. 자신을 하나의 개체로서 바라본다는 것은 나와 타인의 차이를 안다는 것이다. 그러므로 자의식은 내가 다른 사람들을 인정하고 법을 지키며 함께 어울려 살아야 한다는 사회적 인식이다. 이처럼 개인 의식과 사회 의식 그리고 회상의 능력은 같은 현상의 다른 이름이다. 물론 이때 자의식의 대상은 인간을 비롯한 모든 환경과 물질세계를 포함한다. 인간은 그를 둘러싼 사회, 환경, 물질세계와의 관계 속에서 기억하고 사유하며 느낀다. 이것이 '타인' 대신 '타자Other'라는 단어를 사용하는 이유다. 툴빙은 무의식과 자의식의 차이를 다음의 두 문장으로 명쾌하게 설명했다.

개 한 마리가 뜰 안에 있다.
나는 지금 뜰 안에 있는 개 한 마리를 지켜보고 있다.[15]
a dog is in the yard.
I am now watching a dog in the yard.

첫 문장에는 주어인 내가 빠져 있다. 의식이 진화되기 전으로 주체가 빠져 있는 문장이다. 자의식이 없는 동물들은 아마 이런 집단적 시선을 가지고 있을 것이다. 그들은 시계를 차지 않고 문명을 건설하지 않는다. 두 번째 문장에서는 나라는 주체가 대상을 바라본다. 개를 바라보는 나를 바라보는 나, 이것이 자의식이다.

삶은 이미지를 향한 흠모의 과정이다. 유아기에 형성된 숭고한 이상형이지만 원래는 나와 구별되지 않던 거울상에 대한 숭배다. 진화에 의해 인간은 여타 동물과는 달리 이미지로 사물을 파악하게 된다. 그렇기에 사랑은 연인을 높이 올려놓고 흠모하면서 동시에 그와 동등한 위치가 되어 한 몸이 되어야 한다는 부담감을 안긴다. 앞의 욕망이 강하면 자신을 승화시키려고 노력하지만 뒤의 충동이 강해지면 연인을 끌어내리거나 파괴하려는 증오심이 커진다. 영화「대미지」의 주인공이 안나에게 너는 누구냐고 묻는 것도 이 두 가지 모순되는 이미지에 대한 고통 때문이다. 그녀를 알아야만 숭고한 이미지와 한 몸이 될 수 있기 때문이다. 그러나 숭고함은 신비의 영역이기에 정체 파악이 불가능하다. 오직 사랑이 끝날 때 알고 싶은 욕망도 수그러들 뿐이다.

만약 어느 그림이 천 개의 단어를 그릴 수 있다면
왜 나는 당신을 그릴 수 없는 걸까요?
말로는 내가 알게 된 당신을
표현하지 못해요
If a picture paints a thousand words
Then why can't I paint you?
The words will never show
The you I've come to know

브레드가 부른 「만일If」이란 노래는 이렇게 시작된다. 숭고함의 신비는 현실을 초월한 초능력의 뱀파이어조차 넘볼 수 없는 영역이다. 영화「트와일라이트Twilight」(2008)에서 사랑에 빠진 뱀파이어 에드워드는 아름다운 인간 소녀 벨라에게 이렇게 말한다. 이 레스토랑에 있는 모든 사람의 마음을 안다, 나는 지금 저들이 무슨 생각을 하고 있는지 안다. 그렇게 말하면서 그는 그들의 마음을 하나하나 읽어낸다. 지금 저 남자는 돈에 대해 생각하고 있지, 그리고 저 여자가 생각하고 있는 것은 섹스야. 그러나 오직 한 사람, 벨라의 마음만은 읽을 수가 없다. "그것이 나를 미치도록 좌절시켜." 영원히 늙지 않고 하늘을 날아다니며 잠도 자지 않는 뱀파이어도 연인의 마음만은 알 수 없어 화가 나는데 시간이 되면 죽는 평범한 인간이 모르는 건 당연하다. 그걸 아는 순간 숭고함의 베일은 걷히기 때문이다. 숭고함을 지키기 위해 자아를 닿을 수 없는 곳에 올려놓고자 우리는 연인에게 마음을 들키지 않으려 애쓴다. 그리고 끊임없이 그와 나를 비교한다. 의식은 이미지를 만들어내는 이미지 메이커다.

공작은 아름다운 날개를 활짝 펴고 암컷을 유혹하며 뿔소는 박치기로 힘이 세다는 것을 과시하여 짝을 유혹한다. 그들은 마음을 감추지 않는다. 대상과 주체가 연결된 관계 속에서 자신을 바라보는 자의식이 없기 때문이다. 인간만이 개인화 곧 사회화되기에 나와 타인, 특히 자아이상과 비교하는 자의식을 지닌다. 다시 말하면 의식은 자의식이고 자의식은 비교 의식, 즉 자존심이다.

원시적 성욕이 바탕에 깔린 진화된 사랑은 자존심 싸움이다. 여기서 아무리 강조해도 부족하지 않은 점은 생물학적 몸이 집주인이고 의식이 세입자라는 사실이다. 집주인은 늘 집세를 독촉한다. 동물의 원시적 생명 본능인 감정은 의식이 진화하면 따라서 진화하지만 원래의 감정을 감추고 틈틈이 나타나 집세를 독촉한다. 이것이 인간만이 아닌 척하는 자존심의 소유자가 된 과정이다. 원시적 감정은 언제나 이성적 존재를 좌우하는 강력한 힘으로 잠재한다.

외국어를 배울 때 직접 그 나라에 가서 배우는 것이 더 효과적인 이유는 무엇일까. 당연히 그렇다고 생각하지 말고 감정적으로 생각해보자. 날씨가 화창하면 기분이 상쾌하고 비가 오면 술 생각이 나고 눈이 내리면 연인과 하염없이 걷고 싶고 낙엽이 떨어지면 눈물이 나는 이유도 마찬가지다. 나의 몸(감정)은 둘러싸인 환경의 일부다. 타자(타인, 물질, 환경 등)는 이미 내 안의 일부로서 자리 잡고 있기에 나는 그들과의 관계에서 벗어날 수 없다. 동물과 달리 의식을 가진 인간은 개체화되면서 동시에 타자화된다. 한 개인으로 고독한 존재이면서 동시에 타인과 어울려 살아야 하는 공감의 존재다. 자의식Self-Conscious이란 타인에 의해 끊임없이 보이는 나를 보는 것이기에 영어를 사용하는 나라에 가면 영어가 나를 바라본다. 영어를 사용하는 장소와 환경이 나의 주인이 된다. 대상이 영어를 사용하면 나도 영어로 답해야 살아남는다.

나는 영화를 보면서 영어 대사를 잘 알아듣진 못해도, 직접 외국인과 대화해야 하는 상황에 부딪히면 더 잘 알아듣는다. 타인의 요구, 타자의 부름 때문이다. 나는 두려움과 추구 시스템이라는 감정으로 대상에게 다가간다. 대상과 엮이지 않은 두려움이나 알려는 감정은 존재하지 않는다. 요즈음 관광이나 여행을 돕는 TV 프로가 많다. 주인공이 낯선 장소를 방문하면서 그곳을 소개하는 프로그램은 특이한 장면조차 내 기억 속에 오래 남지 않는다. 그러나 내가 직접 그곳에 갔던 경험들은 기억에 남는다. 나의 경험이기에 호기심과 불안, 그리고 무엇인지 알고 배우려는 추구의 감정이 강하게 작용하기 때문이다. 나의 감정들은 여행지에 발을 딛는 순간 그 장소에 의해 부름을 받는다.

자존감이란?

타자는 사람뿐 아니라 내가 태어난 환경과 자연이라는 물질도 포함한다. 그런데 타자가 사람인 경우와 자연인 경우 차이가 있다. 사회 속에서 사람들에 둘러싸일 때보다 자연에 둘러싸일 때 나는 비교적 마음의 평화를 느낀다. 그래서 산과 논밭이 주인인 농경사회보다 경쟁이 치열해진 현대 산업사회에서 사람들은 불안을 느끼고 스트레스를 더 받는다. '당연하지'라고 생각하지 말고 왜 그런지 현상학적으로 따져보자. 모든 발견은 너무나 당연한 것을 의심해보는 데서 시작된다. 자연에 대한 사랑은 증오와 질투와 의심으로부터 자유롭다. 자연이 나를 의심하거나 질투하지 않기 때문이다.

그러나 인간에 대한 사랑은 이보다 복잡하다. 나의 자의식과 너의 자의식이 대립하기 때문이다. 우리는 서로 충돌하는 감정 사이에서 방황한다. 질투, 수치심, 죄의식이라는 새로운 감정들이 태어난다. 진화는 인간의 감정을 다양하고 유동적으로 만들었다. 도시에서 방황하는 감정들을 붙들기 위해 우리는 사랑이라는 깊은 물속으로 뛰어든다. 얕으면 감정이 부유하고 타인의 경쟁과 질투에 쉽게 노출된다. 얕은 곳은 '모던' 산업사회이고 깊은 곳은 농경사회다. 연인은 타인에 의해 상처받지 않으려고 깊은 물속으로 침잠한다. 너그러운 대자연의 품에 안기고 싶은 것이다. 사랑의 의심으로부터 자유롭기 위해 레이디 가가와 브래들리 쿠퍼는 「얕은 곳 Shallow」에서 이렇게 노래한다.

들고 싶어요, 그대
이 모던 세상에서 행복한가요?
아니면 무언가 더 원하나요?
어떤 무언가를 늘 찾고 있나요?
Tell me something, girl
Are you happy in this modern world?
Do you need more?
Is there something else you're searching for?

나는 빠져들고 있어요
평온할 때 나는 언제나
변화를 갈망하지요
그리고 힘들 때면 나는 내가 두렵답니다

I'm falling

In all the good times I find myself

Longing for change

And in the bad times I fear myself

듣고 싶어요, 그대

공허를 메꾸려 애쓰는 데 지치지 않았나요?

아니면 무언가 더 원하나요?

버티는 것이 너무 힘들지 않나요?

Tell me something, boy

Aren't you tired trying to fill that void?

Or do you need more?

Ain't it hard keeping it so hardcore?

나는 빠져들고 있습니다

좋을 때면 나는 언제나

변화를 갈망하지요.

그리고 나쁠 때는 자신이 두렵답니다.

I'm falling

In all the good times

Longing for change.

And in the bad times I fear myself.

감정 연구

깊은 곳으로 뛰어드는 나를 봐요
절대 바닥에 부딪히지 않을 거예요
표면을 뚫고 아무도 우릴 해치지 못할 곳으로
지금 우린 얕은 곳에서 멀리 와 있어요.
I'm off the deep end, watch as I dive in
I'll never meet the ground
Crash through the surface, where they can't hurt us
We're far from the shallow now.

얕은 물 안에서
얕은 물 안에서
얕은 물 안에서
지금 우린 얕은 곳에서 멀리 와 있어요.
In the shallow, shallow
In the shallow, shallow
In the shallow, shallow
We're far from the shallow now.

사랑은 두 사람이 바닥에 부딪히지 않으면서 깊은 곳으로 뛰어드는 모험이다. 얕은 곳에서는 떠도는 감정들을 붙들어둘 수가 없다. 자의식에 의해 시계를 보게 되고 죽음을 인지하게 된 인간은 원시적 두려움과 달리 마음 한가운데에 죽음의 공포를 지니고 태어

109
2장. 감정은 이미지다

난다. 이것이 라캉이 말하는 결핍Lack이고 현상학이 말하는 근원적 불안이다. 현대인의 마음속에 불안은 공허The Void로 자리 잡는다. 이 공허를 메꾸기 위해 우리는 무언가를 추구한다. 그러나 그 공허는 근원적 불안이기에 지울 수가 없다. 아니 채우면 채울수록 더 커진다. 그래서 우리는 "좋을 때면 변화를 원하고 나쁠 때면 두려움을 느낀다". 모던 사회는 마음의 평화가 위협받는 얕은 물의 사회다. 타자 가운데 가장 강력한 타자인 '상품'이 나를 끊임없이 부르기 때문이다.

원시시대에 두려운 대상은 주로 포식자였다. 모던 사회가 되어 도시가 발달하면 두려운 대상은 주로 타인이다. 르네 지라르가 모방 욕망에서 말하듯이 민주사회는 평등을 구현하는 사회다. 그래서 남을 의식하고 남과 비교한다. 내가 잘되어 남의 존경과 인정을 받으면 살맛이 나고 자존심이 올라간다. 그러나 반대로 남이 잘되면 불안하고 상대적으로 내가 낮아져서 질투하고 상처받는다. 자존감은 진화된 감정 가운데서 가장 진화된 감정이다. 기술 문명과 도시가 발달할수록, 인구가 밀집할수록 비교 대상이 많아지기 때문이다. 컴퓨터가 발달한 글로벌 시대에는 전 세계가 비교 대상이고 모든 것이 상품이다. "내 방식대로 하는 것"이 중요한 이유는 내가 상품의 노예가 아니라 주인이 되기 위해서다. 「마이웨이」는 자존심을 위한 노래다.

감정과
느낌의 차이

동물은 다른 동물과 비교하고 상처받거나 자신이 올라서기 위해 상대를 끌어내리지 않는다. 힘으로 간단히 우열이 결정된다. 두려움이나 먹이의 추구는 몸의 반응으로 즉시 나타날 뿐 전두엽을 거치지 않는다. 감정 연구가 리사 배럿은 쥐의 공포 실험으로 유명한 조지프 르두를 이렇게 비판한 적이 있다. 한번 공포를 경험한 쥐는 똑같은 신호를 들으면 온몸이 굳고 동작을 멈춘다. 르두는 이것을 쥐가 불안을 느끼기 때문이라고 봤다. 그러나 배럿은 쥐가 공포를 느껴서 꼼짝하지 않는다고 어떻게 단정하느냐며 반문한다. 의식이 진화하여 개체 의식이 있어야만 감정은 느낌으로 인지된다. 쥐는 그저 생존 본능에서 습관적으로 동작을 멈추고 조심하는 자세를 취할 뿐이지 느끼지 않는다. 물론 르두 역시 최근 책에서는 동물의 감정과 인간의 감정이 다르다는 것을 인정하고 있다.

르두, 다마지오, 배럿에게서 보듯이 최근 감정 이론가들은 감정 Emotions과 느낌Feeling을 구분한다. 감정은 모든 동물이 외적 자극에 반응하는 외적 행동이고 내적 반응이다. 생명을 유지하기 위한 방어이면서 동시에 증상이다. 그러므로 인간처럼 의식이 진화한 동물은 이 반응을 직접 감지하지 못한다. 오직 전두엽에 저장된 과거의 자료들을 학습하고 분석을 거친 후 느낌으로 감지하고 인지한다.

2장. 감정은 이미지다

배럿이 예를 든, 감기 증상을 사랑으로 착각한 경우를 보자. 열이 나고 온몸이 후끈할 때 우연히 한 남자와 만나 대화를 나눈다. 동물은 그런 증상을 겪으면 즉각 몸에 이상이 생긴 것으로 신호를 보낸다. 그러나 인간은 이 몸의 반응이 전두엽을 거쳐 학습되는 과정에서 오류가 생긴다. 즉각적 몸의 반응을 '감정'이라 부르고 이것이 학습을 거쳐 예측하고 인지하는 것이 '느낌'이다. 그러므로 느낌은 인지와 거의 같으며 착오를 불러일으킨다.

인간은 감각이나 감정, 그리고 사물에 직접 접근하지 못하고 이미지로서 인지한다. 오직 의식을 통해, 과거 경험을 통해 분석하고 느낀다. 배럿이 감정은 구성된다고 주장하는 이유다.

마치 과거 사실을 그대로 기억하지 못하고 현재 욕망으로 이미지화하는 것과 같다. 과거 그 자체보다 현재 상황과 판단이 더 중요하기 때문이다. 의식은 모든 감각을 이미지화한다. 감정도 마찬가지다. 감정을 구성하는 편도체가 기억을 구성하는 해마와 나란히 붙어 있는 이유도 이런 이미지화 때문이다. 이것이 내가 감정을 막연하고 모호하게 느끼는 이유 아닐까?

나는 지금 같은 말을 너무 반복하고 있다. 아무리 반복해도 나는 여전히 구성된 과거, 구성된 느낌을 이미지라고 느끼지 않고 실체라고 느낀다. 느낌을 오류와 착오라고 느끼지 않고 언제나 옳은 판단이라고 믿는다. 그러지 않으면 현실에 대응해나갈 수 없기 때문이다. 배움이란 끊임없는 오류와 착오와 수정을 통해서 이루어진다. 이것이 인간이 만물의 영장이 된 진화의 선물이고 문명의 동인이었다. 컴퓨터나 인공지능이 못 가진 것이 바로 이미지를 만들어 내는 상상력이다. 다음 장에서는 감정이 생명의 근원이고 오직 살아 있는 생명체에서만 존재한다는 사실을 알아보자.

감정은
생명이다

사랑과 우정은
우리를 살게 하고
슬픔은 병들게 한다

떠오르는 기억 하나. 고등학교 시절 김소월의 시 가운데 「초혼」을 좋아했다. 친구와 함께 "산산이 부서진 이름이여 불러도 대답 없는 이름이여 부르다가 내가 죽을 이름이여"라며 귀에 솔깃한 구절을 따서 음성을 차츰 높이다보면 공연히 도취되어 그 자리에서 온몸이 떨리는 느낌이 들었다. 그야말로 우회를 모르고 솔직하게 감정을 표현하는 그런 부르짖음을 사랑했나보다. 그런데 세월이 흘러 세상만사 쓴 경험 단 경험을 많이 맛본 후 돌이켜보면 「예전엔 미처 몰랐어요」가 그보다 좋다. 그리고 지금 그보다 더 좋은 것은 「먼 후일」이라는 짧은 시다. 어떻게 이런 말을 할 수 있을까? 세계를 통틀어 봐도 이런 식으로 감정을 전달하는 시는 찾아보기 어렵다.

감정 연구

먼 후일

먼 훗날 당신이 찾으시면
그때에 내 말이 '잊었노라'

당신이 속으로 나무라면
'무척 그리다가 잊었노라'

그래도 당신이 나무라면
'믿기지 않아서 잊었노라'

오늘도 어제도 아니 잊고
먼 훗날 그때에 '잊었노라'

그 시절 나에게 연인이 있어 헤어지면서 위와 같이 말했다면 나는 답답해서 물었을 것이다. "아니 도대체 나를 잊겠다는 거요, 잊지 않겠다는 거요." 그런데 세월이 지난 후 나는 그런 모호한 감정이 더 좋아진다. 안개처럼 모호하여 이러저리 궁리하게 만들면서 사랑이라는 감정의 극치에 이르는 묘한 맛. 삶이 그만큼 모호하고 역설로 가득 찬 것임을 수없이 경험한 탓이리라. 아니 예술이란 그렇게 감정을 역설적으로 모호하게 담아내는 그릇이라는 인식의 탓이다. 내 상상력을 존중해주고 너와 나의 주관적인 판단을 넉넉하게 받아주는 관대함과 탄력성, 이것이 감정을 사랑하는 예술의 역할이다. 이보다 더 정확한 이유는 지금 이 글을 쓰면서 기억과 감정이 얼마나 밀접하게 연결되고 긴밀한 관계를 맺는지 암시해주기 때문이다.

떠나는 님, 이미 떠난 님, 아니 내 마음을 고백조차 할 수 없는 님에게 나는 어떻게 내 감정을 전달할 것인가. 어떻게 표현해야 그저 그의 마음을 조금 얻을 수 있을까. '먼 훗날'이라는 시간의 흐름과 기억을 빌려오는데, 그때 당신은 나를 잊고 다시 찾지 않을지도 모른다. 그러나 만일 나를 찾는다면, 그때 나는 너를 "잊었노라"라고 답하리라. 비록 지금은 너를 잊지 못하고 보내기 힘겹지만 만일 네가 다시 나를 찾아와 내 잊음을 나무란다면 그때 말하리라. "무척 그리워하다가 잊었노라." 이제 조금은 내 마음을 드러낸다. 아주 행복하게도 그가 그럼에도 나무라면 그때 "믿기지 않아서" 잊었다고 말한다. 조금 더 내 마음을 드러낼 수 있구나. 세상에서 가장 믿지 못하는 것이 연인의 말이고 그래서 사랑은 의심의 다른 표현이니 그렇게 말할 수 있으리라. 조금씩 벗겨지던 감정이 옷을 다 벗는 곳은 마지막 구절이다. 오늘도 어제도 아니 잊고 "먼 훗날 그때"에 잊었노라. 먼 훗날, 네가 다시 나를 찾을 때까지 나는 잊지 않고 너를 기다릴 것이다. 꼭 다시 찾아와달라는 애절한 소망을 역설적으로 표현한다. 이보다 더 강렬한 감정의 표현이 있을 수 있을까. 시간의 흐름, 기억, 그리고 감정이 한곳에서 만난다.

이 고백에서 나는 '떠나보내는 나'와 기다리는 '미래의 나'를 바

118
감정 연구

라본다. 다시 너를 만날 수 있기를 간절히 바라는 미래의 내 모습을 보고 있다. 현재의 나는 미래의 나를 바라본다, 마치 회상에서 과거의 나를 바라보듯이. 이것이 자의식이다. 의식의 진화로, 해마의 발달로, 삽화적 기억을 하게 된 인간은 과거, 현재, 미래라는 상상력을 갖게 되며 이 상상력이 예술의 기원이다. 위의 시에서 나는 만날 수 없는 너에 대한 그리움을 우회하여 표현한다. 기억이라는 상상력을 동원하여 전달하기에 슬픔은 천박하지 않은 방식으로 조절된다.

기억과 감정은 왜, 어떻게 연결되는가. 누가 더 주인일까. 진화는 생명 보존에 유리한 방향으로 발달되어왔다. 그렇다면 기억이 감정과 연결되는 것은 왜 생존에 유리할까.

보르헤스가 말했듯이 시간의 흐름에 따라 저장된 기억은 한 인간의 전 재산이다Time is the substance I am made of. 나의 자서전은 이미 태어나기 전부터 시작된다. 아득한 옛날 조상의 조상이 가진 유전자가 각인되어 있다. 이것이 정서Affect라는 몸의 가장 원초적 기질이다. 그리고 내가 한 인간으로 잉태되는 순간부터 기억이 몸에 기록된다. 엄마와의 기억이다. 예부터 아기를 가진 엄마에게는 태교가 중요하다고 어른들이 말했다. 태아는 배 속에서 엄마를 듣는다. 심장 소리, 숨 쉬는 리듬, 심리적 안정감, 그리고 엄마의 음성을 경험하고 듣는다. 이 경험과 이후 태어나 의식이 생기기 전까지 2년 동안 유아의 몸에 새겨진 습관이나 체험들은 가장 원초적 기억이 된다. 이것을 '억압되지 않은 무의식'이라 부른다. 어머니의 심장 소리, 음성, 행복감은 평생 아이의 정서와 감정의 근원으로 해마가 발달하기 이전 몸에 새겨진 경험이 된다. 이후 해마의 발달로 의식이 생기면서 현실에서 금기시된 것을 억압하는 '억압된 무의식'이 탄생한다.

해마의 발달은 진화를 뜻하고, 경험을 저장하며 개념을 인출하는 전두엽이 커진다는 뜻이다. 그러나 여전히 피질하부는 아득한 옛날의 추억을 간직하고 있다. 다른 동물들과 공통되는 생명의 뿌리로 정서, 감각, 감정이 자리 잡은 곳이다. 과학자들은 몸의 기억인 습관과 진화된 기억인 삽화적 기억을 조금씩 다르게 부른다. 예를 들어 만시아는 진화 이전의 몸의 기억을 암묵적 기억Implicit Memory이라 부르고 그 이후 삽화적 기억을 명시적 기억Explicit Memory 혹은 장기 기억Long-term Memory이라 부른다.[16] 르두를 비롯한 뇌과학자들 가운데는 이 분류를 따르는 이가 많다.

진화는 내가 삽화적 기억을 갖기 시작하는 데서 시작했고 그 기억은 해마의 발달에 있었다. 해마의 활동은 생존 확률을 높이는 쪽으로 발달된다. 행복한 기억은 오래 남지 않고 억울함이나 불행한 기억이 오래 남는 것도 생존을 위한 장치다. 엘리자베스 켄싱거에 따르면 우리는 긍정적 감정보다 부정적 감정을 더 자세히, 그리고 정확히 기억한다. 그 이유는 "알았지? 정말, 정말 잘 알았지?"라면서 치명적인 실수는 한 번으로 족하니 반복하지 말라는 것이다.[17] 그렇다면 생존을 늘리는 영리한 쪽으로 진화하기 위해서 해마는 뇌의 어느 위치에 자리를 잡았을까. 어떤 뉴런의 곁에 있어야 생존하는 데 유리했을까. 유기체는 끊임없이 외부 자극에 대응해야 한다. 그 자극이 생명에 도움이 되는지 위협적인지 가늠해야 하는데 켄싱거에 따르면 뇌의 중앙, 변연계에 속한 편도체가 이 역할을 주로 담당한다(217). 바로 이 외적 자극에 따른 감정을 수용하는 편도체 곁에 기억을 저장하고 인출하는 해마가 붙어 있다.

　나는 불안과 호기심 속에서 경험한 낯선 여행을 오래 기억한다. 힘들고 어려웠던 도전과 모험을 오래 기억한다. 경쟁 대상이 무심코 던진 어떤 말이나 증오에 가득 찬 연인의 악의적인 말을 오래도록 잊지 못한다. 특히 악의적 말은 육체의 상처보다 더 깊다. 감정이 연루되기 때문이다. 만일 감정이 이토록 기억과 밀접한 관계라면 감정을 억압하고 이성적 인간이 되라는 요구는 무리한 것이 아닌가. 오랫동안 역사는 감정과 이성을 배타적인 관계로 놓았다. 그러나 1960년 후반부에 이르러 감정은 이성만큼 중요하다는 반론이 해체론을 비롯한 인문학에서 나타나기 시작한다. 그리고 1990년대에 뇌를 스캔하는 기술이 보급되면서 기억에 대한 연구는 감정에 대한 새로운 제안을 하게 된다. 예를 들어 1993년, 싱어와 샐러베이는 『기억된 자아The Remembered Self』에서 감정 없이는 삽화적(혹은 서사적) 기억도 가능하지 않다고 주장한다. 감정은 기억을 저장하고 인출하는 데 영향을 주고 더 나아가 인지와 판단을 구성하며 활성화한다. 그러므로 감정 없이는 생각도 행동도 할 수 없기 때문에 감정을 제거하거나 억압할 수 없다는 것이다(1993, 122).

　「먼 후일」의 시인은 이룰 수 없는 사랑의 슬픔을 기억의 장치를 빌려 와서 전달하고 마음의 위안을 얻는다. 동시에 많은 독자의 공감을 얻어내는 윤리적, 미학적 행위를 수행한다. 기억은 언제나 감정과 뗄 수 없는 관계다. 제임스는 따스함과 친밀감이 있을 때 더 잘 기억된다고 말했고 프로이트는 상처받는 사건이나 말이 더 기억에 남는다고 믿어 평생 강박적으로 반복되는 상흔을 치유하려 했다. 전자는 긍정적인 감정을 기억과 연결하고 후자는 부정적인 감정을 기억과 연결했다. 누가 더 옳을까. 당연히 두 위대한 심리학자의 견해는 다 옳다. 그러나 영리한 뇌는 생명을 위해 힘들고 아픈 상처를 더 오래 기억하도록 만들었다. 그 상처를 반복하지 말라는 경고와 그 아픔을 극복하는 데서 오는 평온함을 위해서다. 마들렌을 홍차에 적셔 먹던 미각이 먼 옛날의 사건들을 떠올리게 하는 프루스트의 경우도 있다. 맛이나 냄새, 친밀감, 상처받은 말이나 사건 등은 모두 감각과 감정의 영역으로 경험을 저장하는 데 깊이 관여한다. 생명 유지를 위해서 전두엽이 충실히 공부하기를 원하기 때문이다.

기억과 감정은
이웃이다

진화는 뇌의 하부로부터 상부로 올라오면서 이루어진다. 동물로부터 진화했다는 다윈의 말을 뒷받침하듯이 감정을 저장하고 몸으로 반응하는 과정은 다른 동물들처럼 주로 뇌의 아랫부분에서 처리된다. 그리고 해마가 진화하여 서사적 기억을 저장하고 학습과 배움을 통해 생존 가능성을 높이는 기능은 뇌의 상부에서 주로 맡는다.

물론 이때 하부와 상부의 뉴런들은 상호 접촉하고 소통하는데, 상부에 손상을 입으면 생명은 유지되지만 하부가 손상되면 생명 그 자체를 잃는다. 감각이나 감정은 생명 유지와 직결되기 때문이다. 프로이트가 통찰했듯이 잘 드러나지 않는 동물적 본능은 이성보다 원초적이기에 더 강하다. 이 두 부분을 중계하고 소통시키는 역할은 중심부에 자리 잡은 변연계Limbic System가 담당한다. 뇌의 가운데 측면, 귀 바로 위와 아랫부분에서 흰머리가 가장 먼저, 가장 많이 생기는 이유는 바로 이 부분이 뇌에서 가장 바쁜 중앙행정부이기 때문이다. 여기에 감정을 담당한 편도체가 있고 그 위에 시상Thalamus이 붙어 있다. 그리고 해마는 편도체 바로 옆에 말굽처럼 길게 굽어져 있다.

편도체는 의식이 진화하기 이전 몸의 기억인 감정 기억, 즉 암묵적 기억을 구성하고 저장하며 관리한다. 명시적 기억은 해마가 발달한 후에야 생긴다. 기질, 정서, 감각, 그리고 감정이 몸에 저장되지 않는다면 해마는 할 일이 별로 없을 것이다. 이 둘이 서로 연결되어야 한 인간으로서 기능한다. 편도체가 없으면 생명을 유지하지 못하고 해마가 없으면 감정은 동물들처럼 몸의 반응으로만 작동할 뿐 '나'의 감정으로 '느낄 수' 없다.

암묵적 기억에서 명시적 기억으로 진화하는 것은 몸의 반응에서 '나'라는 개체의 느낌으로 진화하는 과정이기도 하다. 다시 말하면

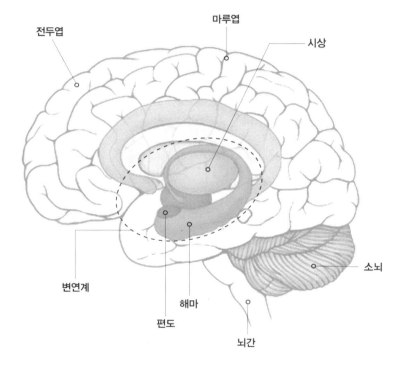

전두엽

마루엽

시상

변연계

편도

해마

소뇌

뇌간

감정 기억을 구성하고 저장하는 편도체와 그 옆에 붙은 해마는 인간을 여느 동물과 다르게 만든 진화의 본부인 셈이다. 두려움과 공포감을 연구하는 르두는 동물적 감정이 나의 느낌으로 인지되는 공포 회로를 이렇게 설명한다. 포식자가 나타난다, 변연계의 시상이 외부 자극을 수용한다, 자극은 편도체로 이동하여 감정으로 구성된다, 그리고 즉각 몸의 행동으로 나타난다, 도망쳐라, 숨어라, 얼굴 근육이 팽팽히 긴장되고 가슴이 두근거리며 숨이 가빠진다. 여기까지는 일차 과정으로 다른 동물들과 비슷하다. 감정Emotion의 라틴어 어원은 '움직이다'라는 뜻을 가진 'Movere'다. 감정은 움직이게 하는 동력이다. 모든 유기체에 공통되는 몸의 반응이다. 인간은 그 옆에 붙은 해마에 의해 이차 과정으로 돌입한다. 감정은 해마에 의해 전두엽으로 이동하고 어떤 감정인지 진단이 내려진다. 전두엽에 저장된 과거 개념들 가운데 가장 적절한 감정이 구성되고 그에 따른 인지와 판단이 이루어진다.[18] 이런 경로를 거쳐서 오직 인간만이 감정을 느낌Feelings으로 인지하게 되는 것이다. 그리고 때로는 감기 증상을 사랑에 빠진 것으로 잘못 해석하기도 한다.

물론 이런 흐름은 순식간에 이루어진다. 사자에게 먹히지 않으려고 나는 위기를 감지한 후 순식간에 도망친다. 동물은 인지와 판단 없이 행동으로 즉각 반응하지만 나는 위기를 느끼고 도망쳐야 한다는 판단이 내려진 후 도망친다. 그런데 잠깐, 이 말이 맞을까? 크게 잘못 말하고 있는 것은 아닐까? 인지와 판단 이전에 이미 나는 도망쳤던 것이 아닐까? 몸의 반응이 먼저 오지만 나는 해마와 전두엽의 합동 작전이 있기 전에는 위기를 인지하지 못한다. 그렇기에 인지하고 도망친다고 믿는다. 그렇다면 몸의 행동이 인지와 판단 후에 온 것이 아니다. 이 과정이 너무나 순식간에 일어나기 때문에 나는 인지한 후에 도망쳤다고 착각할 뿐이다. 나는 무서워서 도망친 것이 아니라 도망치기에 무서운 것이다. 이것이 생각에 깃든 근원적인 착각이고 속임수다. 내 몸은 동물로부터 진화했지만 내 의식은 언제나 동물성을 지우고 자기를 내세우려 든다. 자의식이란 그만큼 대단한 것이다. 윌리엄 제임스는 1884년에 쓴 글 「감정이란 무엇인가What is an Emotion」에서 우리는 울기에 슬프고 웃기에 행복하다고 주장했다.

이런 기본 감정들에 대해 우리는 어떤 사실에 대한 정신적인 지각은 감정이라 부르는 정신적 감흥을 자극하고 이 감흥이 몸으로 표현된다고 믿는다. 지금 나의 가설은 이와 정반대다. 외부 자극을 감지하자마자 몸의 변화가 일어나고 이 변화에 대해 일어나는 느낌이 소위 감정이라는 것이다. 상식적으로 우리는 재산을 잃어서 슬프고 그래서 운다고 말한다. 곰을 만나면 놀라서 도망치고 경쟁자에게서 모욕을 받으면 화가 나서 한 대 친다고 말한다. 그러나 나는 이런 순서가 맞지 않는다고 생각한다. 어떤 정신 상태가 외적 자극에 의해 즉시 일어나는 것이 아니라 몸의 표현이 그 사이에 먼저 끼어든다는 것이다. 좀더 합리적으로 말하자면 우리는 울기에 슬프고, 쳤기에 화가 나며, 떨기에 두려운 것이다. 이와 반대로 슬퍼서 울고, 화가 나서 치고 두려워서 떠는 것이 아니다(189~190).

이 글에서 제임스는 몸의 표현 없이는 감정을 느낄 수 없다고 밝힌다. 만일 몸의 표현이 먼저 일어나지 않으면 그저 곰을 보면 도망치는 것이 최선이고, 모욕을 받으면 한 대 치는 것이 정당하다는 식의 당위에 불과할 뿐, 실제로 두렵거나 화를 느끼지 않는다고 그는 덧붙인다. 행동이 먼저 오고 인지가 그다음이라는 제임스의 가설은 최근 뇌과학에서 진실로 밝혀지고 있다. 예를 들어 웃는 행동을 하면 덩달아 기분이 좋아지고 울기 시작하면 한없이 슬퍼지는 것은 몸의 행동이 마음의 느낌으로 퍼지는 것이다. 이 부분은 감정과 건강의 문제에서 좀더 다루기로 하고 여기서는 뇌의 회로가 어떻게 생존에 유리하게 배치되었는지에 집중하자.

조지프 르두는 "나는 감정을 연구하는 것이 아니라 생존 회로의 기능을 연구하고 있다"(2004)고 말한 적이 있다. 감정은 생존 뉴런이다. 회상은 해마와 전두엽 피질의 연합이고 감정은 시상을 거쳐 편도체에서 작업을 거친 후 상부 피질과 연합한다. 전두엽에는 공포의 기억이 저장되어 그 기억을 떠올리는 자극이 오면 공포를 느낀다. 편도체와 해마는 전두엽과 연결되기에 먼저 부호화된 기억들은 그다음 새로운 기억에 의해 수정되고 업데이트된다. 예를 들어 사랑에서 배반과 지독한 상처를 맛본 사람은 다시는 그와 비슷한 음성, 외모, 성격, 하다못해 (내 친구의 말로는) 그와 같은 고향인 것도 싫다고 말한다. 고향이 무슨 죄가 있으랴마는 그가 속한 모든 게 다 싫다는 것이다. 반대로 나의 성장에 긍정적인 역할을 했던 다정한 사람은 좋은 기억으로 새겨져 다시 사랑에 빠지는 데 결정적인 이미지로 작용한다. 지나고 되돌아보면 사랑에 빠졌던 사람들이 어딘가 닮았다는 것을 발견한다. 이처럼 감정은 전두엽에 연결되기에 기억뿐 아니라 학습, 인지, 판단 등 뇌의 모든 기능에 영향을 미친다. 이것이 사랑이 감정이고 동시에 생각이며 가치 판단을 내리는 이유다. 그렇다면 감정을 억압하고 이성적인 인간이 되라는 말은 맞지 않는다. 그런가?

「먼 후일」의 시인처럼 기억과 감정은 이웃이 되어 서로 영향을 주고받는다. 엘리자베스 펠프스에 따르면 사랑의 감정은 해마의 기억을 조정하고 반대로 해마는 편도체의 감정을 조정한다. 해마는 따스함, 친밀감, 혹은 증오나 공포심을 높이는 자극이 오면 즉각 전두엽과 상의한다. 과거에 일어난 따스함과 친밀감이 떠오르면 다시 사랑에 빠지거나 두려운 경험이 떠오르면 공포심이 강해진다. 실제 유령을 본 것도 아닌데 스산한 음악이나 장면이 펼쳐지면 으스스 몸이 떨리고 공포를 느끼는 것도 전두엽에 저장된 공포의 경험이 그런 느낌을 예측하고 전달하는 탓이다. 우연처럼 느껴지는 사랑의 감정도 과거 경험의 기억에서 온 것이 아니라고 누가 단정할 수 있을까? 우연한 스침, 어떤 옷, 어떤 말, 은은한 불빛, 어떤 분위기, 어떤 몸짓이 무관심하던 사람을 운명처럼, 필연처럼 느끼게 만드는 예는 얼마나 많은가. 기억은 감정이고 감정은 기억이며 동시에 생각이다. 그러므로 전두엽에 손상을 입으면 감정이나 인지에 악영향을 미친다. 사이코패스는 감정 결여가 인지 결여로 이어지면서 도덕성에 손상을 입은 경우다.

이처럼 감정은 기억과 협조하여 유기체의 생존을 돕는다. 생존을 위해 유기체는 외부 자극을 해석하고 이에 적절히 대응한다. 그런데 자극에 대한 몸의 반응은 사실 내부 상황을 보호하고 항상 일정하게 유지하기 위한 방어 전략으로 일어난다. 예를 들어 몸에 이상이 생기면 불쾌감으로 신호를 보내고 스트레스를 받으면 평온함이 깨진다. 균형과 평온함을 유지하려는 몸의 기본 정서를 생리학적으로 '항상성Homeostasis'이라 부른다. 감정은 이런 항상성을 수행하는 대리자로서 몸의 반응이 뇌의 상부에 전달되고 소통한 소위 '느낌'이라는 것이다.

항상성이란
무엇인가

나는 한동안 밥이 딱 한 수저 분량 남으면 순간 입맛이 싹 달아나서 더 이상 먹기 싫었던 적이 있다. 그 한 수저 분량을 억지로 먹을 수 없다는 것이 남들에게 이상하게 비칠 것을 알면서도 남기곤 했다. 더 먹기 싫다는 느낌은 왜 일어날까. 배부른 느낌은 어디에서 오는가. 배고픔도 마찬가지다. 배고픔과 배부름은 너무나 자연스러워

호기심의 대상조차 되지 않는다. 배고프면 우선 배를 채우는 게 급하고 채우면 당연히 배가 부르다. 그러나 그런 일상의 진실을 그냥 넘기지 않는 것이 진짜 호기심이다. 배부름은 너무 많이 먹어도 안 되고 너무 적게 먹어도 안 된다는 몸의 신호다. 밥은 생명을 유지하는 데 필수적이고 그 양은 중요하다. 흔히 환자가 병원에서 가장 많이 듣는 위로는 "빨리 회복하려면 더 많이 드셔야 합니다"라는 권유다. 병원에 문병 오는 사람은 잘 먹지 않는 환자를 위해 먹을 것을 싸들고 찾아온다. 그러나 환자는 그 말이 진실인 것을 알면서도 먹지 못한다. 차라리 좀 덜 먹으라거나 밥그릇을 뺏어버리면 입맛이 돌지 모른다. 입맛은 나의 의지와 반대다. 먹을 것이 모자라 그만 먹으라면 더 먹고 싶고 몸을 생각해서 좀더 먹으라면 먹기 싫어진다. 사랑도 마찬가지다. 헤어지라면 더 만나고 싶고 계속 만나라면 싫어진다. 감정은 몸을 움직이는 원초적 힘이기에 의식의 눈치를 보지 않는다. 오히려 눈치를 보고 쩔쩔매는 뉴런은 상부의 의식이다.

갑자기 입맛이 없어지는 것은 몸의 이상을 알리는 신호다. 생명 유지를 위해 몸이 보내는 신호다. 너무나 자동적이고 자기 마음대로 안 되다보니 의식은 이건 아예 연구 대상이 아니라며 밀어내는 영역이다. 입맛, 중독증, 사랑은 마음대로 안 되는 영역으로 쓰라린 경험을 통한 학습이 요구된다. 모두 감정과 몸의 반응이기에 의식이 큰 힘을 쓰지 못한다. 의식은 자신보다 더 강하고 먼저 존재하던 어떤 영역, 감각, 몸, 혹은 감정이라는 이질적 영역을 어렴풋이 알지만 결코 통제하지 못한다. 마치 병원에서 질병을 진단받기 전까지 나쁜 습관을 알면서도 버리지 못하는 것과 같다. 질병의 위협은 중독보다 더 절박한 생명 본능이기 때문이다. 밥 수저도 마찬가지다. 아플 때 먹지 못하는 것, 스트레스를 받을 때 마구 먹는 것은 균형이 깨진 몸의 신호다. 그러므로 배고픔과 포만감 사이 어느 지점에 생명 유지와 직결되는 균형의 범위가 존재한다.

생물의 가장 큰 특징 중 하나는 항상성을 유지하는 것이다. 개체가 생명을 유지하려면 주변 환경의 변화에 대응해야 하는데 인간과 같은 고등 동물은 주변 환경의 변화에 적극적으로 대응하여 체내 환경을 일정하게 유지한다. 예를 들어 나는 일정한 체온 유지를 위해 겨울에는 옷을 두껍게 입고 난방을 하며 여름에는 체온을 시원하게 낮춘다. 체온이 지나치게 올라가거나 떨어지면 생명 유지에 불리하기 때문이다. 철새와 같은 하등 동물은 스스로 대응할 능력이 없기에 생존에 유리한 환경을 찾아 먼 길을 떠나고 대부분의 동물은 날씨가 추워지면 긴 잠을 잔다. 나쁜 환경을 피하는 것이다. 무척추동물이나 하등 동물은 주변 환경에 순응하여 체내 환경을 바꾸기도 한다. 스스로의 항상성을 유지하는 고등 동물에 비해 이들은 환경의 변화를 견디는 능력이 떨어진다. 그만큼 항상성의 유지는 개체의 번영과 생명 유지에 필수다.

뇌가 발달한 인간은 생존하기 위해 체내 상태를 일정하게 조절하려는 항상성을 지닌다. 예를 들어 체온이나 혈압, 혈당, 골밀도 등 생명 유지에 유리한 일정 범위 내의 수치를 정해놓고 그 안에 들어가려고 애쓴다. 항상성 조절의 중추는 자율신경계와 내분비계이며, 적극적이거나 소극적인 피드백을 통해 항상성을 조절한다. 외부 기온이 떨어지면 우리 몸에서 추위를 느끼는 세포가 이를 감지한다. 이 자극이 감각신경을 타고 시상하부의 온도조절 중추까지 전달되면 시상하부에서는 근육을 경련시켜 열 생산을 늘리라는 신호를 보낸다. 충분히 열 생산이 일어나 체내에 설정되어 있는 기준점에 도달하면 소극적 피드백에 의해 근육 경련이 더 이상 일어나지 않는다. 식사도 마찬가지다. 체내 혈당이 내려갈 경우 허기를 느껴 식사를 하게 하지만, 위에 음식물이 어느 정도 차면 포만감이 나타나 식사를 중단하게 한다. 항상성은 종족 보존을 위해 여성의 출산 과정에도 작용한다. 태아가 출산에 임박하게 되면 뇌하수체에서는 옥시토신이라는 호르몬을 분비하여 자궁 수축을 촉진한다. 자궁이 수축함에 따라 진통이 뒤따르는데, 이 진통은 다시 옥시토신의 분비를 촉진하여 자궁이 더욱 강하게 수축하게 유도한다. 이외에도 체내에 수분이 부족해지면 갈증을 느끼게 해 물을 마시게 하고 뇌하수체에서 바소프레신이 분비되어 이뇨 작용을 억제한다. 생물은 신체가 앞으로 일어날 상황을 예측하여 조건반사적으로 대응하기도 한다. 예를 들어 식사 전에 음식물을 보기만 해도 침과 같은 소화효소의 분비가 자연스럽게 촉진된다.

공포 감정 연구의 대가 르두는 감정을 뿌리 깊은 생존 메커니즘으로 규정했다. 영양 섭취, 체온, 체액의 균형 상태, 체온 조절, 그리고 생식에 이르기까지 이런 생존 회로는 모든 동물에게 유사한 형태로 존재한다. 그러나 서사적 기억으로 전두엽에 언어와 공포 개념이 저장되어 있는 인간은 여느 동물과 달리 두려움에 대한 조건반사를 넘어서 공포를 나의 것으로 느낀다.[19] 개나 원숭이는 나처럼 자신만의 감정을 느끼지 않는다. 자신만의 주관적 감정을 뇌과학 용어로 '퀄리아Qualia'라고 부르는데 이것은 오직 인간에게만 가능하다. 감정의 질을 인지하는 뜻의 용어인 '퀄리아'는 의식이 진화된 인간에게만 일어나기 때문이다. 다마지오는 이 특질을 의식의 주관성에 의한 것으로 설명한다.

> 만일 네가 느낌이라는 진로 없이 태어났다면 모든 이미지는 네 마음 안에서 아무런 정서나 감각의 질을 모르고 지나갈 것이다. 느낌이 제거되면 너는 이미지들이 아름다운지 추한지, 기쁜지 고통스러운지, 맛깔스러운지 천박한지, 정신적인지 토속적인지 분별하지 못하게 된다. 만일 느낌이 없다면 어떤 대상이나 사건들이 미적이고 도덕적인지 가려내기 위해서 너는 무지무지하게 훈련을 해야 할 것이다. 물론 로봇이 그렇게 해야 하듯이.[20]

느낌이란 얼마나 중요한가. 동물에게 감정이란 몸의 행동이기에 단순하고 조건반사적이다. 그러나 인간에게 느낌이란 사적이고 주관적이다. 외부 자극에 반응하는 편도체의 일차원적 과정에서 해마를 거쳐 전두엽에 입력된 과거의 경험들과 상의하는 이차적 과정이 있기 때문이다. 개인의 경험은 보편적인 것보다 사적인 것이

3장. 감정은 생명이다

더 많다. 느낌은 경험을 저장하고 인출하는 서사적 기억과 뗄 수 없이 연결된다. 과거의 경험은 학습에 의해 현재 상황에 효율적으로 대응하고 나아가 미래의 위기를 예측하는 능력의 풍요한 자산이다. 전두엽에 저장된 과거의 경험과 학습에 의한 예측을 통해 감정은 몸의 반응인 행동으로 나타날 뿐만 아니라 '나의 느낌'으로 감지되는데, 이런 두 단계의 종합이 인공지능은 흉내 내기 어려운 부분이다. 살아 있는 유기체에서만 가능하기 때문이다.

동물과 달리 인간에게만 있는 뇌의 상부와 하부의 두 개 과정(혹은 이원적 일원론)은 서로 묘한 관계다. 협력관계이지만 서로 자신이 더 강력하다고 과시하려는 경향이 있다. 감각과 감정은 가장 오래된 생존 메커니즘이다. 그렇기에 그 위에서 진화한 의식의 예측 기능은 감정보다 약하다. 예를 들어 건강에 나쁜 줄 알면서도 담배를 끊지 못하는 사람이 많다. 중독성은 반복을 통해 피질 아래 영역인 시상하부에, 무의식적 몸의 반응에 종속된다. 뇌 하부의 오래된 생존 메커니즘의 영역이다. 이 하부는 말도 없고 느낌도 없지만 그 위력이 상부의 조절 시스템을 압도한다.

그래서 프로이트는 무의식을 의식에 저항하는 거대한 힘으로 봤고 이는 결코 제거되지 않으며 다만 위장된 형태로 의식 속에 존재한다고 주장했다. 그렇다고 진화와 예측이 무조건 몸의 위력에 굴복하는 것은 아니다. 둘은 중년 부부처럼 언제나 접촉하면서 서로 힘을 과시하려는 갈등 관계다. 웃기에 행복한 것을 행복하기에 웃는 것으로 느끼게 만든 게 누구인가. 위층의 의식이다. 아무리 아래

층에서 진실이라고 해봐야 말을 못 하니 위층이 더 세다. 그래서 몸은 아프기로 결심한다. 그래야 위층이 굴복하기 때문이다. 진화는 유리하지 않으면 진행되지 않는데 왜 서로 반목하고 착각하고 언제나 완벽하지 않으며 여분을 남길까. 스스로의 생명을 연장하기 위해서일까? 그냥 최선을 다한 것이다. 나는 원숭이와 비슷한 눈, 코, 입을 가졌는데 어쩌랴.

몸살감기에 걸리면 열이 나면서 온몸이 춥고 떨린다. 그런데 이때 오한은 열을 내리는 게 아니라 열을 더욱 발생시킨다. 얼핏 항상성 원리와 어긋나는 듯 보인다. 소극적 피드백에 의해 열을 내려야 하는데 다른 반응이 일어난 것이다. 과학적 견해는 이렇게 말한다. 몸은 특수한 상황에 처하면 평소 조절하는 것과는 다르게 상태를 조절한다. 체온 조절 중추인 뇌하수체는 체온의 기준점을 새로 설정해 정상보다 높은 체온임에도 불구하고 우리 몸은 추위를 느낀다. 감기 바이러스와 같은 병원체는 열에 비교적 약하다. 질병이라는 절박한 상황에 놓여 있기 때문에 우리 몸은 일시적으로 우선순위를 바꾸는 것이다. 체온 조절이 중요하다 하더라도 독감에 걸려 죽어버리면 무슨 소용이 있나?

항상성은 몸의 구성에도 관여한다. 해마가 편도체 옆에 찰싹 붙은 것도 내적 균형을 유지하는 데 유리하기 때문이다. 위기에 대응하려면 두려움이라는 감정이 일어나야 하고 상황을 파악하려면 추구의 감정이 필요하다. 동물에게는 이런 기본 감정들이 몸의 행동으로만 나타나는 반면, 자의식이 발달한 인간은 해마의 도움으로 전두엽에 전달되어 개인의 느낌으로 나타난다. 후자가 생존에 더 유리한 것은 '나의 느낌'일 때만 위기 대응의 여러 전략을 개발할 수 있기 때문이다.

예를 들어 독감 바이러스와 대적하는데 고열에 덜 시달리게 하면서 바이러스에게 불리한 환경을 만들고 아예 그 적을 몸 안에 끌어들여 면역체계로 바꿔버리는 신비한 알약이 고안되었다. 백신이다. 편도체는 원초적 생존 회로로 포유류 전체에 보존되어 있고 단세포 생물에도 유사한 기능이 있지만 오직 인간만이 나의 공포, 나의 느낌으로 감지한다. 그리고 이것이 상상력과 독창성의 뿌리가 된다. 알약을 개발하는 의학과 과학기술, 그리고 문화예술을 낳는 동력이 된다.

항상성 높이기

잘 짜인 예술은 상상의 즐거움, 소통과 도덕적 인간, 자율적 판단력 등 여러 가지로 삶에 공헌하지만 그 가운데 가장 중요한 것은 항상성 유지다. 나의 느낌이 있기에 오직 인간만이 문학을 창작할 수 있고 감상을 통해 항상성을 높인다. 예를 들어 극은 관객의 감정 동일시에서 시작하여 감정의 정화로 끝을 맺는다. 플라톤은 극이 관중의 감정을 흔들어 공화국 건설에 방해가 된다고 믿었다. 그러나 그의 제자 아리스토텔레스는 『시학』에서 극이 왜 필요한지 우회적으로 주장한다. 그는 감정이란 억압하면 제거되지 않고 한꺼번에 폭발하기에 살살 달래어 정화시켜야 한다고 믿었다. 이 감정 게임의 절정이 그 유명한 단어 '카타르시스'다. 시인은 의도적으로 관객의 감정을 끌어내 주인공과 동일시를 불러일으키면서 동시에 반감을 은밀히 숨겨놓는다. 관객의 호기심, 즉 감정이 최고로 팽팽히 고조되었을 때 극은 반전을 통해 대단원의 막을 내린다. 반전은 아이러니와 함께 놀라운 발견(깨달음)으로 이어져서 고조된 감정을 배설하게 만든다.

아리스토텔레스가 격찬한 소포클레스의 『오이디푸스 왕』에서 관객은 어떤 감정을 정화시킬까. 스핑크스의 수수께끼를 풀고 왕이 된 주인공에게 사람들은 선망과 질시를 느낄 것이다. 그의 지적 오만함과 최고 존엄에 대한 은근한 시샘이다. 그러나 왕은 신탁을 피하려고 노력했고, 모르고 저지른 죄의 대가는 엄청나다. 관객의 선망과 질시는 추락한 왕에 대한 연민과 신탁의 존엄함, 즉 신과 운명에 대한 두려움 및 경외감으로 바뀐다. 그릇된 감정이나 지나친 열정을 배설한 후에 오는 깨달음의 순간이 카타르시스다. 잘 짜인 플롯에 의해 관객은 감정의 이동과 팽팽한 긴장을 경험하고 그런 감정들을 배설하여 정화시킨다. 그리고 평온해진 감정, 즉 항상성을 유지한다. 만일 이런 고급 예술이 없었다면 역사는 더 많은 살인과 폭력으로 얼룩졌을지 모른다.

『시학』으로 인해 유명해진 '카타르시스'는 원래 몸 안의 나쁜 내용물을 배설한다는 의학적 용어였다. 창자의 넘치는 내용물을 배설하고 쾌감을 느끼듯이 잘 짜인 플롯도 나쁜 감정이나 지나친 감정을 배설하고 정화의 쾌감을 느끼게 하는 미학적 장치다. 이처럼 극이 제공하는 감정 경험은 너무 메말라도 안 되고 너무 넘쳐도 안 된다. 적절한 선에서 안정된 감정을 유지하는 것이 생존의 첫째 조건이었다. 이런 맥락에서 루이스 오펜하임은 『호기심 끄는 친근감: 예술과 신경정신분석A Curious Intimacy: Art and Neuro-Psychoanalysis』(2005)에서 "감정은 삶을 지탱하기 위한 몸의 움직임이다. 예술은 바로 이 항상성을 조절하려는 필요성에 의해 태어난다"고 말한다(23).

감정을 기억과 연결한 「먼 후일」의 시인은 시를 통해 어떤 항상성을 유지할 수 있을까. 사이코패스처럼 떠나는 너에게 테러를 할 수도 원망을 할 수도 없다. 그렇다고 나 자신을 술로 달래거나 자책감으로 비난하지도 않으리라. 나는 그보다 차원이 높다. 연인을 떠나보내는 지금 나의 아픔은 믿기지 않을 정도로 크지만 나는 너의 옷소매를 붙잡기는커녕 아픔을 고백조차 하지 않는다. 대신 아픔이라는 감정의 동요를 한 편의 시로 달랜다. 먼 훗날 나는 너를 잊으리라. 네가 다시 나를 찾으면 나는 잊었다고 당당히 말할 수 있으리라. 너는 그런 나를 나무라면서 떠나간 오늘을 후회할 것이다. 그리고 또다시 나무라면서 다시 돌아오라고 간청할 것이다. 그러면 그때 나는 오늘도 어제도 아니 잊고 먼 훗날 잊었다고 말하리라. 이것이 이 시가 암시하는 위안이고 항상성 유지의 길이다. 나는 떠나간 너를 잊을 테지만 너는 떠나버린 나를 되돌리지 못할 것이다. 그러므로 오늘의 아픔이 내일의 승리가 될 것이다. 먼 훗날 네가 나를 떠난 것을 땅을 치고 후회하도록 나는 오늘부터 열심히 살 거야.

물론 이것은 항상성을 설명하려는 나의 해석이다. 삶에서 우리는 끊임없이 외부 자극을 받는다. 그리고 그런 자극에 감정의 반응이 일어난다. 그 반응이 지나치지 않도록 조정하여 내적 평온을 유지해야 하는데, 외적 자극과 내적 상황이 조화를 이루지 못하면 만병의 근원이 된다. 예술은 의도적으로 감정을 유발해 자극하고 이것을 놀라운 순간 정화시켜서 항상성을 유지케 한다. 이런 감정의 흐름은 지적 추구와 함께 도파민이라는 즐거움을 선사한다. 안토니오 다마지오는 최근의 저서 『이상한 사물의 질서The Strange Order of Things』(2018)에서 긍정적 느낌은 항상성을 높이고 건강한 몸을 만들지만, 스트레스와 슬픔, 우울감, 자책감은 질병으로 이어진다고 말한다. 너무나 평범하고 귀에 익은 말이지만 뇌과학에서는 이보다 더한 진리가 없다.

좋은 상태, 혹은 최적 범위 안의 항상성이란 그 자체가 웰빙이고 기쁨이다. 사랑과 우정으로 느끼는 행복감은 더 효과적인 항상성에 도움이 되고 건강을 증진시킨다. 부정적인 예들은 그만큼 분명해진다. 슬픔으로 야기되는 스트레스는 시상하부와 뇌하수체의 활성화로 호르몬을 내보내 항상성을 약화시키고 혈관이나 근육의 구조와 같은 수많은 신체 부위에 실제로 해를 입힌다. 흥미롭게도 몸의 질병에 대한 항상성이 지닌 부담감은 똑같은 시상하부 뇌하수체 축을 활성화하여 불쾌감(통증)을 야기하는 호르몬인 다이노

3장. 감정은 생명이다

르핀을 방출한다(117).

이처럼 감정은 호르몬의 분비와 밀접하게 연결되고 질병과 통증의 원인이 되지만 이상하게도 우리한테는 그동안 감정을 별로 중요시하지 않는 경향이 있어왔다. 그 이유는 무엇일까. 느낌은 단순히 찾아드는 감흥이거나 어딘가에 저장되어 있다가 반응하는 막연한 것처럼 느껴진다. 몸의 것인가 하면 마음의 것이고 전체에 널리 퍼져 있으며 모호하다. 평온하다가 불안해지고 슬프다가 흥분되는 등 하루에도 수시로 달라지기에 포착하기 어렵다. 변덕스러울 뿐 아니라 마음대로 조정되지도 않는다. 그냥 거기에 있으면서 나타났다 사라지는 것으로 자발적이다. 포착 불가능하고 내 의지와 상관없으니 연구 대상이 되지 않는다. 여기저기 만연해 있을 뿐 아니라 이성을 흐리게 하는 나쁜 것으로 여겨지기도 했다. 분명히 감정은 이성적인 판단을 흐리게 하는 억압의 대상이 되어온 것이 사실이다.

나는 프로이트를 아주 오랫동안 연구했는데도 웬일인지 그의 말을 자꾸 오해하려는 성향이 있다. 그는 평생 동안 쓴 그 많은 글에서 '무의식이 있다'는 것을 주장하는 말로 끝을 맺곤 했다. 그만큼 우리는 무의식을 인정하지 않기 때문이다. 그가 말한 '억압 Repression'이라는 단어를 많은 사람은 의식이 무의식을 억압해야 한다고 오해한다. 그러나 프로이트는 강조한다. "억압이란 의식 안에 무의식이 위장된 형태로 존재한다는 것을 인정하는 것"이다. 억압된 것이 있음을 인정하는 것이 억압의 참된 뜻이다.

감정 연구

다마지오 역시 부정적 감정은 극히 일부이고 감정이 없으면 서사적 기억이나 인지와 판단도 이루어지지 않는다고 말한다. 면접에서 외모나 날씨가 점수에 개입되거나 판사의 판결이 피고인의 외모나 분위기에 의해 영향을 받기도 한다는 것은 심리학에서 잘 알려져 있는 사실이다. 선을 볼 때 그 사람의 인격이나 성격보다 외모, 분위기, 직업, 환경 등의 조건이 영향을 주기도 한다. 이처럼 감정은 내가 모르는 사이 가치 판단에 개입한다. 그리고 그런 판단은 오직 시간이 흘러 그 모습을 드러내거나 다양한 사회제도에 의해 보완된다. 다마지오를 비롯한 최근 뇌과학자들은 감정의 중요성을 인식하고 그것을 생명을 보존하는 항상성의 뿌리, 혹은 대리인으로 본다. 그렇지 않다면 인류 역사에서 어떻게 그리 수많은 정교한 예술이 끊임없이 창조된단 말인가.

느낌은 감정보다 범위가 넓고 크다. 감정은 모든 동물에게 정도의 차이가 있을망정 항상성 유지라는 생명의 조건으로 몸을 움직이게 만드는 동력이다. 그러나 인간의 감정은 진화의 동력으로 그보다 더 복잡하고 다양하다. 인간이 힘센 사자를 굴복시킨 것은 자의식적인 감정, 즉 몸의 행동이 나의 느낌으로 진화되었기 때문이다. 그러므로 나의 느낌은 생리적 현상이지만 문화적 현상이기도 하다. 언어를 사용하여 나의 감정을 표현하므로 사회생활을 하게 만들고 문화와 예술을 낳는 동력이 된다. 예를 들어 두려운 감정은 나라마다 표현의 차이가 조금씩 있다. 우리나라 사람들은 가슴이 뛰고 벌렁거린다고 말한다. 독일인들은 배 안에 나비가 파닥거린다

고 표현하고 중국인들은 머리가 횡하니 어지럼증을 느낀다고 표현
한다. 그러나 두려움이라는 아주 오래된 원초적 감정은 다르지 않
다. 문화마다 표현이나 종류가 조금씩 다른 것은 마치 예술이 문화
마다 조금씩 다르게 나타나는 것과 같다. 서양 예술과 동양 예술은
소통이 어려운 시절에는 크게 달랐다. 그러나 여행이나 교류가 쉬
워지면 비슷한 감정을 느낀다. 음악, 미술, 인문학, 심리학, 자연과
학은 말할 것도 없고 잘 짜인 소설이나 영화가 동서를 막론하고 감
정의 동일시를 일으키며 비슷한 감동을 주는 이유는 오래된 항상
성의 원리가 DNA로 인간의 몸 안에 설계되어 있기 때문이다. 독창
성과 상상력은 물론이고 민주주의와 산업사회 역시 '나의 느낌'과
몸 안의 항상성의 원리가 설계되어 있기에 가능해진다. 나의 감정
이 어떻게 한국과 미국, 혹은 동양과 서양의 인문학에서 같은 감정
으로 공유되는지 정지용의 짧은 시 한 편으로 알아보자.

이것은
파이프가 아니다

「호수」

얼굴 하나야
손바닥 둘로

폭 가리지만,

보고픈 마음
호수만 하니
눈 감을밖에.

모든 예술은 개인의 감정을 우회하여 표현하는 장르다. 독자의 상상력을 자극하는 풍요한 공간을 주기 위해서다. 모호하기 때문에 무슨 이야기지, 라는 호기심을 불러일으키고 그것을 풀어가는 과정은 그 자체가 즐거움이다. 조지프 르두에 따르면 도파민의 농도는 동물이 막상 먹이를 먹을 때보다 먹잇감을 '찾으러 다닐 때' 최고로 높아진다고 한다. 여러 감정 이론가가 동의하듯이 신기함, 놀라움, 혹은 호기심으로 모호함을 풀어가는 추구 시스템은 두려움에 대응하는 감정 목록 제1호다. 그렇기에 예술의 모호함Ambiguity 은 관객에게 풀어가는 즐거움을 선물하는 기본적인 덕목이다. 물론 이때 모호함은 궁금증을 불러일으키고 풀어가는 과정에서 가능한 답이 나와야만 한다. 뇌의 가소성 혹은 잠재성이란 아무런 의미도 합성되지 않거나 무질서한 답을 숨긴 것이 아니라 어떤 형식 안에서 개인적 경험을 포함하여 시간과 장소에 따라 가능한 답을 주는 것이어야 한다. 가소성이나 잠재성은 현재에 대응하고 불확실한 미래를 위해 진화가 준비한 가장 뛰어난 열매다. 나의 느낌과 판단을 어떤 형식의 틀 안에서 학습하는 영역이 예술이다. 그러므로 이런 해석의 공간을 부여하지 않는 시는 실패한 시다.

다시 「호수」로 돌아가자. 다섯 글자씩 여섯 줄, 모두 서른 글자의 시, 그게 전부다. 그러나 이 시가 부여하는 공간은 호수만 하다. 아니 눈을 감았으니 시인이 상상하는 세계는 동서양을 순식간에 가로지르고 우주를 넘나든다. 눈을 감으니 심리학, 현상학, 뇌과학이 모두 보인다. 사자가 아무리 힘이 세도 눈을 감을 줄 모르기에 약한 인간에게 졌다. 종교의 힘, 기독교 신의 힘이 그토록 절대적이고 강한 것은 신이 보이지 않기 때문이다. 프로이트에 따르면 보이는 것보다 보이지 않는 것이 더 강하다는 것에 의해 인류 문화가 시작된다.

『토템과 터부』에서 그는 한 사회를 움직이는 법과 규율이 어떻게 만들어지는지에 대해 이렇게 밝힌다. 원시시대에 아버지는 절대 권력자였다. 쾌락의 독점자였던 아버지를 질투한 아들들은 아버지를 죽인다. 막상 아버지가 없으니 형제들의 갈등과 권력 다툼으로 사회가 무질서와 혼란에 빠진다. 아들들은 아버지를 상징하는 토템을 세우고 그 자체로는 아무것도 아닌 이 상징물에게 아버지의 권력을 부여한다. 인도인들이 소를 숭상하는 것과 같다. 토템은 그 자체로는 아무것도 아니지만 아버지의 절대 권력을 상징하기에 강력한 힘을 지닌다. 죽은 아버지가 살아 있던 아버지보다 더 강한 절대 법이 된 것이다. 보이지 않지만 엄연히 존재하는 죽은 아버지, 이것이 문명의 시작인 법과 규율의 시작이었다.

독수리는 자랑스럽게 하늘을 날지만 인간은 비행기로 하늘을 난다. 독수리는 어미에게 나는 법을 배워 몸에 익혔다. 그리고 먹이를 찾아 날다가 순식간에 먹이를 발톱으로 낚아챈다. 나쁜 환경과 포식자를 피하는 법도 안다. 독수리는 몸에 새겨진 습관적 본능으로 이런 것을 수행한다. 생명을 유지하는 가장 초보적인 이런 기억은 몸에 새겨진 습관으로 지극히 한정된 것들이다. 오직 인간만이 서사적 기억으로 과거와 미래를 넘나들고 과거의 경험을 저장하며 학습해 현재에 더 나은 대응을 하고 미래에 대비한다. 시간과 장소를 넘나드는 무한한 상상력은 눈을 뜨고 보는 현실 세계를 넘어 더 넓고 광활한 보이지 않는 세계를 본다. 그리고 이 보이지 않는 세계가 더 강력한 힘을 지닌다. 종교의 힘, 예술의 힘, 언어의 힘, 이념의 힘이 그것이다. 그리고 이런 힘들은 이성적 판단이 얼마나 감정의 영향을 받는지 잘 보여준다. 눈을 감으면 보이는 호수만 한 그리움은 이성이 아니라 감정이었다. 감정은 경험을 저장하는 데 간섭하고 저장된 경험은 현실에 대응하는 판단이다.

　나는 이차원의 평면(종이) 위에 그린 가로수 그림에서 삼차원의 깊이를 본다. 소위 원근법이다. 어떻게 평면에서 깊이를 보는가. 나의 뇌는 실제로 가로수에서 길이 차츰 좁아지는 것을 봤고 이 경험을 뇌에 저장해놓았다. 물론 무의식적이다. 비록 판판한 종이 위에 그려진 가로수 그림일지라도 나는 전두엽에 저장된 경험의 눈으로 길이 점점 좁아지는 것을 보는 것이다. 이차원의 평면인 종이 위에 그려진 상자의 그림에서도 삼차원의 '깊이'를 본다. 그러나 나는 이런 사실을 한 번도 의심하지 않고 한 번도 이상하게 생각하지 않는다. 아니 오히려 이것을 의심하는 것을 이상하게 여긴다. 왜 그럴까.

해마가 전두엽에 저장한 경험들은 대상을 볼 때 즉시 예측 과정을 거치고 그 후에 나의 느낌으로 나타난다. 시각 속의 얼룩(깊이)은 대상을 볼 때 즉각적으로 구성된 것이다. 그러고 나서야 의식의 차원인 나의 느낌으로 인지된다. 그러므로 나는 알기에 믿는 것이 아니라 믿기에 안다. 알기에 믿는다고 느끼는 것은 의식이 그렇게 속이는 것이다.

우리는 대상을 객관적으로 볼 수 없다. 이미 전두엽에 새겨진 경험의 눈으로 보기 때문이다. 그리움이 너무 크면 그저 눈을 감으면 된다. 눈을 뜨고는 안 보이지만 눈을 감으면 그가 더 잘 보인다. 이런 과정에서 의식은 해마와 전두엽의 분업 과정에 관여하지도, 간섭하지도 못한다. 그저 재빨리 결과를 나의 느낌으로 나타낼 뿐이다. 이것이 가로수 그림에서 깊이를 보고도 전혀 이상하게 느끼지 않는 이유다.

이런 설명이 이해가 잘 안 된다면 다른 예를 들어보겠다. 초현실주의 미술이다. 벨기에 화가인 르네 마그리트(1898~1967)는 파이프를 그린 그림 밑에 "이것은 파이프가 아니다 Ceci n'est pas une pipe"라고 손으로 써놓았다. 나는 이 그림을 오래전에 보면서 아니 도대체 이게 왜 파이프가 아니란 거지 하며 고개를 갸우뚱했다. 도무지 왜 이런 그림을 그려놓고 그렇게 말하는지 알 수 없었다. 마치 내가 정사각형 입방체 그림에서 깊이를 보면서 전혀 이상하지 않게 느꼈던 것처럼. 물론 당시 미술 평론가는 그 파이프가 실체가 아니라 재현이기 때문이라고 간단히 언급했다. 그거야 너무 당연한 이야기

「이것은 파이프가 아니다」, 르네 마그리트, 캔버스에 유채, 91.0×72.0cm, 1929, 로스앤젤레스 카운티 미술관.

잖아? 그런 설명에 실망했던 기억이 있다. 그 정도인데 그렇게 유명해? 심리학과 현상학, 뇌과학을 공부하고 난 지금은 아, 그런 것이었구나라고 설명할 수 있다. 가로수에서 깊이를 보듯이 나는 평면 위에 그려진 파이프 그림에서 삼차원인 둥근 입방체와 파이프의 구멍을 본다. 나의 전두엽에는 실제로 파이프를 보면서 본 입방체가 저장되어 있고 그림을 볼 때도 그 저장된 경험의 눈으로 그림에는 '없는 것'을 본다. 이것을 라캉은 '응시' 혹은 '시각 속의 얼룩'이라고 말했다. 마그리트는 이 그림을 통해 의식의 속임수를 깨닫게 하고 싶었을 것이다. 나의 느낌(의식)은 없는 것을 보면서도 전혀 의심하지 않게 만든다. 마치 영화 「대미지」에서 주인공이 연인에게 '없는 얼룩'을 봤고 그것이 그녀를 미치도록 사랑하게 만들었듯이. 먼 훗날 쓰라린 고통을 겪은 후 그는 그녀가 아주 평범한 여자, 그런 얼룩이 없는 여자였음을 깨닫는다. 물론 이런 깨달음도 진리는 아니다. 다른 얼룩이 보인 것일 뿐이다. 얼룩은 진화의 선물이기에 지울 수 없다. 이게 왜 파이프가 아니란 거지? 물론 재현의 속임수다. 그러나 재현의 속임수 뒤에는 이런 심리학과 뇌과학의 진실이 숨어 있다. 본다는 것은 느끼는 것이고 안다는 것은 믿는다는 것이다. 그리고 그 느낌은 주관적이며 시간에 따라 변화한다. 경험이 달라지기 때문이다. 제임스가 『심리학의 원리』에서 말했듯이 감정도 대상과의 '관계' 속에서 나타난다. 관계란 대상을 둘러싼 분위기, 물리적 환경으로 시간의 흐름에 따라 변한다. 그러므로 그 대상에 대한 느낌도 절대적이지 않다.

나의 전두엽은 시간과 장소의 영향에 따라 계속 변모하는 경험들을 저장하고 인출한다. 이것이 컴퓨터와 다른 점이다. 컴퓨터는 시간과 장소에 의해 영향받지 않고 늘 저장했던 내용을 정확히 똑같이 출력한다. 그러지 않으면 기계로서 인간에게 도움을 줄 수 없다. 인간이 컴퓨터보다 한 수 위인 것은 해마가 전두엽에 저장한 내용이 시간에 따라 달라지고 현재 순간에 대응하도록 최선의 것으로 인출되기 때문이다. 이것이 회상이라는 삽화적 기억의 원리이고 생각의 원리이자 감정의 원리이며 무한한 상상력과 독창성의 원천이다.

장님은
지팡이로 본다

과거의 경험으로 보기 때문에, 믿음이 보이지 않는 것을 보게 하기에, 제임스는 『심리학의 원리』(제1권 150) 「생각의 흐름The Stream of Thought」에서 말한다. 내 생각은 사적이고 주관적이다. 그리고 대상과의 관계 속에서 일어나기에 시간과 장소에 따라 변한다. 판단은 객관적이고 순수한 이성에 의한 것이 전혀 아니다. 의식은 나와 대상 사이 어딘가에 존재하고 시간의 흐름에 따라 변한다. 이것이 모더니즘 예술의 원천이 된 '의식의 흐름'이다. 생각의 흐름은 서사적 기억에서 일어나는 해마와 전두엽의 분업 때문에 가능하다. 프로이트가 '전이Transference'라는 용어로 말하듯이 현재 상황에 잘 대응하기 위해 해마는 현재 시간을 따르고 전두엽이나 다른 뉴런들은 수용한 경험들을 저장하며 업데이트한다. 수용한 경험은 전두엽을 비롯해 다른 곳에 저장한다. 그런데 이런 절대적인 분업에서 영향을 미치는 것이 감정이다. 그리움이라는 감정이 눈을 감게 하고 과거와 미래를 보게 하는 상상력을 낳는다. 상상력으로 그리움을 승화시켜 생명의 동력을 유지하려는 것이다.

감정이 회상을 낳는다. 회상뿐 아니라 제임스가 말하는 생각(혹은 의식)은 감정에도 그대로 적용된다. 편도체와 해마는 진화의 결과로 전두엽에 저장된 경험의 흔적들과 늘 상의하여 감정 개념을 구성하기 때문이다. 그런데 왜 우리는 감정이 몸 안 어딘가에 잠재해 있다가 툭 튀어나오는 것처럼 느끼는 것일까. 편도체의 작업과 몸의 반응으로 나타나는 일차 과정이 없는 듯이 의식에 의해 차단되기 때문이다. 차단이라기보다(의식은 그럴 능력이 없다) 의식에 의해 느낌으로 전달되어야 우리는 인지하기 때문이다. 다시 말하면 일차 과정과 이차 과정의 동시적 작업을 느끼지 못하기 때문이다. 뉴런에 불이 빤짝 하고 들어온 후에 느낌이 오는 것이다. 마치 감정이 미리 어딘가에 대기하고 있다가 튀어나온다고 믿게 되는 것이다. 마치 영화 「인사이드 아웃」에서처럼 슬픔의 캐릭터가 있고 기쁨의 캐릭터가 있는 듯이.

감정은 독자적으로 행동하는 독립된 캐릭터가 아니다. 외부 자극이 몸의 행동으로 나타나고 즉시 의식의 매개로 전두엽이 저장된 과거의 경험에 의해 이 행동을 예측한 결과다. 그렇기에 느낌 이전의 과정은 의식에게 유령과 같다. 분명히 존재하지만 보이지 않고 나타나지만 구성 과정을 모르기에 의식하지 못한다. 예를 들어 시선에 얼룩으로 보이는 유령을 우리는 보지 못한다. 만일 이 얼룩을 볼 수 있다면 연인에 대한 환상, 과거에 대한 착각이 나타나지 않을 것이고 사랑에 빠질 일도, 그리움으로 눈을 감을 일도 일어나지 않을 것이다. 컴퓨터에는 이런 얼룩이라는 유령이 없다. 그래서 칸트는 우리가 '물자체The Thing Itself'에 접근하지 못한다고 말했고 니체는 진리는 그 자체가 이미 수사라고 말했던 것이다.

얼룩은 존재하지만 보이지 않는 유령이다. 그리움으로 내 눈을 감았기 때문이다. 프로이트는 이 유령을 전두엽에 저장된 '기억의 흔적들Memory-Traces'이라 표현했고 제임스는 주체를 구성하는 물질성Materiality이라 표현했다. 메를로퐁티는 몸, 라캉은 시각 속의 얼룩인 응시, 혹은 언어 속의 몸으로 이 유령을 암시했다. 내 감정이 순수한 캐릭터가 아니듯이 내 인격은 순수한 개체가 아니다. 유령이 의식을 병풍처럼 둘러싸고 있기 때문이다. 나는 둘러싼 직업, 분위기, 물질성과 뗄 수 없이 하나다. 대상과의 관계 속에서 내 느낌이 존재하기 때문에 시간과 장소에 따라 감정과 인지가 달라진다. 이때 대상이 인간일 때는 공감Empathy이라는 용어를 적용하고 인간이 아닌 물질세계일 때는 용어가 정해지지 않아 더욱 모호해진다. "나무도 나를 보고 있다." 이 얼마나 모호한 말인가.

하이데거는 주체를 존재라 부르고 물질성을 세상이라 말하여 'Being-in-the World'로 표현했다. 존재는 세상 속에 태어나고 세상은 이미 존재 속에 기억의 흔적들로 입력되어 있기에 순수한 주체란 없다. 세상과의 관계 속에 있기에 존재는 시간과 장소의 영향을 받고 인지와 감정은 끊임없이 변한다. 한 사람을 영원히 사랑한다는 것은 추상적 신념으로만 가능할 뿐 실제 세상에서는 가능하지 않다. 보이지 않지만 분명히 존재하는 유령이라는 물질성, 이것이 시간과 존재의 핵심이다.

메를로퐁티는 주체와 물질이 하나의 끈으로 연결된 것을 '상호 엮임' 혹은 '키아즘Chiasm'이라 표현했다. 그는 "장님은 지팡이로 본다"라든가 "나무도 나를 바라본다" 등 모호한 표현을 즐겼다. 알 듯

모를 듯하게 들리는 이 말의 정체를 이제 뇌과학의 입장에서 풀어 보자. 나는 숲속에 들어가면 마음이 평안해진다. 숲은 나를 치유하는 힘이 있다. 왜 그럴까. 내가 나무에 의해 보이기 때문이다. 숲을 벗어나 사회로 돌아오면 사람에 의해 보인다. 살아오면서 사람들에게 실망하거나 분노하거나 두려움을 느끼지 않은 이는 없다. 사랑과 이해와 따스한 돌봄의 경험도 있지만 배반과 경쟁과 질투와 거짓과 증오를 겪으면 그 경험은 나의 전두엽 안에 저장되어 사람들을 조심하고 의심하게 만든다. 사람들에게 보이는 것이 두려운 것이다. 반면 나무는 말이 없고 나를 속이지 않으며 배반하지 않는다. 그래서 숲에 들어오면 마음이 평온해진다. 그렇게 나무는 나를 보고 있다.

자의식이란 내가 타자에 의해 보이는 세계로 진입하는 것을 뜻한다. 내가 타인들(혹은 나무와 같은 타자들)에 의해 보이는 것은 '나'라는 개체가 개인이면서 동시에 독립된 별개의 인간이 아니라는 뜻이다. 사회적 인간이지만 여전히 떼 지어 살던 동물의 본능으로부터 분리되지 않기에 자연의 일부다. 숲에 들어가면 무리 지어 살던 시절의 평온함을 느낀다. 아리스토텔레스의 말처럼 나는 "사회적 동물"이다. 나는 다른 사람들에 의해 보이기도 하지만 자연과 물질세계에 의해 보이기도 한다. 나는 자연인인 동시에 자본인이다.

정상인은 시각 속의 유령인 얼룩을 보지만 장님은 눈을 감았기에 그런 얼룩을 보지 않는다. 시각 속의 얼룩을 모르는 것은 전두엽에 그가 본 세상의 경험이 저장되어 있지 않기 때문이다. 대신 지팡이를 더듬어 길을 찾다보니 지팡이에게 익숙한 것들을 기억해두어 장님은 지팡이로 본다. 손의 감각과 물질의 감각으로 보기 때문에 착각과 환상이 덜 일어난다. 그리움 때문에 눈을 감을 일은 일어나지 않기 때문이다. 그리움이 호수만큼 커서 두 눈을 감을 수밖에 없는 시인에게 얼룩은 시선 속에 견고하게 자리 잡은 일부다. 시인의 전두엽에는 눈을 뜨고 본 세상이 저장되어 있기에 그는 그 세상의 얼룩으로 본다. 그 얼룩은 때로 친근한 믿음이 되고 신념이 된다. 때로는 종교가 되고 한 사회를 움직이는 이념이 된다. 죽은 아버지가 법이 되듯이 신은 보이지 않기에 절대적인 힘을 지닌다. 얼룩도 보이지 않기에 절대적이다. 가장 위대하고 큰 얼룩은 사랑하는 사람을 볼 때 시각 속에 자리 잡은 얼룩이다. 사랑에 빠질 때 얼룩은 커지고 사랑이 끝나면 얼룩은 작아지지만 결코 제거되지는 않는다. 얼룩은 시선과 분리될 수 없는 유령이다.

그렇다면 그 유령이 동성애 차별이라는 전통을 뒤엎고 동성애 해방의 깃발을 올리는 것은 가능한가. 실제로 그런 일이 일어난다. 20세기 후반 흑인, 여성, 유색인 등 다양한 민권운동의 마지막을 장식한 동성애 해방운동을 이끈 깃발은 죽은 아버지, 아니 유령이었다. 니체와 미셸 푸코의 영향을 받은 버클리대학 철학과 교수인 주디스 버틀러는 '퀴어'라는 용어를 재창조해냈다. 원래 퀴어Queer는 '이상한'이라는 뜻으로 알을 낳지 못하여 정상이 아니라는 의미를 가진 단어였다. 동성애자들은 그때까지 법이 인정하지 않는 이상한 그룹이었다. 이상한 것을 정상으로 만들기 위해 그녀는 남녀가 복장을 바꿔 입고 행진하게 했다. 이상한 것을 반복하면 익숙해지고 그것이 정상이 된다. 여자가 남자 옷을 입고 남자가 여자 옷을 입으면 처음에는 낯설어 보인다. 그래서 니체는 진리란 그 자체로는 아무것도 아닌, 권력이 만들어낸 수사(학)라고 말했다. 같은 맥락으로 남녀가 서로 복장을 바꿔 입고 행진을 반복하면 그 장면이 전두엽에 저장되고 익숙해진다. 남녀의 차이에 대한 고정된 개념이 지워진다. 여자가 남자처럼 바지를 입어도 이상하지 않다는 것이다. 이성애가 진리가 아니듯이 동성애도 그 자체로 진리가 아니다. 자꾸만 보여주고 불러주어 익숙해지면 그것이 한 사회의 규범이 된다. 이것이 퀴어 운동의 핵심이었다. 보게 되면 믿게 되고 믿게 되면 안다. 전두엽에 새로운 경험을 반복적으로 저장하여 학습을 시키는 것이다.

경험과 학습에 의해 진리가 탄생한다는 것은 이미 제임스가 말했고 그의 영향을 받아 미국 실용주의 철학이 탄생했다. 호수만 한 그리움, 그 감정은 생명을 좌우하는 몸의 주인이다. 그런데 의식을 통하지 않고는 내 느낌이 형성되지 않기에 의식의 처마 밑에서 유령처럼 웅크리고 앉아 있다. 마치 없는 것처럼 어디서 왔는지 모르게 모호하게 앉아 있다. 모호하기에 더 막강하다는 것을 주인이 알 때까지. 그리움이 호수만 하면 눈을 감는다. 그리고 본다, 감정이라는 유령을.

그렇다면 인공지능도 감정을 가질 수 있을까.

감정 연구

인공지능은 감정을 가질 수 있을까:
나는 실수를 통해 배운다

컴퓨터는 기억의 원리를 모델로 만들어졌다. 나의 회상은 해마와 전두엽의 분업에서 이루어진다. 해마는 새로운 경험을 수용하고 즉시 전두엽이나 기타 뇌의 다른 지역으로 보내 저장한다. 매 순간 이어지는 많은 경험을 받아들이기 위해서다. 프로이트가 언급했듯이 경험을 받아들이는 뉴런과 저장하는 뉴런이 상호 배타적이기에 회상이라는 기능이 탄생한다. 해마는 현재 시간을 따르고 저장된 기억은 시간을 따르지 않는다. 그렇기에 회상되는 과거의 경험은 과거 그대로가 아니고 현재 상황으로 전이된 것이다. 많은 뇌과학자가 동의하듯이 진화는 최선의 대응을 위해 현재를 중시하게 된다. 과거를 위한 회상이 아니라 현재 상황에 최선으로 대응하기 위한 회상이다. 회상에 허구가 깃들고 과거, 현재, 미래라는 시간이 탄생하며 문화와 예술을 창조하는 상상력이 된다. 떼를 지어 사는 무리에서 나라는 개인 의식, 즉 '자의식'이 탄생하는 순간이다.

이런 기억의 방식을 모방한 것이 컴퓨터다. 정보를 받아들이는 부분과 저장하는 부분이 각기 다르다. 뇌의 뉴런들처럼 수많은 정보를 저장하기 위해서 입력하는 부분과 저장하는 부분이 분리된 것이다. 그러나 뇌와 컴퓨터는 결정적인 면에서 다르다. 컴퓨터는 전이를 일으키지 않는다. 긴 시간이 지나도 언제나 입력했던 것을 정확히 그대로 출력한다. 인간의 뇌는 현재 상황에 잘 대응하는 것을 중시하기에 과거의 정확한 기억보다는 현재로 전이된 기억을 출력한다. 그러나 컴퓨터는 정확히 과거에 입력했던 것을 저장하고 출력한다. 이런 기능 때문에 인간을 보조하는 기계로서 가치가 있는 것이다. 그 대신 컴퓨터는 인간과 같은 유연성, 독창성, 상상력을 갖지 못한다.

인공지능은 수많은 정보를 저장하고 더 나아가 그 자료들을 분석하며 학습하는 능력까지 갖춘다. 마치 인간의 전두엽처럼 저장된 많은 데이터를 학습하고 분석하여 최선의 답을 찾는다. 그러므로 시간의 흐름에 따라 답이 달라지는 인간의 뇌보다 더 정확히 예측할 수 있다. 인공지능은 컴퓨터보다 조금 더 인간의 뇌에 접근한 셈이지만 여전히 인간의 뇌와 다르다. 인간의 뇌와 똑같이 착각과 환상과 전이를 일으킨다면, 아니 그보다 더 중요하게 망각을 일으킨다면 기계로서 이용 가치가 없다. 수많은 데이터를 통해 정확히 예측하기에 인공지능은 인간을 뛰어넘는 정확성을 지니지만 인간의 상상력과 독창성을 넘보지 못한다. 그렇다면 인간과 같은 감정을 갖는 것도 가능할까. 감정도 저장하고 학습하고 예측할 수 있을까.

감정은 항상성을 유지하기 위한 것이기에 살아 있는 유기체에서만 가능하다. 인공지능은 그저 하나의 기계일 뿐이고 생명 유지를 위한 항상성이 요구되지 않는다. 느낌을 항상성 유지를 위한 감정으로 보는 다마지오는 만일 인공지능에게 감정을 학습시킨다 해도 인위적이고 어색한 가짜 웃음이 될 것이라고 말한다(2018: 203,

207). 컴퓨터가 삽화적 기억을 하지 않듯이 빅 데이터와 알고리즘은 인간과 같은 감정을 가질 수 없다. 아니 그럴 필요가 없다. 오류와 실수로 가득 찬 인간의 삶을 모방하는 기계를 만들 필요는 없지 않은가. 기계의 생명은 정확성인데 인간의 감정은 그리 정확하지 않다. 오랜 시간 진화에 의해 일차 과정과 이차 과정이 분리되면서 동시에 하나로 소통하는 이원적 일원 체계이기 때문이다. 과거를 기억할 때는 현재 입장에서 기억하여 허구적이고, 현실의 자극에 대응할 때는 전두엽의 예측이 정확하지 못하면 감기를 사랑으로 착각하기도 한다. 느낌과 판단은 예측의 오류로 인해 완벽하지 못하다. 대상에게 없는 얼룩을 보고 환상 속에서 대상을 인지하며 경험의 미숙으로 잘못된 판단을 내린다. 감정이 넘치는 시인은 눈을 감고 없는 것을 본다. 눈을 감지 않는 인공지능은 정확하다. 그러나 눈을 감는 인간이 더 위에 있다. 뇌과학자 에덜먼은 로봇과 인간의 뇌가 다르다는 것을 이렇게 강조한다.

코드화되고 규정된 계량 상태에 딱 들어맞는 기능 상태가 개인의 뇌 안에는 없다. 같은 맥락에서 알고리즘 처리에 딱 들어맞는 과정도 존재하지 않는다. 그 대신, 거대하고 풍성한 선택적 레퍼토리의 세트인 뉴런 그룹이 있고 반응을 줄이는 선택을 하여 환경에 맞게 입력하고 개인의 역사와 다양성이라는 열린 풍요로움에 적응하고 조절한다. 지향성과 의지는 이런 의미에서 환경과 몸, 그리고 뇌의 지엽적인 상황에 의해 좌우된다. 그러나 그들은 명확하게

규정된 계산으로서가 아니라, 상호 접촉을 통해서 선택적으로 일어날 수 있을 뿐이다.[21]

　다마지오에 따르면 약 38억 년 전, 박테리아가 생존하고 번영하며 진화했다. 실제로 사람 몸 안에서 박테리아는 세포 수보다 더 많이 생존한다. 유기체는 자발적으로 하품하고 딸꾹질하고 숨 쉬고 근육을 움직인다. 보고 듣고 만지는 감각을 통해 외부 환경을 인지하면서 진화해왔다. 그리고 결정적으로 인간이 다른 모든 유기체를 물리치고 승리하는 순간이 온다. 그 결정적인 도약은 바로 경험을 저장하고 과거를 회상하는 서사적 기억의 발달이다(2018: 96). 서사적 기억은 행동의 반응을 넘어 감정을 나의 느낌으로 만든다. 느낌은 항상성이 제대로 조절되고 있는지 진단하는 생리적 장치이기에 수명은 물론 문명을 창조하는 지적 기능의 모티브가 된다. 생명 본능을 넘어선 문명 창조나 지적 활동은 없다. 긴 시간에 걸쳐 유기체는 오감과 느낌을 통해 신경계와 연결된다. 자율신경계와 행동계를 연결하여 온몸을 모니터링하게 된 것이다.

　따라서 감정을 억누르면 이성이 활동할 것이라는 전통적 이분법은 맞지 않는다. 느낌은 이미 판단을 내포하기 때문이다. 최근의 뇌과학에 따르면, 감정이 빈약하면 인성도 빈약할 뿐 아니라 지적 능력도 빈약해진다고 한다. 외적 자극에 대한 내적 균형을 취하려는 느낌은 인지와 판단에 영향을 주는 진화의 꽃이다. 느낌의 구성에서 다마지오와 르두의 견해는 일치한다. 유기체는 최초에 단순한

감정 연구

유기체로 존재하다가 약 500만 년 전 신경조직이 생긴다. 그 후 의식이 진화하고 이 자의식에서 불안과 공포를 느끼게 된다. 오직 인간만이 나의 느낌으로 인지하고 언어로 표현한다. 이 주관성이 생존 가능성을 높인다. 그리고 수명을 연장하려는 생존 욕망이 지적 창조의 모티브가 된다.

> 인공지능이 지적으로 작동하도록 디자인되고 인간의 지능을 넘어선다는 증거는 많다. 그러나 지적인 목적을 위해 디자인된 인공지능이 지적으로 행동한다고 해서 감정을 일으키지는 못한다. 자연스런 감정은 진화 가운데 나타났고 유기체의 삶과 죽음에 공헌하기에 아주 운 좋게 지속되어왔다(2018: 202).

이외에도 다마지오의 말처럼 인공지능은 인간과 같이 상벌에 의해 윤리와 도덕을 습득할 수 없다. 그러나 이 모든 것보다 인공지능이 인간을 따라갈 수 없는 것은 아이러니하게도 바로 그 정확성에 있다. 인간처럼 착각이나 실수를 통해 배울 수 없다는 점이다. 뇌의 하부와 상부, 감정과 느낌의 이원적 일원 체계, '사회적 동물'이라는 이원적 일원 체계로 진화한 인간은 경험의 저장에서 감정의 영향을 받고 시간의 흐름에 의해 예측의 오류를 피하지 못한다. 그러나 바로 그런 후회와 실수를 통해 성장한다. 이것이 인간만이 지닌 무한한 잠재성과 가능성이다. 헨리 제임스의 소설에서 보듯이 주인공은 경험의 부족으로 오류와 실수를 저지르지만 시간이 흘러 고통을 겪은 후 성장한다. 인공지능은 대상이나 환경과의 관계 속에서 변화하는 지능과 감정을 갖지 못한다. 그러나 인간은 두려움 속에서 대상을 추구하고 고통을 통해 앎의 기쁨을 맛본다. 질투하고 사랑하고 실패하면서 감정이 풍요로워진다. 고독과 착각, 집착과 후회를 하면서 타인과 공감을 이룬다. 이것이 인간이 살아 있음을 증명하는 증언이자 위엄이다. 실수와 학습을 통해 자아를 개발하고 현실을 개선하는 능력은 인공지능이 결코 흉내 낼 수 없는 오직 인간 고유의 생명력이다. 그러면 왜 판단이나 인지와 다르게 감정은 모호하게 느껴질까? 다음 장에서 감정과 인지의 관계를 알아보자.

감정은
생각이고
판단이다

무리를 지어 사는 원숭이들은 바나나도 받아먹고 망고도 받아먹는다. 껍질도 벗겨 먹는다. 그런데 왜 시계는 안 차고 다닐까. 오직 인간만이 시간을 의식하는 사회적 동물이다. 의식의 진화로 얻게 된 시간이라는 보이지 않는 마술, 시간은 사회적 계약이고 약속을 하며 지키는 수단이지만 흔적 없이 사라지고 달콤한 기억을 남기거나 짙은 상처를 남기기도 한다. 시간은 감정만큼 모호하며 종잡을 수 없다. 초침과 분침을 지닌 벽에 걸린 시계는 실제 우리가 느끼는 시간과 다르다. 감지하는 시간은 주관적이다. 연인과 약속한 날을 기다리는 시간은 무척 길고 반대로 시험을 준비하는 기간은 너무 짧다. 같은 기간이지만 원하는 날은 느리게 오고 원치 않는 날은 빠르게 온다. 사회의 약속을 따르는 의식의 시간과 반대로 나가는 감정의 시간은 도대체 어디에서 오는가. 지나간 어떤 날은 길게 회상되고 나머지 많은 시간은 자취도 없이 사라진다.

벽에 걸린 시계, 달력의 시간Linear Time과 실제 느끼는 시간Perceptive Time의 차이는 왜 일어날까.

느끼는 시간은 감정과 연루되어 있다. 앞 장에서 강조했듯이 느낌은 감정이 의식을 통과한 것이다. 감정은 진화 이전부터 동물로서 지닌 뇌의 변연계 아랫부분에 해당되는 뉴런에서 몸의 반응으로 나타난다. 그렇기에 감각, 몸, 물질과 거의 동의어로 쓰인다. 이 아랫부분은 의식이 진화한 후에도 여전히 생명의 일부로서 긴 역사를 자랑하며 틈틈이 뇌의 상부(전두엽)의 명령에 따르는 척 위장하며 존재를 드러낸다. 이 부분은 앞 장에서 봤듯이 생명을 유지하기 위한 몸의 원리인 항상성을 따른다. 스위스의 기술자가 아무리 정확하게 시계를 만들어놓아도 실제로 내 마음의 시간은 바람처럼 사라지거나 너무 짙게 앙금을 남기는 등 제멋대로다. 프로이트가 무의식의 힘을 의식에 대한 저항으로 봤듯이 감정의 시간은 벽에 걸린 시계보다 형편없이 느리거나 사정없이 빠르다.

감정의 시간

시간의 모호함을 감미로운 노래로 살펴보자. 대단히 철학적이고 뇌과학적인 「시간은 어디로 가나?」라는 노래다.

시간은 어디로 가나?

Where Does The Time Go?

(The Great Big World, 2016)

시간은 어디로 가나?

제발 지금 이 시간이 끝나지 않기를.

시간은 어디로 가나?

우리 함께 있는 이 순간을 놓치지 말자.

Where does the time go?

I don't want this to end.

Where does the time go?

Let's hang on to the moment we're in.

우리가 기억할 모든 것 가운데

좋은 일, 나쁜 일, 그리고 위장된 형태의 모든 축복

Of all the things we will remember

The good, the bad, and all the blessings in disguise

나는 영원히 오늘에 매달릴 거야.

비록 우리 헤어질지라도.

Today will stick with me forever.

Even if we have to say goodbye.

감정 연구

시간은 어디로 가나?

나는 계속 길의 흔적을 잃는다네.

시간은 어디로 가나?

뒤돌아보며 길을 잃기엔 우린 너무 젊어.

Where does the time go?

I keep losing track.

Where does the time go?

We're too young to get lost looking back.

시간은 우리에게 항상 답들을 주지는 않지.

어떤 점들은 연결이 되지 않아, 시간이 흐를 때까지.

만일 우리가 함께하지 못한다면

언젠가 우린 그 이유들을 알게 되겠지.

Life doesn't always give us answers.

Some dots they won't connect until the years go by.

If we're not meant to be together

Someday we'll know the reasons why.

우리가 기억할 모든 것 가운데

좋은 일, 나쁜 일, 그리고 위장된 형태의 모든 축복.

나는 영원히 오늘에 매달릴 거야.

비록 헤어져야 할지라도.

4장. 감정은 생각이고 판단이다

Of all the things we will remember
The good, the bad, and all the blessings in disguise.
Today will stick with me forever.
Even if we have to say goodbye.

시간은 어디로 가나?
제발 지금 이 순간이 끝나지 않기를.
시간은 어디로 가나?
우리 함께 있는 이 순간을 놓치지 말자.
Where does the time go?
I don't want this to end.
Where does the time go?
Let's hang on to the moment we're in.

시간은 다 어디로 갔나? 알지 못한다. 그래서 우리는 지금 이 순간을 누리자고, 즐기자고, 이것이 전부라고 기를 쓰고 말한다. 그러나 시간은 무자비하다. 아무리 너와 내가 함께한 순간들을 간직하려 해도 그 기억들은 장맛비에 쓸려가는 지푸라기처럼 살아남지 못한다. 어떤 것은 과장되어 기억에 남고 많은 것은 흔적도 없이 사라진다. 그래서 사라진 것들의 자취를 따라가다보면 어느새 길을 잃는다.

심리학자 제임스는 따스함과 친근감이라는 감정이 경험을 깊게 간직한다고 주장했고 프로이트는 감정의 상처가 반복되어 일상생활을 힘들게 만든다고 봤다. 일상에서 익숙하게 반복되는 일들은 저장되지 않고 그냥 흘러간다. 일상 속의 특이했던 일이나 의식이 감추려 했던 부끄러운 일들은 사라졌다가 어느 순간 갑자기 떠오르기도 한다. 그러나 대부분의 날은 그냥 망각 속으로 가라앉는다. 뇌의 어딘가에 잠재되어 영영 자물쇠도 열쇠도 찾지 못한다.

회상하는 기억들은 그립고 달콤하다. 고통과 방황의 시간마저 아름답게 채색된다. 어디 그뿐이랴, 당시에는 알 수 없었던 것들에 대한 답을 주기도 하고 선택한 것에 대한 새로운 의미를 부여하기도 한다. 아, 그때 그래서 헤어지게 된 거구나. 그 선택은 오히려 잘된 것이었구나.

오직 시간이 흘러서야 문제가 풀리는 경우는 얼마나 많은가. 그래서 우리는 신의 큰 뜻은 시간이 흘러서야 알게 된다고 말한다. 신은 우리가 알 수 없는 방식으로 우리를 사랑한다면서.

경험을 저장하는 전두엽은 시간의 흐름을 따르는 해마에 의해 업데이트된 자료들을 내놓는다. 그리고 경험을 저장하고 인출하는 해마는 옆에 붙은 편도체의 영향을 받는다. 편도체는 주로 하부로부터 온몸의 반응인 감정을 기억하여 상부로 전달하는 변연계의 일부다. 에릭 캔델이 『통찰의 시대』에서 강조하듯이 "편도체는 감정을 지각하고 연결하는 뉴런들 가운데 중심 역할을 한다".(357) 또한 개인의 느낌을 사회적 느낌으로 연결한다.

우선 시간이 어디로 가는지 과거를 회상하는 서사적 기능과 관런지어 추적해보자. 습관과 달리 서사적 기억이 인간을 다른 동물들과 갈라서게 했기 때문이다. 기억의 저장소인 전두엽, 기억의 저장에 영향을 주는 감정 관리 뉴런인 편도체, 그 옆에 붙어 기억을 저장하고 인출하는 뉴런인 해마. 그런데 해마는 현재에 대응하기 위해 시간의 흐름을 따른다. 그러므로 주로 이들의 합작에 의해 저장된 과거는 언제나 현재 입장에서 재해석된다. 시간은 과거를 현재와 연결하는 이 서사적 기억에 의해 태어난다. 이것이 의식의 진화다. 이때 의식은 '나'라는 자의식이다. 여느 동물들과 달리 나의 경험, 나의 과거, 나의 선택이다. 그러므로 시간은 나의 시간이고, 주관적이다. 그런데 자의식은 개인의 의식이면서 동시에 사회 의식이다. 그래서 타인과의 약속이 함께 작용한다. 시계와 달력이 필요한 이유이고, 이로써 내가 감지하는 시간은 달력이나 시계처럼 규칙적이고 앞으로 나아가는 기계적 시간과 다르게 간다.

실험실의 진드기는 한숨에 긴 잠을 잔다. 그 시간이 18년이다. 진드기의 18년은 잠깐이고 파편적인 것으로 인간의 시간과 다르다. 오직 인간만이 회상에 의해 늘 과거와 현재를 연결하기에 시간은 앞으로 나아가고 하나의 연속적인 기간으로 인지된다. 우리 눈이 정적을 못 보고 귀가 어둠의 틈새를 못 듣는 것처럼 의식은 시간의 틈새를 못 느낀다. 과거의 경험으로 현재 상황을 해결하는 진화의 구조 때문이다.

「대미지」와 데이지

앞서 살펴본 영화 「대미지」를 다시 한번 들여다보자. 시간은 어디로 가나?

　가정과 아들과 사회적 지위를 모두 갖춘 완벽한 중년 남자 스티븐 프레밍 의원은 성공의 정점을 눈앞에 둔다. 이때 그 남자 앞에 홀연히 나타난 아들의 연인 안나. 그녀의 유혹에 걸려든 그는 끊임없이 "너는 누구인가"라고 묻는다. 그리고 마침내 불륜 현장을 아들에게 들킨다. 사랑하는 아들의 죽음과 가정의 파탄, 그리고 사회적 명예의 추락. 그 후 긴 방랑의 시간이 지난 어느 날, 그는 아들과 그녀와 자신이 함께 찍었던 커다란 사진을 우연히 보게 된다. 그리고 그녀가 얼마나 평범한 여자였는지 깨닫는다. 그가 그녀와 함께 보낸 격정의 시간들은 어디로 갔나? 극심한 나락의 고통과 사회로부터 추방된 그 참회의 시간은 또 어디로 갔나? 전두엽 안에? 모른다. 다만 그에게 자신의 인지와 판단을 재해석하게 만든 흔적을 안겨주었을 뿐이다.

　우리는 여기서 한 가지 질문을 던지게 된다. 만일 그가 그녀의 유혹에서 벗어나기 힘들었을 때 자신의 고통을 가족과 상의하거나 친구의 조언을 구했더라면 어찌 됐을까? 아마 그를 아끼는 사람들은 누구나 그녀와의 관계를 끊으라고 조언했을 것이고 그 말을 들었더라면 그는 평온한 성공의 날들을 보냈을 것이다. 너의 감정을 억압하고 이성적이 되어라. 그들은 그렇게 말했을 것이다. 그러나 대부분의 경우 그런 조언은 이루어지지 않는다. 구하지 않기 때문이다. 그에게는 강렬한 추구의 감정이 동시에 작용하기 때문에 남에게 그 감정을 내보이지 않으려 한다. 그는 이미 그들의 조언을 잘 알고 있다. 그리고 동시에 실천하지 못할 것도 안다. 그 조언은 사회적 윤리이고 약속이다. 그런 판단은 감정의 영향을 받지 않는 가장 높은 차원의 것이다. 라캉의 상징계적 질서요, 프로이트의 슈퍼에고의 요구다. 그가 알면서 헤어나오지 못한 것은 그의 인지와 사유가 감정과 감각의 대리인이었기 때문이다. 그에게 몸의 요구는 사회적 약속보다 강했다.

그가 얻은 것은 실패와 고통의 시간이 흐른 후 그가 몸의 요구에서 벗어났을 때 그녀를 전혀 다르게 본 시선이다. 참모습이라고 말할 수는 없고 그저 전혀 다른 모습이다. 아마 그것이 시간이 흘러간 곳의 흔적일 것이다. 시간은 어디로 갔나? 그녀와 보낸 격정의 시간과 그 후 추락하는 고통의 시간은 모두 흘러갔다. 감정에 따른 인지와 판단의 차이라는 흔적만을 남긴 채 시간은 어디론가 사라졌다. 아마 처음부터 시간은 없었는지 모른다. 그것은 서사적 기억의 산물이기에 의식이 만들어낸 이미지일 뿐이다. 우리가 파악한 것은, 감정은 흐르고 변하면서 우리의 인지와 판단에 영향을 준다는 사실이다. 제임스를 비롯한 여러 학자는 말한다. 감정은 인지의 한 형식이라고. 감정은 정보 처리 과정의 한 형식이고 따라서 인지의 한 형식이다.[22]

우리는 감정을 포착할 수 없듯이 시간도 잡아둘 수 없다. 우리가 느끼는 시간은 벽의 시계와 달리 변덕스러운 감정의 시간이기 때문이다. 그를 사로잡고 격렬한 추구의 감정으로 몰아가더니 이제는 그저 평범한 여자에 불과했다고 말한다.

뇌는 그저 이미지 메이커일 뿐이다. 마치 느끼는 시간과 벽시계가 다른 것처럼 감정의 시간은 너무 빠르거나 느리다. 그리고 사유가 흐르듯이 감정도 흐른다. 배럿이 강조하듯이 경험주의 입장에서 보면 감정과 사유는 큰 차이가 없다.

제임스는 『심리학의 원리』에서 의식 혹은 생각을 다음과 같이 정의 내렸다. 그리고 이 정의는 이제 감정으로 옮아간다. 생각은 고정된 실체가 아니며 끊임없이 흐른다. 생각은 나의 경험에서 나온 나의 생각이다. 그러므로 주관적이고 대상과 분리될 수 없다. 언제나 대상을 지향한다. 대상과의 관계 속에서 태어난다. 그렇기에 시간이 흐르면 그 대상을 향한 인지와 판단도 달라진다(1:51). 이와 똑같은 원리를 감정에 대입해보면 감정은 경험이 늘어남에 따라 끊임없이 변하고 시간에 따라 흐른다. 주관적이다, 언제나 대상을 향한다, 대상과의 관계 속에서 변한다.

리사 배럿은 감정이 구성된다는 점에서 제임스와 견해를 같이한다. 감정은 촉발이 아니다(86). 슬픔은 어딘가에 고여 있다가 툭 튀어나오는 것이 아니라 그때그때 예측과 판단을 통해 구성되므로 지각이나 인지와 원칙적으로 구별되지 않는다.

감기 증상을 때로는 사랑으로 착각하기도 하고 똑같은 재료로 구운 제품을 몸에 좋지 않은 컵케이크로 인지하거나 건강에 좋은 머핀으로 인지할 수도 있다. 그리고 이에 따라 신체의 대사 작용이 달라진다(94). 생각이 관계 속에서 구성되듯이 감정도 대상과의 관계 속에서 구성되며 시간의 흐름에 따라 변한다. 그런데 왜 우리는 감정이 구성되는 것이 아니라 어딘가에 잠재해 있다가 때마다 튀어나오는 것처럼 느낄까?

의식은 무의식의 과정에서 일어나는 일들을 마치 없는 것처럼 느끼게 만든다. 의식이 없는 과정에서 일어나는 일을 감지하지 못하기 때문에 나는 쉽사리 속는다. 감정과 느낌의 차이에서 보듯이 몸 안에서 일어나는 반응은 순식간이며 상부의 전두엽과 논의를 거쳐야 비로소 의식으로 들어온다. 보이지 않는 과정을 거쳐 이미 만들어진 감정이 우리가 맛보는 느낌이다. 우리는 알아야 믿는다고 생각하지만 사실은 믿기에 아는 것이다. 안다는 것은 계속 변하지만 이념, 종교, 사상, 사회적 기준은 뇌 안에 저장되고 예측을 위한 바탕이 된다. 그러므로 믿음이 있어야 보인다.

의식 이전에 몸의 경험이 있다는 것, 믿기에 안다는 것을 의식은 드러내지 않는다. 의식의 목적은 무엇이 현재 상황에 가장 적절한 대응인가를 예측하고 즉각 반응하여 현실을 해결하는 것이기 때문이다. 그런 대응 이전의 것들은 중요하지 않다. 아니 오히려 즉각적인 대응을 늦추어 일을 그르치게 한다. 우리가 의식 너머 몸의 요구가 있다는 것을 느끼는 것은 「대미지」의 주인공처럼 시간의 흐름을 통해서다. 슈퍼에고의 명령에 따르지 않는 무언가가 있다는 것을 느낄 때 의식보다 더 오래되고 강한 몸의 욕구가 있다는 것을 감지할 뿐이다.

만일 알기에 믿는 것이 아니라 믿기에 안다는 말이 이해되지 않으면 슬퍼서 우는 것이 아니라 울기에 슬프다는 말도 이해되지 않을 것이다. 제임스가 「감정이란 무엇인가」에서 주장한, 우리는 슬프기에 우는 것이 아니라 울기에 슬프다고 말한 것은 2016년 『불안』을 출간한 조지프 르두의 공포 연구에서도 그대로 나타난다. 의식이 있는 유기체는 공포를 느낀다. 불안은 뿌리 깊은 생존 메커니즘으로 침입자, 포식자가 언제 나타날지 모르기에 늘 긴장을 유발한다. 그리고 추구 감정의 일부다. 먹잇감과 짝을 찾기 위해서 추구 감정이 작동하지만 적이나 위험을 탐지하고 방어하기 위해서도 추구 감정이 작동한다. 모든 유기체는 외부 자극을 받으면 피질하부에서 몸의 반응으로 대응한다. 이때 진화한 인간은 편도 기반 회로를 중심으로 감정을 대뇌피질로 올려 보내고 예측에 의해 느낌으로 구성한다. 2018년에 출간된 『감정의 뇌과학: 새로운 종합The Neurosience of Emotion: A New Synthesis』에서도 동물의 감정과 인간의 감정이 분리되어야 한다는 점이 다음과 같이 강조된다.

르두는 옳다. 동물에게 의식적인 감정의 경험을 부여하는 것은 적절치 않다. (…) 우리는 감정을 연구하는 것과 그것을 의식적으로 경험하는 것을 구별해야 한다는 뜻이다(50).

우리가 감정이라는 용어를 사용할 때는 인간을 포함한 모든 유기체의 감정을 가리킨다. 그러나 인간만이 감정Emotions을 의식하기 때문에 최근 뇌과학자들은 느낌Feeling이라는 용어로 구분한다. 문제는 전통적으로 인간에게 느낌보다 '감정'이라는 용어가 너무나 보편화되어왔다는 점이다. 인문학자뿐 아니라 최근의 뇌과학자들조차 느낌을 포함하여 그냥 '감정'이라 부르는 경우가 흔하다(물론 필자의 책에서도 그렇다). 중요한 점은 인간에게 감정의 의식적 경험은 삽화적 기억이나 사유와 비슷한 회로로 구성된다는 것이다. 그렇기 때문에 감정은 기억에 영향을 주고, 인지와 큰 차이가 없으며 '느낌이라는 이미지'로 구성되고 시간에 따라 변화한다.

영화 「대미지」는 뇌가 이미지를 어떻게 구성하는지 시간의 흐름과 연관하여 잘 보여준다. 아들의 연인에게 미칠 듯이 집착할 때 그가 느낀 이미지와 먼 훗날, 참회의 시간을 보낸 후 다시 본 그녀의 이미지는 모두 그가 만든 것이다. 감각이나 몸, 감정, 물질 등 우리는 그녀의 실체에 접근할 수 없다. 진화의 대가로, 의식의 발달로 우리는 오직 과거의 경험에 바탕을 두고 그녀의 구성된 이미지만을 예측할 뿐이다.

우리가 사랑에 빠질 때 그토록 너는 누구인가 알려고 하는 것은 바로 접근할 수 없는 몸에 대한 그리움 때문이다. 잡을 수 없는 모호한 시간에 대한 그리움 때문이다.

이와 똑같은 원리로 실패하는 경우를 소설에서 찾아보자. 미국작가 피츠제럴드의 『위대한 개츠비』다. 동부보다 덜 오염된 청렴

한 서부, 젊은 시절의 개츠비와 데이지는 서로 사랑했다. 겨울날 추위에 손을 호호 불며 기차를 타던 대학 시절을 기억에 남기고 그가 군에 간 사이에 그녀는 동부의 부자인 톰과 결혼해버렸다. 여기까지는 좀 흔한 이야기다. 대부분의 남자는 상심하지만 곧 떨쳐 일어나 자신의 삶을 살 것이다. 평생 그녀를 잊지 못한다고 해도 그녀를 되찾을 생각은 하지 않는다. 그러나 개츠비는 위대하다. 그는 밀주에 손을 대는 등 비밀스런 방법으로 엄청나게 돈을 벌고 데이지가 사는 뉴욕의 동쪽 끝 마을의 푸른 등을 바라보면서 그녀가 자신의 집에서 벌이는 거대한 파티에 와줄 날을 기다린다. 주식 투자를 위해 동부에 와서 그의 집에 세든 닉을 통해 데이지가 마침내 그의 거대한 저택 파티에 초대된다. 그리고 변함없는 그의 순수한 사랑과 넘치는 부에 데이지는 매료된다.

술과 여자로 부도덕한 삶을 사는 톰에게 진저리가 났던 데이지는 개츠비의 구애에 감동하지만 단호한 결정을 내리지 못한다. 결정을 재촉하던 뉴욕의 모임에서 돌아오는 길, 개츠비의 차를 운전했던 그녀는 톰의 정부를 치고, 아내의 죽음에 복수하려는 주유소집 남편에게 개츠비는 대신 총에 맞아 죽는다. 그녀가 사고를 내고 들어간 집의 저택에서 불이 꺼지기를 기다리는 개츠비는 그 불빛 아래서 톰과 데이지가 어떤 음모를 꾸미고 있는지 알지 못했다. 그의 믿음은 그녀를 알기 전에 뇌 안에서 형성되었기 때문이다. 그는 그녀를 믿기에 알았고 그 믿음은 그녀에게서 다른 사람이 보지 않는 것을 보게 만든다. 돈으로 살 수 있는 감각을 상징하는 데이지는 자신의 행동에 아무런 책임이나 가책을 느끼지 않는다. 닉에게는 이게 보이지만 개츠비에게는 안 보이고 오히려 그녀에게 없는 것이 보인다. 그 옛날 순수했던 서부의 대학 시절 그 모습이 보인다. 시간의 흐름을 거부한 모습이다.

데이지의 죄를 대신 뒤집어쓰고 죽은 개츠비의 장례식 날 그 많던 파티족은 한 명도 오지 않았다. 오직 서부에서 가난하게 사는 아버지만 찾아온다. 닉의 시선으로 그려진 이 스토리에서 우리는 묻는다. 왜 개츠비가 위대하냐고. 바보 아니냐고.

개츠비는 위대한 낭만주의자다. 그는 젊은 시절 꿈이었던 데이지를 그대로 간직하고 그녀를 그대로 되찾으려 했다. 그에게 사랑했던 그 시간은 아무 데도 가지 않고 늘 마음에 그대로 있었다. 시간의 마술을 거부한 위대한 개츠비. 그는 데이지라는 감각, 감정, 몸 그 자체를 포착하려 했고 그녀가 변화하는 대상이라는 것, 시간의 흐름에 따라 변하는 이미지라는 것을 믿지 않았다. 의식의 진화를 거부한 위대함. 시간의 변화를 거부한 그의 순수한 꿈은 어리석다. 그러나 그를 둘러싼 동부 사람들의 부도덕함에 비하면 위대하다. 돈, 술, 쾌락이 주는 끝없는 감각의 늪에 추락한 톰의 삶은 개츠비의 어리석음을 빛나게 한다.

위대한 개츠비는 자신의 죽음으로 누구인지도 모르는 여인을 지킨 셈이다. 그는 노력한 만큼 대가를 받는다는 프랭클린의 자서전은 읽었지만 윌리엄 제임스의 심리학은 읽지 않았던 것이다.

안다는 확신을 버려라:
바로 내가 찾던 너

『위대한 개츠비』는 청년 닉의 시선으로 그린 소설인데 서두에서 닉은 이렇게 말한다. 네가 그 사람의 입장이 되기 전에는 너의 시선으로 그를 판단하지 말라. 모든 예술이 그렇듯 이 작품도 여러 갈래의 다른 해석이 가능하다. 동부의 부자들이 보여주는 부도덕과 이기주의, 돈이 어떻게 인간을 감각의 노예로 만드는지를 보여주고 부를 가치의 기준으로 삼는 아메리칸드림이 지닌 허상도 드러낸다. 그러나 영화 「대미지」와 『위대한 개츠비』는 한 가지 점에서 공통된다. 두 주인공이 모두 안다고 확신하는 데서 비롯된 파멸을 그린 비극이라는 점이다. 개츠비도 스티븐도 모두 연인을 안다고 확신한다. 개츠비에게 데이지는 변함없이 자신을 사랑한 소녀, 그리고 언제나 젊은 시절 그가 사랑했던 순수한 여인이었다.

「대미지」의 주인공은 어떤가? 그는 사랑에 빠졌을 때 언제나 그녀가 누구인가 묻는다. 감정 목록 제1순위인 '추구 시스템'이 작동하는 것이다. 그렇다면 안다고 확신한 것은 아닌데 연인이 누구인지 묻는 것은 신비함, 알 수 없음, 닿을 수 없음에서 오는 숭고함The Sublime 때문이다. 하나가 되고 싶은 몸의 요구를 충족하려면 연인이 누구인지 알아야 한다. 그러나 사랑은 닿을 수 없이 높은 곳에 있는 대상을 추구하는 감정이다. 소유하려는 몸의 요구와 닿을 수 없는 곳에 있다는 숭고한 감정이 동시에 작용하기에 프로이트는 이 것을 유아기 어머니에 대한 욕망으로 설명했다. 원래 한 몸이었으나 이제는 아버지의 법에 의해 금지된 이미지, 그 닿을 수 없이 숭고한 여인이라는 타협 불가능한 대상을 향한 분열된 욕망이다. 신비하고 숭고한 이런 이미지 때문에 사랑에 빠지면 추구의 감정이 작동한다. 그리고 아이러니하게도 두 가지 충돌하는 욕망은 단 하나, 연인에 대한 확신에서 온다. '바로 내가 찾던 너'라는 확신이다. 「대미지」의 주인공은 참회의 긴 시간이 지나서야 그녀가 그런 신비한 여자가 아니라 아주 평범한 여자였음을 깨닫는다. 확신이 불러온 비극이다. 살아가면서 대부분의 실수는 이처럼 안다는 확신에서 오고 다른 사람의 충고를 거부하는 믿음에서 온다.

안다는 확신은 감정의 중독증이고 몸의 중독증이다. 알코올, 마약, 섹스뿐 아니라 가학증, 피학증 등 어느 하나에 몰입하면 마음과 몸이 그 방향으로 길들여지면서 공허감과 불안을 쉽게 잠재운다. 그럴 때 이런 충고를 한다. 세상이 원하는 돈, 지위, 명예를 추구하는 방향으로 돌아서라고. 그러나 그 길도 안전하지만은 않다. 안다고 확신하면서 추구할 때는 그 길도 중독증으로 통한다. 바로 일중독이다. 그리고 더 심각한 것은 세상이 너를 버릴 때 더 큰 우울증에 빠질 수 있다는 사실이다. 기술 문명 역시 지나칠 때 중독증으로 가는 지름길이 된다. 스마트폰이나 인터넷은 세상과 나를 연결한다는 환상을 심어주기에 나를 세상의 노예로 만들기 쉽다. 세상의 노예가 되지 않고 세상의 주인으로 사는 길은 안다는 확신을 버리고 다양한 경험을 하는 것, 즉 감정의 날개를 펴는 것이다.

감정의 날개는 이성을 무시하고 무조건 '감정적'이 되라는 뜻이 아니다. 이럴 때 감정적이란 말은 이성 중심주의에서 말하는 감정의 몰입이다. 최근 심리학이나 뇌과학에서 말하는 감정의 날개란 의식과 감각의 적절한 조화를 의미한다. 의식이 전부라고 믿으면 세상의 노예가 되기 쉽고 감각이 전부라고 믿으면 몸의 노예가 된다. 자기 정체성을 세상의 기준에 맡긴 이는 과거 어느 시점에 고착되어 세상으로 나가지 못하는 사람이다. 언제나 밝고 낙천적이면서 평화롭게 사는 사람은 마음을 자연의 변화에 맡긴다. 여행하듯이 물 흐르듯이 자연스런 삶이다. 부드러우면서도 강하고 불행한 일을 겪으면서도 그 일에 매달리지 않는 것은 겨울이 지나야 봄이 오는 계절의 순환이 그렇기 때문이다. 윌리엄 포크너의 리너 그로브 같은 주인공이다. 임신한 몸으로 아이의 아버지를 찾아 걷기도 하고 마차를 얻어 타기도 하면서 제퍼슨시에 도착한 리너는 찾던 남자가 나쁜 사람이란 것을 알게 되지만 집착하거나 절망하지 않는다. 8월의 무더위 속 한 줄기 서늘한 빛처럼 자연스럽게 운명을 받아들인다. 그리고 정말 좋은 남자의 사랑을 얻어 다시 마차를 얻어 타고 유유히 그 마을을 떠난다.

정지용의 「호수」는 어떤가. 눈을 떠야만 잘 보이는 것이 아니라 눈을 감으면 더 잘 보인다는 것을 느끼는 사람. 어차피 믿음은 뇌 안에서 전두엽의 경험을 바탕으로 예측되니까 눈을 감으면 믿음은 호수만큼 넓어진다. 현실의 간섭을 받지 않고 호수 위를 나는 상상력은 의식의 속임수에 저항하는 감정의 날개다. 의식은 얼굴을 가리는 두 손바닥이지만 감정은 너무 커서 손바닥을 넘친다. 그래서 호수를 가리는 것은 얇은 두 눈꺼풀이다.

'알기에 믿는 것처럼' 속이는 의식과 '믿기에 아는' 뇌의 과학적 진실 사이에서 우리는 많은 오류와 실수와 깨달음을 얻는다. 그리고 그것이 바로 전두엽이 원하는 것이다. 더 많은 오류와 실수를 통해 학습과 배움을 얻고 새로운 예측에 의해 의식은 현실에 더 정확히 대응할 수 있기 때문이다. 이것이 치명적인 '대미지'를 피하는 길이다. 오염되지 않은 자연과 잘 짜인 예술의 감상은 치명적인 오류와 실수를 피하는 길을 알려준다. 설득이 아닌 느낌으로 나를 노예가 아닌 주인으로 만들기 때문이다.

내가 제임스를 이토록 자주 끌어들이는 이유는 그의 통찰이 최근 뇌과학자들에 의해 그대로 증명되기 때문이다. 캔델은 『통찰의 시대』에서 다마지오의 입을 빌려 이렇게 말했다. "인간의 마음을 꿰뚫어보는 제임스의 통찰에 대적할 사람은 오직 셰익스피어와 프로이트뿐이다."(348) 프로이트인 것은 알겠는데 왜 셰익스피어인가. 그 이유는 조금 후에 알게 될 것이다. 제임스는 『심리학 원리』에서 "의식은 시간 속의 형식이요, 느낌의 형식이며 감수성의 형식"이라고 말한다(1:404). 너무 늦었지만 긴 시간이 흐른 뒤, 안나를 다르게 볼 수 있게 된 스티븐에게 의식은 시간의 형식 안에 있었다. 그리고 그것은 느낌의 형식이다. 신비로운 여인에서 평범한 여인으로 다르게 나타난 것은 그의 느낌이 시간에 의해 변했기 때문이다. 물론 느낌의 근원은 오직 의식에 의해 이미지로 나타날 뿐 결코 직접 접근할 수 없는 감각, 몸, 감수성이었다. 배럿이 밝히듯이 전두엽에 저장된 경험들로부터 예측된 개념이 없다면 감각은 잡음에 불과할 것이다(79-80).

철학자 스피노자가 감정을 이성보다 열등하게 봤던 당대의 주류 사상과 정면으로 대립하면서 감정을 의식의 차원으로 끌어올린 것은 대단히 뇌과학적이다. 감각 혹은 감정이 의식보다 먼저 있다는 것, 그러나 우리는 그것에 결코 접근할 수 없고 오직 의식에 의해 느낄 뿐이라는 사실을 과학적으로 설명하는 학문이 심리학이나 뇌과학이다. 아, 철학자 칸트도 이미 그렇게 말했다. 우리는 물자체에 접근할 수 없고 오직 그것을 가리키는 손가락에 대해서만 이야기할 뿐이라고! 그렇다면 그런 과학적 사실을 감정의 경험을 통해 연습하게 하는 길은 없는가. 칸트의 사상이 가장 성숙했을 때 나온 저서 『판단력 비판』은 우리가 누릴 수 있는 세 가지 자유를 이렇게 설명한다. 그 세 가지 자유를 프로이트의 심리학으로 풀어보자.

입맛에 맞는 것을 먹을 자유The Agreeable는 모든 동물이 누리는 자유다. 소는 풀을 먹고 사자는 고기를 먹고 인간은 이것저것 다 먹는다. 몸이 누리는 가장 기본적인 자유이며, 이드에 속한다. 그다음은 옳은 것을 주장할 자유로, 개념이 작동하는 선The Good의 영역이다. 슈퍼에고에 속한다. 사회적 구속력이 있지만 사적인 이익이 공적인 것과 혼돈될 위험이 있다. 이 둘의 중간, 동물과 인간의 양면을 포함한 중간 영역은 무엇일까. 바로 미The Beautiful가 주는 자유다.

세 번째 항목인 미는 우리에게 가장 정확한 판단을 내리게 한다. 왜 그럴까. 예술작품의 감상은 사적인 것이지만 이익과 상관없이 즐거움을 위한 것이다. 그 사적인 경험은 타인에 대한 공감을 통해 보편성에 이른다. 작품의 형식Form을 통해 감정을 연습하고 판단을 내리기 때문에 사적이면서도 제한을 받고 모호하면서도 타인과 공유하는 경험이 된다. 안다는 확신에서 벗어나는 연습이다. 가장 공정한 주관적 보편성에 이르는 길이 예술 감상이고 그래서 예술의 '형식적 완결성'이 중요하다고 칸트는 말한다. 이것이 감각과 의식이 조화를 이루어야 하는 에고의 역할이다.

　　정지용의 「호수」는 감정 연습이라는 무한한 상상력에 관한 시이고 「대미지」는 의식이 시간의 형식이요 느낌의 형식이자 감수성의 형식이라는 것을 경험하게 하는 영화다. 물론 이 모든 것보다 더 절실하게 감정을 경험케 하는 것은 우리의 삶 그 자체다. 그러나 단 한 번이고, 한정된 시간이 주어졌고, 한번 실패하면 돌이키기 어려운 게 삶이기에 우리는 예술작품을 통해 미리 감정을 연습하고 판단의 오류를 줄여야 한다.

　　예술작품은 언제나 안다는 확신이 위험하다는 것을 경고한다.

　　안다는 확신은 의식의 속임수다. 감각에 접근하는 길이 이미지를 만드는 길 외에 달리 없음에도 우리가 현실에 즉각적이고 효율적으로 대응하기 위해 의식은 모든 것을 아는 척, 이미지가 실체인 척한다. 믿기에 아는 것이 아니라 알기에 믿는다고 속인다. 마치 울기에 슬픈데 슬퍼서 우는 것처럼 느끼게 하는 것과 같다. 의식의 속임수에 속지 말라는 경고를 몇 편의 서사 예술과 미술작품에서 살펴보자.

풍부한 감정은 판단을
정확하게 한다

그녀는 영국의 가난한 시골 교구 목사의 여러 딸 가운데 막내로 태어나 자랐다. 어느 날 도시로 나가 일자리를 구하던 이 시골 처녀는 부잣집 가정교사 자리를 얻기 위해 인터뷰를 한다. 호화로운 저택의 잘생긴 청년은 그녀에게 시골 저택의 조카들을 맡기면서 절대로 나에게 보고하지 말고 되도록 혼자 일을 처리하라고 말한다. 처음 보는 호화로운 저택과 미남 청년의 부탁은 어리둥절한 시골 처녀의 마음에 강한 인상을 남긴다. 그녀는 한적한 시골 저택에서 여러 명의 하인과 침모가 돌보는 아름다운 두 남매인 마일즈와 플로라의 가정교사가 된다. 그런데 가는 날이 장날이라고 저택에 도착하자마자 마일즈가 학교에서 퇴학당하는 사건에 부딪힌다. 학교에서 온 편지에는 그 이유가 명시되어 있지 않았다. 퇴학당한 이유는 무엇일까. 가정교사는 뭔가 성적인 것과 연관된 듯한 편지 문구가 마음에 걸린다. 그리고 다음 날, 그녀는 집에서 죽은 하인의 유령을 보게 된다.

그녀는 자신이 본 유령이 전 가정교사와 바람나서 호수에 빠져 죽은 방탕한 전 하인이라는 것을 듣고 그때부터 그 유령이 두 남매와 교신하면서 그들을 타락시키고 있다고 믿는다. 새로 온 가정교사는 두 남매를 의심하고 추궁하지만 남매는 유령을 본 적이 없다고 말한다. 마침내 강요에 의해 마일즈의 자백을 받아내는 순간 그 아이는 숨이 막혀 그녀의 품 안에서 죽고 만다. 도대체 무슨 이야기인가. 유령 이야기치고는 모호하다. 그녀에게만 보이는 유령이라니! 두 남매는 유령이 보이지 않는다고 주장한다. 그렇다면 아이들이 거짓말을 하는 것인가, 가정교사가 미친 것인가? 누가 악인가? 정말 유령은 있는가? 소설 역사상 중편 『나사의 회전The Turn of the Screw』(1898)만큼 여러 해석이 따라붙는 경우는 없다. 끝없는 해석의 한 갈래로서 이제 "믿음이 없는 것을 보게 한다"는 제임스와 배럿의 감정의 구성 원리를 적용해보자.

가정교사만 유령을 본다고 가정해보자. 유령은 가정교사의 경험 안에서 전두엽에 저장된 믿음, 우리 눈에는 보이지 않지만 분명히 존재하는 기억들이 구현된 것이다. 가난한 시골 교구 목사인 아버지의 영향 아래 여러 딸 가운데서 자란 그녀에게 악마의 교신, 타락, 그리고 죄의 응징이라는 강한 믿음은 어려서부터 그녀의 뇌리에 심어졌을 것이다. 그것이 그녀에게만 보이는 유령이다. 믿기에 보인다. 더구나 부유한 저택의 잘생긴 삼촌의 부탁은 그녀의 책임감을 더 강하게 부추기고 조급하게 만든다. "믿음은 없는 것을 보게 한다"는 제임스의 심리학을 따른다면 그녀의 단순한 경험에서 비롯되는 확신은 위험한 것이다. 그녀의 지나친 확신에서 오는 추궁은 마일즈의 숨을 멈추게 했기 때문이다.

　무엇보다 그녀에게 부족했던 것은 다양한 세상과 예술작품들을 경험하면서 감정을 풍부하게 할 기회였다. 마음을 열고 세상을 호기심으로 보는 대신 그녀는 단순한 믿음을 앎으로 착각한다. 자신이나 타인의 실수를 통해 배울 기회가 없었기에 단순한 경험에서 얻은 신념은 안다는 확신으로 이어져 어린아이를 막무가내로 밀어붙인다.

　이 작품의 작가는 윌리엄 제임스의 동생인 헨리 제임스다. 그는 확신을 거부하는 모호한 문체와 난해한 글의 대가다. 글 자체가 무슨 말인지 모르게 쓰여 독자를 좌절시키는 것으로 유명하다. 작품의 메시지도 다양해 수많은 해석이 가능하다. 독자를 풀어주고 자유로운 해석을 존중하는 '자유간접화법Free-Indirect Speech'을 고안한 그는 무엇보다 형이 주장한 "안다고 확신하지 말라"는 메시지를 작품마다 다르게 구현했다. 안다고 확신하는 순간 우리는 의식의 속임수에 그대로 노출되고 그 너머에 있는 감정을 연습할 기회를 잃는다. 호기심을 가지고 그저 모호함을 차근차근 경험하는 것이 감정을 풍요롭게 경험하는 길이다. 그러는 사이에 판단의 오류를 저지르고 실수하며 깨닫는다. 미궁에 빠지고 스스로 문제를 풀어가면서 판단의 오차를 줄인다. 감정을 미리 실습해보는 것이 실제 삶에서 부딪히는 판단의 오차를 줄이는 길이다.

　헨리 제임스는 감정을 연습시키는 대가다. 의식은 내가 옳게 생각하고 세상을 안다고 믿게 한다. '너는 대상과 거리를 두고 대상을 객관적으로 볼 수 있어.' '지금 너는 슬퍼서 우는 거야.' 그러나 뇌 안에서 수많은 뉴런은 이와 다르게 작동한다. 몸이 먼저 자동으로 눈물을 흘리거나 흐느낀다. 의식은 그저 관계망들에 접속하고 이를 예측하여 마지막 단계에 슬픔이라는 느낌을 답으로 제시하는 하나의 기관일 뿐이다. 사유도 감정도 대상과의 관계 속에서 구성되고 끝없이 변화하는데 나는 그렇지 않은 것처럼 느낀다.

그렇다면 의식은 거짓말쟁이인가? 아니다. 진화는 영리한 것, 최선의 것만을 선택한다. 의식이 없으면 나도 없고 너도 없고 가족이나 나라도 없다. 느낌도 없고 인지와 판단도 없다. 무리를 지어 외부 자극에 무의식적인 반응으로 살아갈 뿐이다. 사자는 아무리 힘이 세도 평생 날고기만 먹고 산다. 환상이나 착각도 없고 다양한 음식도 없으며 문화와 예술도 없다. 무의식 영역에 속하는 감각, 물자체, 감정, 그리고 몸을 파편적으로 인식할 뿐 통합적 이미지를 만들지 못한다. 개는 흑백으로만 사물을 보고 바닷게는 희미하게 윤곽만 본다고 한다. 작은 곤충들은 거미줄을 보지 못한다. 그저 파편이고 하나의 의미로 구성해내지 못한다. 의식은 물자체를 '하나'의 의미, 즉 이미지로 만든다. '하나'의 이미지란 말은 시간이 흘러 경험이 덧쓰이면 이미지가 달라진다는 뜻이다.

상상력이란 그런 것이다. 그 순간에는 불변인 듯, 견고한 이미지로 영원처럼 느껴지지만 시간이 흐르면 다른 이미지로 대체된다. 그래야 곰을 보고 즉각 도망칠 수 있고 과거의 경험으로부터 현재 상황을 판단하며 대응할 수 있기 때문이다. 정보가 끝없이 변하고 갱신되기에 허구가 개입되지만 중요한 것은 과거가 아니라 현재다. 프로이트도 과거의 기억이나 상흔을 현재의 것으로 '전이 Transference'하지 않으면 문제를 해결하지 못한다고 말했다.

그렇기에 의식을 의심해보는 것은 쉽지 않다. 특히 젊은 나이에는 경험의 폭과 깊이가 좁고 얕아서 안다고 믿고 성급한 단정을 내린다. 가정교사가 그랬고 『여인의 초상』에서 이저벨이 실수의 고통을 겪기 전에 그랬다. 진화에 의해 나는 가장 강한 동물이 되었으나 그 강함은 감각(감정 혹은 몸)이라는 지극히 부드럽고 나약한 함정을 안고 있다. 나는 의식의 강점과 약점을 다 알아야 이 함정을 피할 수 있다.

감정과 의식 어느 한편에 치우치면 안 된다. 그런데 이게 말처럼 쉬운 일이 아니다. 개인은 사회적 동물이기에 감각보다 이미지의 편이고 의식의 편이다. 그쪽이 사회가 요구하는 견고한 질서와 법을 지키고 문화를 키우는 데 유리하기 때문이다. 국력을 키우고 경쟁사회에서 살아남으려면 의식의 편에 서야 한다. 효율성이 강조되는 사회에서 감각을 지키며 산다는 것, 이 균형을 유지한다는 것이 쉽지 않다. 게다가 효율성의 노예가 되는 만큼 반대로 감각의 노예가 되기도 쉽다.

원근법에 대한 저항은
의식에 대한 저항이다

의식이 닫히는 것, 혹은 감각의 나락이란 그냥 감각의 노예가 되는 것이 아니다. 나를 포함해 사물을 개체화, 이미지화할 수 없기에 거울 속에서 내 모습을 볼 수 없다. 인상파의 그림처럼 사물이 파편화되고 실제로 거리에 서서 가로수를 볼 때도 깊이가 안 보인다. 소위 라캉이 정신병Psychosis이라 부른 질병으로 하나의 의미, 통합된 이미지가 구성되지 못해 일상을 누리지 못한다. 마치 20세기 초 세잔의 인상파나 마그리트의 초현실주의 그림들이 시도했던 깊이를 지운 예술처럼 보일지도 모른다. 일상의 이미지를 파괴하는 그들의 그림은 의식의 이미지에 저항하려 했던 것이다.

아니, 네가 왜 거기서 나와?

20세기 초 화가들은 사실주의 그림들 속에 보이는 원근법에 그렇게 물었을 것이다. 2차원의 판지 위에 어떻게 3차원의 입방체가 보이나? 가로수 그림에서 길은 왜 갈수록 좁아지나? 원근법에 대한 저항은 의식에 대한 저항이다. 의식은 현실에서 본 가로수의 경험을 그대로 전두엽에 저장했다가 재현한다. 현실에서 본 깊이의 경험이 2차원의 종이 위에서 보이는 것이다. 믿기에 보인다. 세잔은 과일이나 경치를 그리면서 이런 원근법을 없앤다. 감각은 그냥 파편적인 것이다. 오직 의식을 통해 과거 경험이 반영되어 이미지로

「백지 위임장」, 르네 마그리트, 캔버스에 유채, 81.0×65.0cm, 1965, 워싱턴 내셔널 갤러리.

나타날 뿐이다. 그는 과일 그림이나 경치 그림에서 그렇게 말하는 것 같다.

마그리트는 파이프를 그려놓고 파이프가 아니라고 하더니 1965년에는 이해하기 힘든 그림을 그려놓고 알 수 없는 제목을 붙였다. 「백지 위임장」이다. 말을 탄 여자가 숲속을 지나가는 모습이다. 그런데 나무와 말, 그리고 여자의 경계가 무너지고 대상들이 서로를 품고 있다. 대상을 객관화시킬 수 없다는 제임스가 말한 의식의 물질성인가? 생각은 대상을 지향하고 대상과의 관계 속에서 태어난다. 의식은 감각, 감정, 그리고 물질과 분리되지 않는다. 아니 물질이 없으면 의식도 없다.

선과 악을 둥글게 재현하던 사실주의 문학의 깊이에 저항하여 인물의 마음에 오가는 독백을 파편화하여 제시하던 모더니즘 문학처럼 동시대 미술도 의식의 속임수에 저항했다. 평면에서 깊이를 보면서도 그것이 이상하다는 것을 못 느끼게 만든 죄다. 그러면 나의 뇌는 언제부터, 몇 살 때부터 이렇게 이미지를 구성하기 시작했을까. 다시 말하면 내가 동물에서 인간으로 바뀌는 시기는 언제일까?

최초의 이미지 메이커:
'상상계'

프로이트의 무의식을 재해석한 프랑스의 정신분석가 자크 라캉은 수학, 현상학, 심리학, 동양의 도道 사상 등을 프로이트 사상에 접목하면서 뇌과학이나 심리학은 거의 언급하지 않았다. 그러나 워낙 수수께끼 같은 그의 말들을 오랫동안 접하다보면 도식과 말 가운데 여기저기 최근의 뇌과학이나 심리학을 반영하고 있는 부분이 많아 놀라게 된다. 예를 들어 그의 사상을 대표하는 초기의 글「거울단계The Mirror Stage」를 살펴보자. 이 글 역시 감각과 의식의 이중 구조와 툴빙의 자아의 탄생과 삽화적 기억의 원리를 그대로 떠올리게 한다.

태어나서 6개월부터 18개월 사이의 유아는 거울을 보고 환호하면서 거울 속 이미지를 잡으려 한다. 이런 현상은 원숭이나 개가 거울 속 이미지에 아무런 반응을 보이지 않는 것과 대조된다. 이때 유아는 거울 속에 비친 자기 모습을 완벽한 이상형으로 오인한다. 나와 대상의 구별이 일어나기 전이다. 프로이트는 이 단계를 '원초적 나르시시즘'이라 불렀는데, 신화 속의 나르시스가 물 위에 비친 자기 모습에 반해 그 이미지를 잡으려다가 물에 빠져 죽는다는 스토리에서 얻어 온 것이다. 이때의 이미지가 '이상적 자아Ideal Ego'다. 이 이미지는 이 시기를 지나 성장해도 평생 하나의 이상형으로 자리잡는다. 예를 들어 유아가 4세쯤 되면 사회적 현실에 눈을 뜨고 타인을 인지하기 시작한다. 나와 너의 차이를 조금씩 알아차리는 단계다. 프로이트는 이것을 '이차적 나르시시즘The Secondary Narcissism'이라 부른다. 그리고 이상적 자아 대신 '자아이상'이라는 용어를 사용한다.

라캉의 원리도 이와 같다. 원초적 나르시시즘을 '거울단계', 그리고 이차적 나르시시즘을 '상징계The Symbolic'라고 부른다. 18개월 이후에 법과 언어를 사용하는 사회 속으로 진입한다는 의미다. '이상적 자아'는 나와 대상을 구별하지 못한 착각과 오인의 단계다. 이상적 자아는 나와 똑같은 더블Double이다. 두 번째 단계인 '자아이상'은 자신의 이상형이 내가 아닌 타인이 되어 그를 흠모하며 그와 같이 되고 싶은 욕망이 태어나는 단계. 물론 내 이미지와 연인의 이미지가 분리되지 않았던 이상적 자아가 사라지지 않고 위장되어 사회적 자아 속에 잠재해 있기에 사랑은 연인과 한 몸 되기를 포기하지 않는다. 분리된 더블을 참지 못하기에 파괴 충동을 느낀다. 그래서 사랑의 이면은 증오다. 숭고한 대상과 하나가 되려는 꿈은 찰나의 쾌락에서 멈출 뿐 현실에서는 불가능한 소망이다.

프로이트보다 라캉이 뇌과학에 조금 더 접근한 것을 우리는 그가 거울단계를 '상상계The Imaginary'라고 부르는 점에서 찾아볼 수 있다. 거울단계는 나의 뇌가 동물과 달리 이미지를 만든다는 것을 증명한다. 이 이미지가 형성되지 않으면 거울 속에서 통합된 자아 이미지가 형성되지 않고 정신병에 속하는 파편화된 감각의 세계가 펼쳐진다. 그래서 거울단계를 이미지 형성의 단계라는 뜻으로 상상계라 불렀을 것이다.

나의 정체성은 바로 오인의 이미지에서 시작된다. 거울상은 불완전한 나를 완벽한 대상으로 이미지화한다. 그 이미지는 유아의 결핍과 불안을 채워줄 착각의 대상이기에 대문자 A로 표기한다. 착각, 오인, 이미지가 동물과 결별하고 인간이 되는 의식의 탄생이라니! 나는 진화가 발행한 지불 청구서를 외면할 수 없다. 거울상은 주체가 하나의 의미, 하나의 이미지로 향하는 초석이었다. 그래서 상상력의 근원이다.

유아는 18개월이 지나 서서히 상징계로 진입한다. 비로소 나와 다른 타인이 있다는 것을 인지하는 사회화 단계. 상상계의 이미지는 상징계로 진입하여 너에게 투사되고 타인의 인정을 받아야 하므로 사회적 이상형, 즉 소문자 a가 된다. 삶의 목표도 마찬가지다. 소문자인 것은 그 이상형이 하나의 이미지일 뿐 실체가 아니기 때문에 완벽한 충족이 가능하지 않아서다. 뇌과학자인 툴빙 역시 첫 단계를 거울단계로 보고 두 번째 단계를 '유아기 망각'이라 부른다. 라캉의 상징계에 해당되는 18개월 이후 유아기에 회상이라는 삽화적 기억이 생기면서 그 이전의 기억들은 지워지고 오직 몸의 습관만 남는다.

이처럼 유아가 주체로 태어나는 것은 두 단계의 이미지 형성 과정을 거친다. 나와 대상을 완벽한 상으로 동일시하는 오인의 이미지를 형성하는 단계, 그리고 나와 대상이 갈라지면서 하나의 이미지임과 동시에 둘임을 인정해야 하는 단계다. 여기서 중요한 점은 이 두 단계가 하나로 연결되어야 정상인이 된다는 것이다. 복잡하다. 라캉은 이것을 두 개의 원이 겹치는 것으로 표시하고 겹치는 부분에서 욕망의 대상a이 태어난다고 봤다. 주체는 결핍이자, 이 결핍감 때문에 대상을 향해 가는 욕망하는 주체다. 두 단계의 이미지화를 거치기 때문에 나는 벽의 시계와 다른 감지의 시간, 느끼는 시간을 갖는다. 벽의 시계는 상징계의 시간이다. 사회적 약속이기에 정확하고 기계적이며 앞으로 직진한다. 그러나 정상인에게는 상징계가 상상계와 맞물려 있기에 느끼는 시간이 탄생한다.

라캉은 상상계와 상징계라는 두 개의 고리로 주체를 설명하고 난 후 다시 세 번째 고리를 첨가하는데 이것이 실재계The Real다. 학자마다 실재계가 무엇인지를 두고 의견이 엇갈린다. 실재란 무엇인가? 제임스식으로 말하면 접근이 불가능한 물질과 감각의 세계다. 의식의 매개로 전두엽의 예측에 의해 이미지로 변하는 몸의 세계다. 뇌에서는 변연계 아랫부분이다. 감각, 감정, 몸, 그리고 감수성, 물질의 세계다. 칸트의 물자체이고 헤겔이 말한 삶의 주인인 죽음이다. 이미지가 아니고는 파악할 수 없는 게 '실재'이므로 이 고리가 반드시 두 개의 다른 고리와 단단히 연결되어야 정상인이 된다. 실재는 그 자체로는 파편이다. 개념에 의해 하나의 통합된 이미지

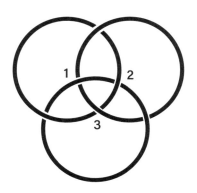

하나, 둘, 세 개의 고리.

가 되려면 상상계와 상징계라는 이미지의 두 단계와 접속되어야만 하는 것이다. 라캉은 이 세 개의 고리가 하나로 엮인 것을 보로메오 매듭이라 불렀다.

아, 복잡하지만 조금만 더 가보자. 프로이트는 1923년의 글 「에고와 이드The Ego and the Id」(SE, 19: 1-59)에서 뇌 그림을 그렸다. 슈퍼에고는 위쪽에 조금, 에고는 가운데 조금, 그러면 이드는 어디일까? 아래쪽? 아니다. 뇌의 전체가 이드다. 슈퍼에고는 상징계의 눈치를 보고 이드가 변형된 것이며 에고는 이 둘의 관계를 조정하는 기관이다. 그렇다면 이드는 내가 생명을 유지하는 감정, 몸, 감각 그 자체다. 슈퍼에고는 전두엽, 프로이트의 용어로 전의식이다. 에고는 변연계, 그리고 이드는 감정이지만 몸 전체를 이루는 뿌리다. 이 그림을 라캉식으로 풀어보자. 상상계는 의식이 진화하는 발생지, 에고요 변연계다. 상징계는 슈퍼에고요, 전두엽이다. 그리고 실재계는 이드다. 나는 주로 뇌의 이마 부근에 저장한 세상의 경험으로 느끼고, 인지하고 판단하며 살아가는 아주 오래된 자연의 생명체다.

노벨상을 수상한 신경생리학자 제럴드 에덜먼은 뇌과학을 인문학과 연결한 과학자였다. 그는 19세기 미국의 시인 에밀리 디킨슨의 시에서, "뇌는 하늘보다 넓고 바다보다 깊다"는 내용에 주목한다. 그리고 이 시구절을 따서 『뇌는 하늘보다 넓다Wider than the Sky』(2004)라는 책을 펴냈다. 뇌는 세상을 다 포함한다. 보는 것, 듣는 것, 느끼는 것을 모두 포함한다. 작은 뇌의 크기에 비해 그가 수많은 주름 속에 품은 세상은 얼마나 넓고 깊은가.[23] 그 넓고 깊은 세상의 사물들, 감각, 감정을 간직하고 그것들을 이미지로 전달하는 의식을 제임스는 사물Things을 감지하는 길로 봤다. 그는 『심리학의 원리』에서 이렇게 표현한다. "뇌의 모든 과정은 우리가 '비유적인 의식Figured Consciousness'이라 부를 수 있는 것을 낳는 과정들이다."(506)

만일 내가 세상의 모든 사물을 이미지로 감지한다면 그 세상에 집착하지 말고 그저 즐기는 것이 맞지 않는가. 불안과 두려움, 끊임없는 추구, 목표, 실패, 질병, 경쟁, 질투, 후회 등 내 삶은 갖가지 부정적 감정으로 가득 차 있다. 목숨을 부지하는 일은 왜 그리 복잡하고 힘든가. 시인 천상병은 가난과 무명과 오해 속에서 살았다. 그저 막걸리 몇 잔 마시며 시를 쓰는 게 그가 누리고 싶었던 삶인데 그것도 그에게는 지나친 호사였다. 친구에게 술값 몇 푼 얻어 쓴 죄로 간첩으로 오인받아 고문을 당하고 평생 그 후유증으로 고생했다. 나는 그의 아내가 인사동에 낸 '귀천'이라는 찻집에서 몇 번 차를 마신 적이 있다. 하루는 아내가 물었단다. 시인이 늘 다니던 단골 술집을 다른 곳으로 옮겼기에 대부분의 사람이 생각하듯이 이렇게 물었다. "그곳의 아가씨가 더 예쁘냐." 시인은 "그곳의 술잔이 조금 더 크다"고 답했다. 그저 막걸리 몇 잔과 시만 있으면 되는 것을……. 그리도 소박했던 그의 꿈과 누가 봐도 가난하고 어려웠던 그의 삶. 그러나 그에게 삶은 즐거운 '소풍'이었다.

나 하늘로 돌아가리라

감정 연구

새벽빛 와 닿으면 스러지는
이슬 더불어 손에 손을 잡고,

나 하늘로 돌아가리라
노을빛 함께 단둘이서
기슭에서 놀다가 구름 손짓하면은,

나 하늘로 돌아가리라
아름다운 이 세상 소풍 끝내는 날.
가서 아름다웠더라고 말하리라

– 천상병, 「귀천歸天」

그에게 아름다운 이 세상이라면 어찌 우리에게도 아닐 것인가! 어차피 의식이 세상을 무늬로 만들어내는 것이라면 그 무늬를 아름답고 화려하게, 즐겁게 지어보면 안 되나? 「귀천」이라는 소중한 선물을 세상에 남기기 위해 그에게 삶은 그리도 즐거운 가난이었나 보다.

세상을 즐겁게
경험하라

우리는 대상을 객관적으로 투명하게 보는 것(아는 것)이 아니라 주관적으로 느낀다. 의식의 독재를 줄이고 판단의 오류를 줄이기 위해서는 느낌을 억압하지 말고 오히려 풍부하게 연습해야 한다. 이 말이 왜 얼핏 이상하게 들릴까. 의식과 감정이 배타적인 관계라면 의식의 투명성을 위해서는 감정을 억압하는 것이 옳은 것 아닌가. 그러나 의식과 감정은 학교에서 배워왔듯이 배타적인 관계가 아니다. 감정을 전두엽에 저장된 개념과 상의하여 느끼게 하는 것이 의식의 역할이라면 감정의 경험이 많을수록 판단의 오차가 줄어든다. 전두엽에 개념을 풍성하게 저장하면 예측의 오류를 줄일 수 있다. 그러기 위해서는 늘 의식의 예측을 의심해봐야 한다. 안다는 확신을 버리는 것이다. 그리고 세상의 다양한 경험을 하는 것이다. 경험이 풍부해질수록 실수는 줄어든다.

경험이 부족하면 감정의 저장고가 빈약하고 그럴수록 더 쉽게 안다고 확신하게 된다. 제임스를 비롯한 인지와 감정을 다루는 뇌과학자들이 "감정은 인지의 한 형식"이라고 강조하는 이유는 감정과 이성, 혹은 감정과 인지를 배타적으로 보면 이성의 투명성이 높아질 것이라는 착각을 우려해서다. 감정은 대상에 대한 몸의 반응이지만 변연계를 거쳐 전두엽에 저장된 경험을 바탕으로 느낌이 되고 그 느낌은 대상을 인식하는 것이며 인식은 판단으로 이어진다. 그러므로 감정과 사유는 큰 차이가 없다. 만일 전두엽의 예측이 정확하다면 느낌은 실수를 부르지 않지만 경험 부족으로 예측이 빗나가면 판단의 실수를 하게 된다.

우리는 크고 작은 실수를 하면서 삶을 이어간다. 「대미지」의 스티븐처럼 치명적인 실수가 아닌 그와 비슷한 작은 실수들은 오히려 삶에서 도움이 될 수 있다. 그런 실수를 되풀이하지 않게 되기 때문이다. 만일 스티븐이 미리 작은 실수들을 했더라면, 그런 실수들에서 교훈을 얻었더라면 아들의 연인에게 빠져 모든 것을 잃는 비극은 없었을 것이다. 물론 그런 큰 실수는 영화나 소설에서 나올 법하다. 그것이 바로 전두엽이 원하는 것이다. 나는 소설이나 영화를 통해 치명적인 실수를 대리 경험하면서 감정을 연습할 수 있기 때문이다. 서사 예술은 안다는 확신 대신에 마음을 열어놓고 호기심으로 인물들의 삶을 천천히 음미하며 배워가는 길을 안내한다.

자유간접화법

영희는 즐거운 마음으로 집으로 들어가고 철수는 약간 의아한 마음으로 발길을 되돌린다.

나는 그의 마음을 알 수 없었지만 즐거운 마음으로 집 안으로 들어섰다.

그때 그는 즐거운 마음으로 집 안에 들어섰을까?

위의 세 문장은 소설이 쓰이는 방식의 차이뿐 아니라 그 방식이 발달해온 역사를 보여준다. 첫째 문장은 작가가 인물들의 마음속을 들락거리면서 소설 전체를 조정해나가는 방식이다. 영희의 마음속도 알고 철수의 마음속도 안다. 그리고 그들보다 위에서 서사를 이끌어간다. 시작과 반전과 종결이 비교적 명확하다. 작가는 세상을 신처럼 내려다본다. 이것이 전통적인 '삼인칭 권위적 서술'이다.

두 번째 문장은 나의 마음은 아는데 그의 마음은 모른다. 내가 주인공이거나 관찰자가 되는 경우다. '일인칭 주관 시점'으로 사회가 도시화되고 인간관계가 조금 더 복잡해지면서 타인의 마음을 알 수 없다는 한계를 드러내는 기법이다. 마지막 문장은 분명히 삼인칭인데 권위적이고 객관적 시점이 아니라 추측과 의혹이 깃들어 있다. 그의 마음을 안다고 단정하지 않으면서 그를 따라간다. 행동의 경험과 책임은 최대한으로 그에게 주고 서술자는 그저 그를 쫓아다니면서 서술만 하는 식이다. 인물에게 선택의 자유를 주고 서술자는 간접적으로 서술하기에 '자유간접화법'이라 부른다.[24]

위의 세 문체 가운데 어떤 것이 심리학이나 뇌과학에서 말하는 감정 연습에 가장 충실할까. 어느 문체가 인물을 덜 구속하고 자유롭게 놓아주어 그가 스스로 세상을 경험하면서 실수를 통해 배움

감정 연구

을 얻도록 할까. 어느 문체가 가장 안다고 확신하는 경우일까. 시대가 발달하고 인구가 늘어나고 도시화되면서 안다는 확신은 점점 줄어든다. 첫 번째가 가장 안다고 확신하고 세 번째가 가장 덜 확신한다. 이 세 번째가 19세기 말에서 20세기 초 귀스타브 플로베르나 헨리 제임스가 고안하고 즐겨 사용한 문체다.

　제임스는 독자가 감정을 풍부하게 연습하기 위해 서술자가 인물을 자유롭게 놓아주고 인물이 스스로 인지하고 선택하도록 하는 자유간접화법을 사용한다. 서술자는 인물을 따라가면서 그가 보는 것과 하는 행동을 서술한다. 인물을 통제하지 않는다. 인물은 스스로 보고 판단하며 실수를 저지른다. 그리고 판단의 오류를 통해 깨닫고 자아를 넓힌다. 마음을 열어놓고 호기심과 실수를 통해 세상의 모호함을 즐기는 것이다. 스티븐이나 개츠비처럼 안다는 확신을 버리면 사물에 집착하지 않는다. 집착하지 않으면 무엇을 하나? 그냥 즐기는 것이다. 그래서 소풍이다.

　이 책의 마지막 부분에서 나는 헨리 제임스가 어떻게 자신의 주요 작품들에서 자유간접화법을 발전시켜나가는지 살펴볼 것이다. 『나사의 회전』에서는 서문의 저자와 본문의 가정교사의 관계에서 암시적으로, 『여인의 초상』에서는 랠프와 이저벨의 관계에서 함축적으로, 그리고 마지막 단계로 그가 가장 완숙한 작품이라고 인정한 『대사들The Ambassadors』에서 본격적으로 자유간접화법을 구현하는 과정을 간략히 살핀다.

감정을 메마르게 하는
공부

언제나 호기심을 가지고 나의 감정을 존중하며 사는 것, 남의 눈치를 너무 보지 말고 나의 경험을 존중하며 사는 것, 사회의 가치 기준을 의식하되 그것이 나의 감정과 다를 때는 과감히 나를 따를 것……. 이것이 삶의 열정이고 이런 삶이 결국 성공한다. 한국은 부모, 특히 어머니의 교육열이 높기로 유명하다. 아마 자식과 아내를 선진국에 보내고 월급 타면 학비로 몽땅 보내면서 홀로 사는 홀아비 남편, 소위 기러기 아빠가 있는 나라는 전 세계에서 많지 않을 것이다. 생활비의 반 이상을 학원비로 지불하는 부모가 많은 나라도 한국만큼 흔치 않을 것이다. 그런데 왜 노벨과학상이나 노벨문학상 수상자는 한 사람도 없는 것일까.

일본, 중국, 한국의 부모와 학생들의 공부 열기는 서양 학생들에게도 잘 알려져 있다. 그래서 서양 학생들은 의아해한다. 왜 노벨상이나 기타 독창적인 분야에서 서양이 압도적으로 우위인가. KBS에서 방영한 다큐멘터리 「공부하는 인간(호모 아카데미쿠스)」에 잠깐 귀를 기울여보자. 이 다큐는 서양 학생들이 탐색한 프로그램이다. 텍사스 영재 학교에는 동양인이 더 많이 다니고 졸업한다. 그러나 30퍼센트인 백인들이 더 높은 성취도를 올리는 이유는 무엇인가. 캐나다 브리티시컬럼비아대학과 서울대학 학생들에게 실험해

보니 다음과 같은 재미있는 차이점이 발견되었다. 우선 학생에게 거짓으로 이 과목의 성적이 타학생보다 떨어진다고 알려준 후 반응을 몰래카메라로 관찰했다. 동양 학생들은 그 과목을 더 열심히 공부해서 손상된 자존감을 회복하려 한다. 그러나 서양 학생은 시들해져서 그 과목에 대한 흥미를 잃는다. 반대로 이 과목 성적이 더 좋다고 알려주면 동양 학생은 안심한 듯 그 과목을 공부하지 않는다. 반면 서양 학생은 흥미를 가지고 그 과목을 더 열심히 파고든다.

모든 학생이 다 그런 것은 아니라 해도 위의 자료는 대체로 동양 학생들이 타인이나 사회를 의식하여 공부하고 서양 학생들은 자신이 그 분야를 좋아하기에 공부한다는 것을 제시한다. 그 결과 동양 학생들은 지치며 끝까지 가지 못한다. 반면에 서양 학생들은 자신이 좋아서 공부하기에 장기전이 되고 발전과 성취를 이룬다. 이런 내용을 감정과 연관시켜보자. 서양은 개인주의가 강해 남의 평가보다 자신이 좋아하며 잘하는 것을 존중하고 거기에 집중한다. 남의 시선보다 내 감정을 존중하기에 느리지만 끝까지 호기심을 가지고 탐구하는 지구력이 생긴다. 반면 동양 학생들은 내 감정이나 호기심보다 사회적 체면이나 남의 시선을 더 의식하여 단기간의 효과는 얻지만 끝까지 버티지 못한다.

이 다큐멘터리가 암시하는 한 가지 중요한 사실은, 개인의 독창성은 이성이나 의식이 아니라 감정과 깊은 관련이 있다는 것이다. 사회, 학교, 부모의 기대가 아니라 나의 감각, 몸, 감정이 원하는 것이 독창성의 근원이라는 것이다. 감정이 원하는 것은 좋은 느낌을 안겨주기에 이를 따르면 건강에 좋고 오래 버틸 수 있으며 그만큼 성과를 올릴 수 있다. 돈을 더 많이 벌고 사회적으로 존경을 받으려고 싫은 것, 맞지 않는 것을 억지로 공부하는 것만큼 비참하고 어리석은 일도 없다. 그런 공부는 감정을 메마르게 한다.

　싫은 일에 매달리면 시간은 어디로 가는가? 모른다. 사람들은 시간이 덧없고, 어디로 가는지 모른다면서 현재 시간에 집중하라고 말한다. 현재 이 순간이 전부라고. 그래서 열심히 일하고 정신없이 뛴다. 그러나 현재에 집중했다고, 충실히 살았다고 해서 시간은 머물지 않는다. 똑같이 사정없이 흐른다. 아니 바쁠수록 더 사정없이, 흔적도 없이 지나간다. 오래 기억에 남는 일들, 가끔씩 즐겁고 달콤하게 떠오르는 일들은 나에게 시간이 사라지지 않고 '여기 있다'고 알려준다. 그러므로 오직 단 하나, 시간을 붙잡을 수 있는 게 있다. 그게 무엇일까.

시간은 정말
어디로 가나

살면서 오래 기억에 남는 날은 어떤 날들인가. 어릴 때는 시간이 무척 길다. 어릴 때 경험들이 기억에 깊이 저장되는 이유는 모든 것이 새롭고 이성보다 감정이 더 강한 나이이기 때문이다. 소풍 가기 전날 밤 삶은 달걀, 사과, 캐러멜이 든 가방을 지켜보던 기억. 드물게 마을에 들어오던 영화, 어렵게 빌려 보던 소설, 엄마가 만들어주시던 찐 팥빵, 호박 풀떼기. 집 근처의 좁은 골목길들, 동전 몇 푼 움켜쥐고 달려가던 모퉁이의 구멍가게. 낯선 곳으로의 여행. 새로운 발견, 우정, 사랑의 기쁨과 아픔, 결혼, 아기를 낳아 키우던 날들, 질병, 수술, 실패의 경험, 언어의 폭력과 마음의 상처, 가족의 죽음 등 이런 것들이 주로 떠오른다. 물론 나에게는 몇 년간 낯선 외국에서의 불안하고 힘들었던 특이한 경험이 가장 반복되어 떠오른다. 실제 시간보다 몇 배나 길게 떠오른다. 그 외의 수많은 날은 어디로 갔는지 모른다. 이상한 점은 이런 경험들이 특정 장소와 함께 떠오른다는 것이다. 해마에는 장소뉴런이 있다. 장소는 이정표다. 이정표와 연결되지 않은 기억은 집 없는 유령처럼 떠돌 것이다.

이런 경험들은 모두 몸, 물질, 사물, 감각, 감정과 연루된 것들이다. 우리가 직접 접근할 수 없고 오직 의식의 이미지를 통해서만 접근이 가능한 실재라는 영역이다. 이런 기억들은 의식에 의해 이미지들로 떠오른다. 그렇기에 시간이 흐르면서 해석이 조금씩 달라지기도 한다. 제임스는 '따스함과 친근한' 감정이 기억을 깊게 저장한다고 말했다. 앞서 봤듯이 나의 뇌 안에서 감정을 수용하여 의식에 전달하는 편도체는 기억을 저장하는 해마와 붙어 있다. 그러니 감정이 기억의 저장에 영향을 주는 것은 당연하다. 트라우마는 같은 실수를 반복하지 말라는 의미이고 달콤한 기억들은 삶에 에너지를 주는 신의 은총이다. 이상한 것은, 나는 왜 그 중요하다는 현재의 순간을 붙잡지 못한 채 과거만 떠올리고 미래만 생각할까 하는 점이다.

우리는 현재라는 순간적 지식 외에 다른 어떤 지식을 가질 수 없다. 그러나 이것조차 완전하지 않다. 하나의 아이디어는 그다음 것에 자리를 내어준다. 그리고 그것이 전부다. 삽화적 기억의 진화에 의해 과거와 현재와 미래라는 시간의 흐름을 의식하게 된 나는 시간을 토막 낼 수 없다. 시간을 파편이 아닌 강물처럼 흐르는 것으로 인지한다. 제임스가 『심리학의 원리』에서 말하듯 현재는 느끼는 순간 이미 사라지며 뒷모습만을 보이고 그다음 것에 의해 지워지면서 영원히 다시 오지 않는다.

> 우리의 의식은 반딧불이의 빤짝임과 같다. 그것은 한순간을 비추지만 곧 모든 것을 칠흑 같은 어둠 속으로 넘겨버린다. (…) 미래, 과거, 가깝든 멀든 흐름의 다른 부분들은 언제나 현재의 것에 대한 지식과 뒤섞인다. (…) 지나간 사물들의 흔적에 새로운 미래가 이어지고 이것이 기억과 기대의 뿌리가 된다. 이것이 과거를 돌아보고 미래를 예상하는 시간이라는 감각이다. 그런 것들이 의식에 연속성을 부여한다. 그렇지 않으면 의식이 흐른다고 말할 수 없으리라(1: 404).

진화에 의해 시간을 과거와 미래의 연속으로 의식하기에 나는 시간이 어디로 가는지 모른다. 오직 기억에 남아 떠오르는 것들 속에 시간이 머물고 오직 현재 순간에 대응하기 위해 과거 경험들이

감정 연구

변형되며 구성된다는 것 외에 현재 순간이 어디로 갔는지 모른다. 해마가 현재에 대응하는 순간, 뉴런에 불이 빤짝 들어온 후에야 지금이 현재야라고 느끼고, 그 순간 이미 현재는 지나가 있다. 반딧불이처럼 뉴런이라는 물질에 불이 먼저 들어온 후에야 의식이 그것을 감지하기 때문에 나는 현재를 영원히 붙잡지 못한다. 남은 것은 현재 욕망에 의해 재해석되는 과거의 기억들과 현재 상상하는 미래에 대한 불안이다.

날마다 일어났던 그 많은 것을 일일이 다 기억하지 않는 이유는 현재의 불안에 최적의 대응을 하기 위해 최신 버전을 남기기 때문이다. 편도체의 감정이 넘겨준 일들 외에 다른 일들에 해마는 큰 관심이 없다. 의식의 임무는 그것들을 느낌으로 전달하여 판단의 근거로 삼는 것이다. 왜? 감정은 항상성을 유지하려는 유기체의 생명 본능이기 때문이다.

고전 예술
치료법

삽화적 기억은 해마가 전두엽에 저장하는 새로운 기억들, 그리고 현재 순간에 인출하는 과거에 대한 경험이다. 그리고 이 기억들도 저장과 인출에서 감정의 영향을 받는다. 친근감과 따스함은 깊고 달콤하게 저장되고 공포와 두려움, 그리고 모욕이나 성폭력 등은 깊이 저장되어 강박적으로 떠오르는 트라우마가 된다. 반복되는 기억으로 일상이 어려워질 때 우리에게는 상담이 필요해진다.

프로이트는 망각의 은총에서 배제된 반복 기억을 기억하기, 전이, 문제풀기의 과정을 거쳐 치료하려고 했다. 과거의 상처를 현재 상황으로 끌어내는 것이 전이다. 해마가 현재를 따르기에 정상적인 기억은 현재를 따라가야 한다. 다시 정상적인 순환의 궤도 속으로 상흔을 진입시켜 망각의 강으로 흘러가도록 유도하기 위해서는 새로운 좋은 경험들을 스스로의 힘으로 덧씌워 옛 상처가 저 아래에서 희미해지도록 해야 하는 것이다. 새로운 좋은 경험과 타인으로부터의 인정은 나쁜 기억을 좋은 기억으로 덧씌워서 자긍심을 회복하는 데 도움이 된다. 이때 잘 짜인 고전 감상은 혼자 힘으로 감정을 풍부하게 하고 정확한 인지와 판단을 연습하여 좋은 경험을 덧씌우는 데 도움이 된다. 이것이 고전 예술 치료법이다.

감정은 건강에 어떤 영향을 주나? 감정이 항상성의 원리로 생명을 지킨다면 어떻게 감정의 상처를 치유해야 하나? 나는 감정이라는 몸의 반응을 직접 파악하지 못한다. 오직 느낌을 통해 이미지로 의식하기에 감정과 건강의 문제는 그리 간단하지 않다. 이것이 다음 장의 주제다.

5장

감정은
건강한 몸이다

세상과
관계 맺기

당신의 인생이 아무리 빈곤하더라도 그것을 사랑하라. 당신이 비록 구빈원의 신세를 지더라도 그곳에서 유쾌하고 고무적이며 멋진 시간들을 가질 수 있다. 지는 해는 부자의 저택이나 마찬가지로 양로원의 창에도 밝게 비친다. (…) 인생을 차분하게 바라보는 사람은 그런 곳에 살더라도 마치 궁전에 사는 것처럼 만족한 마음과 유쾌한 생각을 가질 수 있을 것이다.

– 헨리 데이비드 소로,『월든』

감정은 세상과 나의
관계 맺기다

세월이 흘러 지난 일들을 떠올려보면 질병을 앓았거나 이상한 길로 빠져든 경우들이 반복하여 상기된다. 견디기 힘든 시간이었기에 기억 속에 짙게 각인된 것이다. 그리고 아, 그때 그런 일이 있었구나 하면서 앞뒤 사건들이 고구마 줄기처럼 따라 올라온다. 물론 당시에는 그런 일들을 연결하지 못했다. 질병이나 원치 않는 사랑에 빠질 때 다른 일이나 지난 일을 생각해볼 겨를이 없었기 때문이다. 회상에서 고구마 줄기처럼 따라 올라온 사건들은 시도하던 거의 모든 일이 실패하거나 배반의 상처를 겪거나 세상과 힘겨운 대결을 한 후였다.

　흔히 행복은 '자신이 하고 싶은 일을 할 때' 찾아온다고 말한다. 그러나 우리는 그것만으로 행복을 느끼지 않는다. 그 하고 싶은 일이 세상에서도 인정받는 일이 되기를 원하기 때문이다. 이런 소망을 갖는 건 내가 사회적 동물이기 때문이다. 나의 노력과 세상의 인정은 어느 한쪽도 무시할 수 없는 동전의 양면이다. 마치 슈퍼에고가 이드의 변형이고, 고독과 공감이 한 짝인 것처럼, 나의 수고와 노력은 당연히 보답을 원한다. 이 두 가지가 조화를 이루지 못할 때 나는 소외된 고립감과 우울감을 느끼면서 살맛을 잃는다.

　이때 종교나 좋은 책, 자연이나 벗의 위로를 통해 스트레스의 출구를 찾지 못하면 몸이 말하기 시작한다. 중요한 것은 이런 돌이켜 봄 속에서 나는 세상의 외면으로부터, 질병으로부터 조금은 자유로울 수 있다는 것이다. 그래서 뇌과학을 현상학의 입장에서 밝힌 솔로몬은 감정을 "몸이 세상과 관계 맺는 것"이라고 말했다.[25]

왜 감정이 세상과 몸을 연결하는 통로일까. 그저 몸의 반응으로 끝나는 유기체에 비해 그것을 개인의 특정한 '이미지'로 감지하는 나는 생명을 유지하는 면에서 한 수 위다. 외부 자극을 받고 내적인 동요를 '느낀' 나는 경험들을 통해 그것에 대비해 준비하고 방어하여 항상성이라는 몸의 균형과 안정을 취할 수 있기 때문이다. 감정은 몸이 세상으로 나아가는 통로다. 생명과 건강을 유지하기 위한 몸의 표현이다. 감정과 건강은 똑같이 살기 위한 몸의 요구이기에 같은 현상의 다른 이름일 뿐이다. 모든 유기체는 생명 유지를 위해 몸에 DNA로 내장한 가장 원초적인 감정이 있다. 그게 무엇일까?

영미권에서 출판되는 감정에 관한 저술서나 저널의 논문들을 읽다 보면 'Affect'라는 단어가 자주 나온다. 사전을 찾아보면 감정, 애정, 증오, 그다음에 '영향을 미치다'라는 조금 엉뚱하게 느껴지는 말이 나온다. 애정, 증오? 왜 같은 단어가 반대 의미를 가질까? 아니 그보다 더한 것은 한 단어가 감정과 '영향을 미치다'라는 다른 의미를 갖는 이유다. 뭔가 모호하다. 뇌과학 번역서를 보면 Affect는 정동, 정서 등으로 번역되는데 여전히 모호하다. 정동이란 단어는 일상에서 사용하지 않기에 무슨 말인지 모르는 사람이 많고 정서라는 단어 역시 안개처럼 몽롱하게 느껴진다. 의식의 속임수로 나는 의식 이전에 뇌에서 일어나는 일들을 모른다. 그래서 없다고 믿는다. 의식 의전의 영역인 감정, 정서, 몸, 물자체, 피질하부 등의 용어가 나오면 나는 기가 죽는다. 아니 내 의식이 움찔한다. 없는 척하다보니 양심이 편치 않다. 그러나 그 순간뿐 의식은 다시 명령한다. 울기에 슬프고 웃기에 행복하다는 말이 진실이라고? 몸이 먼저라고? 아니지. 나는 슬퍼서 우는 거야. 의식이 없으면 어떻게 이 몸이 내 몸인 줄 알겠어? 의식의 다리를 건너지 않고는 몸에 접근할 수 없는 나는 그 명령을 자연스럽게 받아들인다.

그러잖아도 감정과 느낌이 의식의 다리를 사이에 놓고 마주보는 처지에 정서까지 끼어든다. 정동? 정서? 느낌과 뭐가 다르지? 이 분야에서 정확성을 자랑하는 솔로몬은 "Affect는 인지의 일부이고 몸의 판단이다"라고 말한다(87-88). 많이 들어본 익숙한 말이다. 아, 감정이나 느낌도 그렇다고 했는데? 한층 더 안갯속으로 들어가는 기분, 바로 이 '기분'이 Affect는 아닐까. 혹은 기분보다 더 근원인 어떤 것, '기질'은 아닐까. 같은 조건 아래서도 어떤 사람은 질병에 잘 견디고 다른 사람은 그렇지 못하다. 똑같이 어려운 상황 속에서도 어떤 사람은 밝고 긍정적으로 대응하는 반면 다른 사람은 어둡고 부정적으로 대응한다. 기질의 차이다.

한밤에 태풍이 나뭇가지를 흔들면서 횡횡 소리를 내고 아파트의 유리창 틀을 흔들 때마다 나는 불안을 느끼며 잠들지 못한다. 그런데 문득 어릴 적 한옥에서 벽과 얇은 창호지 문 밖에서 으르렁거리는 바람 소리를 들으면서 아늑하게 잠들던 기억이 떠오른다. 따듯한 방바닥에 손을 대면서 아, 이곳은 안전해 하며 보호받는 느낌이었다. 그런데 지금은 왜 그런 안전한 느낌이 들지 않을까. 그동안 험난한 세상의 많은 경험이 두려움을 키웠나보다. 한 사람의 삶에서도 경험의 질에 따라 기질이 달라진다.

기분은 어떤가? 같은 사람이라도 아침의 느낌과 저녁의 느낌이 다르다. 날씨가 화창하면 기분이 좋아지고 머리가 맑아진다. 그러나 비가 오면 울적하게 외롭고 낭만이 찾아든다. 술 생각이 난다. 기분이 나쁘면 모든 일을 망친다. 몸이 아프면 기분이 가라앉고 불쾌하다. 늘 울적하고 즐겁지 못한 사람은 질병에 더 쉽게 걸린다. 행복감은 동요와 안정감이 균형을 잘 이루고 기분이 상쾌할 때 찾아든다.

기질 혹은 기분

살아가면서 외부 충격을 받으면 내 마음은 마치 발길에 차인 양동이의 물처럼 출렁인다. 공포와 두려움, 그리고 노여움이나 극도의 혐오감에도 마음이 동요한다. 이것이 기질의 가장 기본적 증상인 동요Aroused다. 이런 동요는 시간이 흐르면 차츰 가라앉아 평온Not Aroused을 되찾지만 경우에 따라 반복적으로 흔들릴 때는 스트레스가 된다. 코르티솔 호르몬이 방출되고 그 횟수가 지나치면 정신 질환이나 몸의 질병이 될 수 있다. 동요의 반대 축이 평온함 혹은 침잠이다. 또 다른 대립되는 기질로 쾌감과 불쾌감이 있다. 심한 스트레스는 불쾌감에 속하고 행복감은 쾌감에 속한다.

심리학자나 뇌과학자들은 Affect를 Valence(유인성)라는 단어와 유사하게 사용한다. 리사 배럿을 비롯한 이들은 유인성을 불쾌한가, 쾌적한가, 침착한가, 동요하는가라는 네 항목으로 나누어 유기체가 몸에 지닌 가장 단순한 느낌들로 정의한다. 이 네 항목을 상하, 좌우 혹은 동서남북의 대립되는 좌표로 표시하고 여러 감정을 그 안에 위치시켜보자. 2018년 아돌프와 앤더슨은『감정의 뇌과학』에서 그런 좌표를 만들었다.[26]

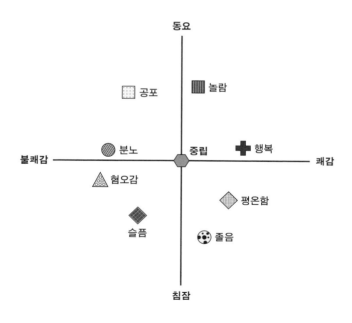

나는 쾌적하고 약간 들뜰 때(낮은 동요) 건강하고 기분이 좋아진다. 계속 평온하면 침울해지거나 처진다(동요 없음). 나는 화창한 날씨에 고요한 숲속을 걸으면 행복하다. 주변 환경에 의해 사회에서 겪은 동요와 불쾌감으로부터 해방된다(쾌). 나는 몸에 질병이 생기면 쾌적하지 못하다(불쾌). 이것이 기질, 혹은 기분Affect의 네 가지 대립항이다.

물리적 환경뿐 아니라 사람들의 외모와 옷차림에 의해서도 내 기분은 달라지고 판단도 달라진다. 찰스 디킨스의『위대한 유산』에는 잘생기고 옷을 잘 입는 죄인보다 겉모습이 흉하고 남루한 차림의 무죄인에게 판사가 더 무거운 판결을 내리는 에피소드가 나온다. 아름다운 여인에게 더 낮은 형량을 주는 예도 마찬가지다. 그만큼 물리적 외양이 인지와 판단에 영향을 미친다. 만일 기질이나 기분이 판단을 좌우하고 물질성이 이미 인식 속에 들어온다면 데카르트가 생각했듯이 합리적인 사고를 통해 감정을 조절하고 객관적인 판단에 이른다는 가정은 맞지 않는다. 기질은 모든 감정의 예측과 느낌과 인지 판단에 결정적인 영향을 준다. 아니 이미 그들의 일부다. 그래서 기질과 기분의 뜻을 가진 단어 Affect는 '영향을 미치다'라는 뜻으로 쓰인다.

의식이 나의 어떤 기질이나 감정을 극복하려 해도 쉽지 않은 이유는 기질의 영향력이 무시할 수 없는 것이기 때문이다. 상부의 의식은 하부의 몸이나 물질성에 의존하고 있다. 아니 그저 몸의 판단을 전달하는 다리다. 몸은 아주 오래전 진화 이전 유기체의 DNA를 내장하고 있어 그 후에 진화된 의식보다 더 강하다. 의식은 몸의 이미지일 뿐이다. 이것이 합리적인 사고를 통해 내 감정을 극복하거나 의지로 내 기질을 바꾸는 일이 그리 만만치 않은 이유다. 물론 의식 없이 나는 아무런 느낌도 인지도 판단도 갖지 못하기에 의식의 힘도 만만치 않다.

합리적 사고로 감정을 극복하기 힘든 이유

판단에 영향을 미치는, 아니 판단의 일부인 기분이나 기질은 내장되어 있었기에 그 후에 진화한 의식이 간섭할 수 있는 영역이 아니다. 우리는 면접을 보기 위해 옷을 단정하게 입고(성형수술까지 하는 이도 있다) 소개팅을 할 때 은은한 분위기를 찾는다. 이런 것은 경험에서 얻은 지식이요 의식적 판단이다. 그러나 그것이 타고난 내 기질을 완전히 바꾸지는 못한다. 어떤 아이는 태어날 때부터 늘 방방 뛰고 어떤 아이는 늘 침착하다. 그 두 아이의 기질은 타고난 것이어서 교육이나 훈련을 통해 길들일 때 조심해야 한다. 그 차이가 장래 그 아이의 특기가 된다는 점에 더 주목해서 길들여야 한다는 것이다. 나는 일생 동안 경험을 통해 기질에 맞추어 살아가는 법을 배운다. 이 배움이라는 과정이 의식에 배당된 몫이다. 전두엽에 저장된 경험에 의해 예측하고 대응하는 일은 의식 이전에 일어나지만 사회적 동물인 나는 교육, 훈련, 배움으로 경험을 풍부하게 쌓아 세상으로 나아가는 조금 더 튼튼한 다리를 놓는다.

기분이나 기질이 인지의 일부이고 판단에 영향을 미치는 이유는 그것이 몸의 건강을 위해 배치된 DNA이기 때문이다. 모든 유기체의 가장 기본적인 임무는 생명 유지를 위해 건강을 지키는 일이다. 이것이 합리적 이성으로 기질과 감정을 완전히 바꿀 수는 없는 이유다. 뇌 하부의 원초적 힘과 상부의 진화된 힘이 팽팽히 존재하는 한 어느 한쪽으로 문제를 '완전히' 해결하는 길은 없다. 그보다 안전한 길은 서로를 인정하고 소통하는 것이다. 양당이 팽팽히 맞서기에 나의 뇌는 생각보다 훨씬 더 민주적이다. 대립하는 두 정당이 상대방을 인정하고 소통해야 건강한 의회민주주의가 이루어지듯이 몸과 의식이 서로를 인정하고 소통할 때 그런대로 건강이 유지된다. 이런 맥락에서 뇌과학은 정신 건강과 몸의 건강이 결코 분리될 수 없이 하나임을 증명한다.

건강한 몸을 위해 기질의 네 가지 기본 항목은 어떻게 소통해야 할까. 우리는 항상 즐거울 수만은 없고 늘 불쾌할 수도 없다. 늘 동요할 수도 없고 늘 침잠하거나 차가울 수도 없다. 어느 한쪽으로 완전히 기울면 건강이 파괴된다. 동서남북 혹은 상하좌우의 좌표 위에 이 네 항목을 배치해보자. 동(좌)은 불쾌감이고 서(우)는 쾌감이다. 남(하)은 침잠이고 북(상)은 동요다. '두려움Fear'이라는 감정은 동북(불쾌감과 동요) 사이에 있다. 곰을 보고 두려워하거나 병원 대기실에서 느끼는 불안함은 즐거울 수도 침착할 수도 없다. 분노 역시 같은 좌표 안에 있지만 두려움보다 동요가 조금 낮다. 분노는 불쾌하지만 공포만큼 동요가 심하지 않다. 학자들은 분노가 전두엽에 의해 조절 가능하다고 본다. 불쾌하지만 이보다 더 동요가 낮아지는 것이 혐오감이다. 이제 남쪽(동요 없음)으로 좌표가 더 내려간다. 불쾌감은 덜하지만 대신 가라앉고 차분해지는 것이 슬픔이다. 슬픔은 오른편으로 조금 더 이동하여 불쾌감이 낮아지고, 아래쪽으로 더 이동하여 차분히 가라앉는다.

행복한 기질은
즐겁고 적절한 동요

이제 가운데 세로축을 넘어 오른쪽 쾌감으로 이동하자. 먼저 위쪽인 동요다. 놀라움은 동요가 심하지만 불쾌보다 쾌 쪽이다. 호기심은 쾌감에 속하기 때문이다. 누구나 원하는 행복감은 어디에 있는가. 오른쪽, 쾌감의 축으로 더 이동하고 아래로 더 내려가 동요는 낮아진다. 즐겁고 적절한 동요, 이것이 행복한 기질이다. 평온함Calmness은 행복감만큼 쾌적하지만 동요가 덜하다. 드디어 아래쪽 동요 없음의 축을 넘어 내려간다. 평온함보다 조금 더 내려가면 우리가 원하는 졸음Sleepiness이 나온다. 아, 불면증에 시달리는 현대인들이 가장 원하는 졸음이여! 쾌감에서 조금 멀어지고 조금 더 동요 없음으로 내려간다. 잠자기 전에는 절대 공포영화와 같이 증오,

질투, 혐오감, 슬픔 등의 감정이 동요되는 영화나 소설을 보면 안 된다. 물론 그런 종류의 생각도 좋지 않다. 모든 욕심과 야망을 내려놓고 마음을 비우는 것이 좋다. 마음을 비우면 약간의 쾌감과 평온함이 찾아든다. 어린 시절처럼 단순해지는 것이다. 내일 할 일이나 앞날의 계획에 대해 생각하는 순간 잠은 달아난다. 왜 그럴까?

위의 좌표에서 놀라움의 자리에 호기심과 추구의 감정을 놓아보자. 추구는 두려움과 함께 생물체의 가장 기본적인 감정이다. 두려움이 불쾌감과 동요가 가장 높은 감정이라면 오른쪽의 쾌감과 동요가 가장 높은 감정이 추구 시스템이다. 추구는 도파민이라는 즐거운 호르몬을 분비하고 이것은 동요에 속하므로 잠과 먼 거리에 있다. 불면증으로 잠이 오지 않을 때 일에 관해 생각하거나 그 사람이 누구인가 알려는 생각은 잠을 멀리 쫓아내는 지름길이다.

이런 기질 혹은 기분이 생명체에 내장된 기본 감정이다. 이런 감정들은 내가 수시로 겪는 것이지만 유아기에는 그리 풍부하지 않고 단순하게 작동한다. 배고프면 울고 기저귀가 젖으면 운다. 갓 태어난 아기에게는 단순히 쾌와 불쾌의 본능적 구분이 있을 뿐이다. 18개월 이후부터 서서히 상징계로 진입하면 유아는 조금씩 자신을 인식하게 되고 부모가 나와 다른 사람이라는 것을 인지하게 된다. 이후 아이는 자아를 의식하고 타인을 의식하면서 성장한다. 그리고 단순한 기질들은 복합적인 감정(느낌)으로 더 세분화된다.

이런 발달 단계는 원초적 기질로 시작해 전두엽으로 올라가기 때문에 뇌의 아랫부분부터 차츰 위로 올라가는 방향을 취한다. 철학이나 심리학에서는 가장 원초적인 인간의 감정을 두려움과 추구욕으로 보는 경향이 있다. 모든 유기체의 원초적 기질이 아닌 진화된 인간의 감정을 다루기 때문이다. 사회적 동물로서 인간은 사적이고 사회적인 감정을 갖기에 유기체 가운데 가장 복합적이고 미묘한 감정의 소유자가 된다. 감정 역시 기억이나 인지가 진화하듯이 똑같이 진화하는 것이다.

야크 판크세프에 따르면 감정은 뇌의 하부로부터 상부를 향해 세 단계의 층위로 진화한다.[27] 가장 하부에 원초적 기질인 추구, 돌봄, 분노, 정욕, 두려움, 공포, 그리고 놀이가 자리 잡는다. 인간은 포유동물과 이 부분을 공유한다. 그보다 조금 상위에 두 번째 단계의 감정이 있다. 오직 개체화된 인간만이 갖는 자의식적 감정이다. 공감, 원망, 그리고 수치심이다. 그보다 상위에 세 번째 단계의 감정이 자리 잡는다. 타인과 거리두기 기술, 마음 챙기기, 정신화가 있고, 전두엽이 담당한 감정 예측이 있는데, 즉 어떤 감정인가 예측하고 느낌으로 인지하는 것이다. 전두엽과 비슷한 상위에 신피질이 있다. 여기서 조심할 것은 이것이 산뜻한 삼분법이 아니라는 점이다.

판크세프의 이런 감정 진화 세 단계를 프로이트가 1923년에 출간한 글 「에고와 이드」(SE 19:3-66)를 토대로 풀어보자. 프로이트는 우선 뇌를 연상시키는 그림을 그리고 맨 아래부터 위로 올라간다. 가장 아래가 침묵하는 '무의식'이다. 그보다 조금 위가 무의식 가운데 귀환하는 부분으로 '이드'다. 현실에 의해 억압된 부분이다. 그보다 조금 위가 '자아(에고)'다. 그리고 그 위에 '전의식'이 있다. 전

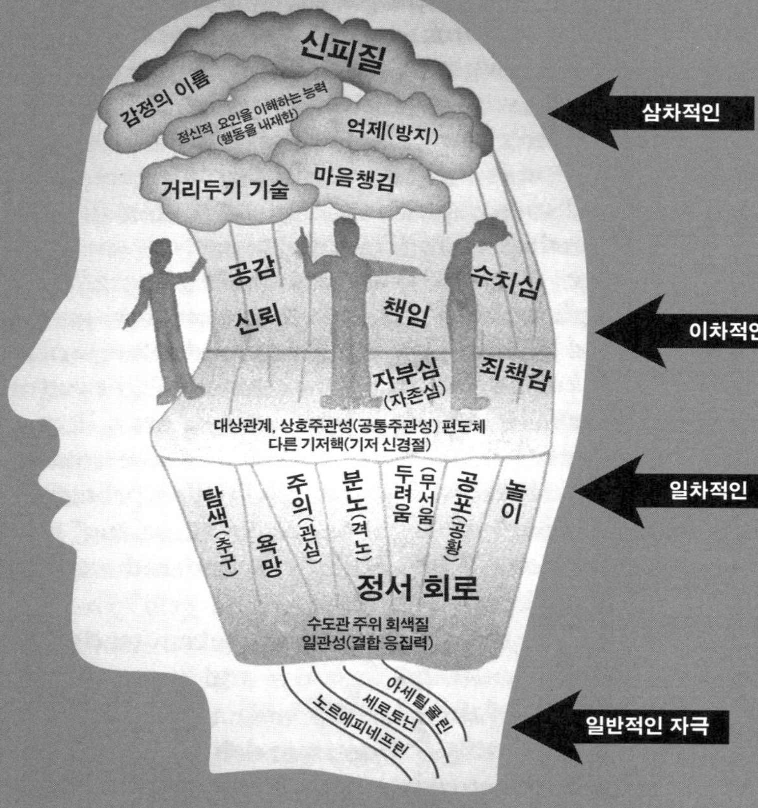

신피질
감정의 이름
정신적 요인을 이해하는 능력
(행동을 내재한)
억제(방지)
거리두기 기술
마음챙김
공감
신뢰
책임
수치심
자부심
(자존심)
죄책감
대상관계, 상호주관성(공통주관성) 편도체
다른 기저핵(기저 신경절)
탐색(추구)
욕망
주의(관심)
분노(격노)
두려움(무서움)
공포(공황)
놀이
정서 회로
수도관 주위 회색질
일관성(결합 응집력)
아세틸콜린
세로토닌
노르에피네프린
삼차적인
이차적인
일차적인
일반적인 자극

의식은 기억이 저장된 곳으로 정신분석은 이것에 의해 이루어진다. 최근의 뇌과학자들이 말하는 전두엽에 해당된다. 의식 바로 직전에 전두엽의 감정 예측이 이루어진다는 최근 가설을 이미 100년 전에 프로이트가 밝힌 셈이다. 그 위, 뇌의 표피가 '초자아(슈퍼에고)'다. 아버지를 상징하는 법과 사회가 요구하는 현실원칙이다.

프로이트의 글에서 가장 중요한 부분은 초자아가 이드의 변형이라는 점이다. 다시 말하면 이드는 원초적 기질에 해당되고 이 기질은 가장 오래된 뇌 기관이지만 가장 강력한 삶의 원동력으로 뇌 전체를 지배한다. 판크세프도 이를 원초적 기질이라 한다. 자아는 뇌의 중간 부분으로 의식에 해당된다. 두 번째 단계인 자의식적 감정들이 자리 잡는다. 초자아는 가장 상부에 위치하는 거리두기, 정신화, 그리고 전두엽을 비롯한 경험의 저장소인 신피질에 해당된다.

이드는 가장 하부이지만 생명을 좌우하기에 초자아는 이를 대변하고 자아는 외적 현실을 대변하여 둘 사이의 치열한 갈등이 전개된다. 프로이트는 말한다. "자아가 현실의 대변자라면 초자아는 강력한 이드의 대변자"라고. 내가 살면서 겪는 수많은 갈등의 원인이다. 정신분석이 부도덕하다는 세상의 비판에 대해 프로이트는 후기에 발표한 이 글에서 이드의 대변자와 싸우는 의식의 도덕적 측면을 강조하려 했다. 그런데 이것이 프로이트에 대한 오해를 낳는다. 사람들이 자아, 초자아, 그리고 이드의 관계를 산뜻한 삼분법으로 오해한 것이다.

이드는 원초적인 감정이고 초자아는 의식의 눈치를 보며 이것을 변형시킨다. 초자아는 이드의 위장된 변형으로, 훗날 라캉이 강조하듯이 만일 이것을 지나치게 밀어붙이면 이드가 본모습을 드러내게 된다. 그토록 법을 잘 지킨 독일인들이 왜 수많은 유대인을 학살했는가. 법의 명령을 지나치게 밀어붙이면 사도마조히즘적 쾌락이 얼굴을 드러낸다는 것이다. 만일 삼분법으로 자아가 초자아의 도움을 받아 이드를 조정하는 것이라면 삶에서 문제는 일어나지 않을 것이다. 아니 삶이 얼마나 정확하고 재미없을 것인가. 경험도 실패도 배움도 없는 건조한 삶이 될 것이다. 감정 없는 인공지능의 삶이 그럴 것이다.

기질은 가장 원초적인 기분이기에 상부의 감정에 영향을 주고, 인지와 판단에 영향을 미친다. 분위기 은은한 카페의 술잔이 이룰 수 없는 사랑의 도화선이 되는 것을 합리적 이성이 어찌 판단하고 극복하랴. 아니 합리적 이성이란 본질에서 이미 내장된 감정인 것을! 제발 산뜻한 삼분법에서 벗어나시라. 이처럼 감정의 분포가 산뜻한 삼분법이 아니라면, 합리적 이성이 감정을 극복할 수 없다면, 나는 어떻게 살아야 그럭저럭 실패를 줄이고 감정을 지닌 사회적 인간이 될 것인가. 소로가 말한 것처럼 "문명인이란 좀더 경험이 많고 좀더 현명해진 야만인일 따름"(60)이라면, 어떻게 내 안에 야만인이 있다는 것을 인정하면서 문명인이 될 것인가. 야만인은 바로 내 건강을 지키는 수호신인 것을!

자의식 과잉과
자의식 결핍

아무리 봐도 싫증 나지 않는 몇 개의 영화 장면이 있다. 클린트 이스트우드가 감독과 주연을 맡은 「용서받지 못한 자Unforgiven」(1992)의 첫 장면과 마지막 장면이다. 황혼이 짙게 드리운 벌판 저 너머에서 줄 위의 빨래가 하얗게 바람에 나부낀다. 커다란 나무 한 그루가 보이고 그 아래 키 큰 남자 한 명이 고개를 숙이고 서 있다. 인간의 숙명인 고독의 극치를 느끼게 하는 장면이다. 죽은 아내의 무덤에서 애도하는 남자가 멀리 보이는 이 장면이 영화의 시작과 끝을 장식한다. 한때 어린이와 노인까지 모조리 쏴 죽이는 잔인한 살인자로 악명 높았던 윌리엄 머니(클린트 이스트우드)는 좋은 아내를 만나 두 아이를 낳고 성실한 삶을 산다. 그러나 죽은 아내의 무덤 곁에서 돼지 기르는 일로 두 아이를 키우는 일은 결코 쉽지 않았다. 그때 와이오밍의 카운티에서 사건이 터진다. 창녀 가운데 한 명이 폭력을 휘두른 악당에게 얼굴을 베이고 창녀들은 그 악당들이 처벌받기를 원한다. 그러나 보안관 빌(진 해크먼)은 그 악당들과 한통속이어서 그녀들은 대신 복수해줄 총잡이를 찾기 위해 돈을 모아 현상금을 건다. 그 소문을 듣고 찾아온 어린 총잡이 키드에게 머니는 아이 둘을 제대로 키우기 위해 현상금을 배분하는 조건을 내걸고 악당을 찾기로 동의한다.

이 영화의 매력은 겉으로는 악을 응징하려는 머니와 악당들의 대결인 것 같아도 사실은 머니와 보안관 빌의 대결이라는 점에 있다. 그것은 단순한 선악의 대결이 아니었다. 과거 악의 대명사였던 총잡이가 아내의 도움으로 변신하여 악과 대결한다. 그래서 여전히 잔인한 명사수다. 자아에 의해 이드가 초자아로 변신한 것이다. 그래서 '용서받지 못한다'는 제목에는 아이러니가 있다. 여성에 대한 폭력을 응징하는 머니는 악의 변형으로서 선이고 마을을 지키는 보안관 빌은 선의 탈을 쓴 악이다. 그는 잔인하고 대단한 총잡이지만 악당을 이용하고 창녀들의 아픔을 외면한다. 그리고 그 모든 것보다 사악한 것은 바로 그의 용기가 선을 위한 것이 아니라 남에게 과시하기 위한 것이라는 점이다. 작가를 고용하여 자신의 힘을 글로 남기려 하고 사적인 욕심을 공공의 선으로 착각한다. 민주 정치의 암적 요소인 허세와 위선이다.

진짜 실력은 남에게 과시하는 게 아니라 자신에게 보이는 것이며 그 용기는 사회를 위한 것이 되어야 한다. 이 전통은 에머슨의 자긍으로부터 소로와 트웨인, 피츠체럴드, 헤밍웨이의 문학에 잘 나타난다. 마크 트웨인의『톰 소여의 모험』의 주인공 허클베리는 뗏목의 삶이 고독하여 마을에 들른다. 그때마다 그는 사람들이 과시하는 용기가 어떤 희생과 악을 낳는지 본다. 톰의 헛된 용기와 허클의 용기는 다르다. 현실에 맞지 않는데도 책에 나온 그대로 실천하는 어리석은 톰에 비해 허클의 용기는 사적이고 리얼하다. 사회가 악으로 응징하는 도망친 흑인 노예가 마을 사람들보다 더 착한 것을 알고 '감옥에라도 가겠다'고 고발장을 찢는 허클은 비록 제대로 교육받지 못하고 사회로부터 고립된 방랑아지만 민주주의가 원하는 용기의 원형을 보여준다. 나약해 보이는 피츠제럴드조차 과시하는 부와 용기가 주위로부터 이용당하고 버려지는 것을 『위대한 개츠비』에서 보여준다. 그러나 뭐니 뭐니 해도 자신에게 보이는 용기를 줄기차게 강조한 작가는 헤밍웨이다.

다시 머니와 빌에게로 돌아가보자. 머니의 용기는 허세도 위선도 아니다. 그는 남에게 보이는 것에 큰 관심이 없다. 비록 늙었지만 옛 실력을 끌어내 빌의 위선을 처단하는 용기는 두 아이를 위해 돈이 필요한 현실에서 나온 것이다. 그리고 그것이 창녀들의 원한을 풀어주고 빌을 둘러싼 겁쟁이 무리의 허세를 응징한다. 그리하여 마을의 치안을 바로잡는 힘이 된다. 자신에게 보이는 용기가 곧 사회를 위한 용기가 되는 것인데, 이것이 적절한 자의식이다. 내 안의 타인을 의식하는 나를 바라보는 내가 있기에 나는 외출할 때는 옷을 잘 차려입는다. 예절을 지키고 법을 지킨다. 그런데 이런 자의식이 지나치게 될 때, 자아가 증발하고 타인이 자리 잡는다. 남들이 하는 유행을 따라야 마음이 놓이고 명품 가방을 들어야 어깨에 힘이 들어간다. 사회 명사가 이야기하는 것을 무조건 따라야 마음이 편하다. 자기 의견은 없다. 큰일을 할 때 남을 지나치게 의식하면 일을 망치기 쉽다. 어깨에서 힘을 빼라. 하지만 이게 쉽지 않다. 적절한 자의식이란 몸이 세상과 적절한 관계를 맺는 것이다. 많은 사람이 우울증을 비롯하여 크고 작은 정신 질환으로 힘들게 사는 것을 보면 이 관계 맺기란 그리 쉬운 일이 아님을 알 수 있다.

다마지오와 번스타인이 언급했듯이 진화는 지구상에서 가장 힘세지만 동시에 가장 연약한 동물을 낳았다. 나와 타인이 다르기에 고독하고 남의 시선을 의식하기에 자아를 잃기 쉽다. 프로이트가 이차적 나르시시즘이라고 표현했듯이, 라캉이 분열된 주체라고 말했듯이, '내 안에 나를 바라보는 또 다른 나'가 있고 그런 나는 늘 세상(대상)을 떠나 존재하지 않는다. 프로이트가 말하는 원초적 나르시시즘은 나와 타자의 구별이 없는 유아다. 그 후에 나와 타인이 다르다는 것을 인식하는 이차적 나르시시즘 단계가 온다. 이때 앞의 리비도가 그 뒤에 오는 단계보다 더 강하기에 적절한 자의식이란 그리 쉬운 게 아니다. 가장 잘 드러나는 예가 사랑이다. 연인은 엄연히 나와 다른 개체지만 나는 언제나 그녀와 하나가 되는 원초적 나르시시즘을 포기하지 못한다. 그것이 사랑의 고통이다. 그녀의 개성과 권리를 인정하라는 명령은 초자아의 것이다. 그러나 초자아의 본모습인 이드(몸)는 그녀와 하나 되기를 꿈꾼다. 몸의 욕망이 클수록 갈등도 커진다. 사랑의 승화란 먼저 내 몸의 욕망을 인정하고 그 욕망을 사회가 인정하는 위치로 끌어올려 그녀의 인정을 받는 것이다. 머니의 용기는 자신을 위한 용기에서 출발한다. 그리고 그것이 타인을 위한 용기가 되기에 안전한 자의식이다.

이에 비해 빌의 용기는 타인에게 과시하는 용기다. 그리고 그것이 타인을 비겁한 추종자 집단으로 만든다. 과시하는 힘은 타인을 폭도의 집단으로 만들어 개인의 권리나 인격을 집단에 종속시킨

감정 연구

다. 그리고 결국 대장은 폭도의 집단에 의해 이용당하고 쓸모없으면 버려진다. 남에게 과시하는 용기는 위험하다. 과시란 자의식 과잉일 수도 있고 동시에 자의식 결핍일 수도 있다. 자의식 과잉은 리비도가 타인에게 집중되어 자아는 텅 비는 것이고, 반대로 자의식 결핍은 자아에게 리비도가 치우쳐서 타인의 인격과 권리를 인정하지 못하는 소유적 집착이다. 적절한 자의식이란 언제나 자아로부터 출발해 타자를 인정하는 나와 타인의 공존 의식이다. 이드(나)와 초자아(너)는 이런 방식으로 소통하고 타협할 때 그나마 안전하다. 이것이 자긍심이다.

자존감은
어디에서 오는가

나는 「빅 컨추리」(1958)라는 오래된 영화를 보고 또 본다. 두 장면 때문이다. 동부의 신사 매케이(그레고리 펙)는 데릴 소령의 딸, 펫을 만나 서부로 온다. 끝없이 넓은 서부의 땅에는 소를 먹일 물이 필요했고 '빅 머디'라는 아름다운 강을 두고 소령과 헤네시가는 원수처럼 싸운다. 데릴 소령의 목동장인 리치는 펫을 사랑하기에 장래의 사윗감으로 여겨지는 매케이가 못마땅하다. 리치(찰턴 헤스턴)는 첫날 매케이가 헤네시 일당의 모욕을 참고 대응하지 않았기에 동부에서 온 나약한 겁쟁이라는 것을 집안사람들 앞에서 증명하고 싶어 안달이 난 근육질의 사내다. 그는 자신의 의견이 전혀 없고 그저 주인인 소령의 명령을 충실히 따르는 부하다. 소령의 집 안에는 사납고 거칠기로 유명한 말이 있어 누구나 타기를 꺼린다. 매케이를 겁쟁이가 아닌지 의심스런 눈으로 보는 펫과 소령 앞에서 리치는 말을 타보라고 권하지만 매케이는 거절한다. 역시 겁쟁이군 겁쟁이야. 그러나 매케이는 침묵한다. 모두 나가고 집 안이 텅 비었을 때 그는 마구간에 가서 그 말을 탄다. 물론 수도 없이 떨어지고 말에게 차이지만 그는 끝까지 포기하지 않고 그 말에 올라탄다. 오직 한 사람 인디언 하인만이 놀랍고 감탄스럽게 그 광경을 지켜봤고 매케이는 그 사실을 아무에게도 말하지 말라고 이른다. 이것이 내가 좋아하는 장면이다. 또 다른 장면을 보자.

홀로 드넓은 서부를 나침반 하나로 탐색하다가 매케이는 펫의 친구이면서 초등학교 선생인 줄리를 만나게 된다. 조부가 남겨준 빅 머디와 과거의 영광을 말해주는 허물어진 집들을 혼자 돌보는 줄리는 소령을 닮은 펫과 달리 독립심이 강하고 두 집안의 싸움에서 어느 편에도 서지 않는다. 양쪽 집안의 말들이 공평하게 물을 마실 수 있어야 하기 때문이다. 그녀의 용기를 알아본 매케이는 빅 머디를 자신이 사겠다고 제안한다. 두 집안에 공평하게 물을 줄 권리를 얻으려는 것이다. 매케이를 황야에서 길을 잃은 겁쟁이로 착각하고 찾아 나섰던 리치는 돌아온 매케이에게 다시 대결을 신청한다. 모든 사람 앞에서 싸우자는 것이다. 물론 매케이는 거절한다. 역시 겁쟁이군 겁쟁이야. 그는 소령과 펫을 실망시킨다. 그날 밤 모두 잠든 한밤중에 매케이는 리치를 찾아가 결투를 신청하고 둘은 달빛만이 증언하는 벌판에서 지치도록 싸운다. 둘 다 만만치 않지만 매케이가 한 수 위다.

매케이와 머니의 공통점은 무엇인가. 아니 그가 사람들이 없는 곳에서 거친 말을 타고 아무도 없는 곳에서 리치와 결투를 벌인 이유는 무엇일까. 진짜 용기는 자신에게 증명하는 것이고 남을 위한 것이라는 믿음 때문이다. 개인의 감정이 집단의 것으로 바뀌는 것은 그 개인이 힘을 과시하는 데서 온다. 보안관 빌의 경우도 마찬가지다.

모든 동물에게 내장된 원초적 감정은 '두려움'이다. 두려움은 생명을 지키는 강력한 감정이다. 모든 동물은 먹이를 찾는 적들에게 둘러싸여 평생을 살아간다. 원시적인 포식자가 드문 현대 산업사회에서 이는 경쟁자로 바뀐다. 먹고 먹히는 생존의 싸움은 '불안'으로 내재하고 생명의 동반자가 된다. 두려움은 적을 발견하는 순간 방어하라는 의미에서 일어나는 감정이지만 문제는 그 빈도가 지나치면 건강에 해를 끼친다는 것이다. 몸의 요구와 의식의 방어가 균형을 잃으면 공황장애와 같은 질병이 생긴다. 이 두려움을 극복하는 감정이 용기다. 두려움과 맞서 싸우는 용기다. 그래서 용기는 부러움의 대상이 된다. 그렇기에 남에게 보이는 용기는 허세가 되고 남에게 이용당하기 쉽다. 사람들은 그 힘을 빌려 자신의 결핍을 채우려 하기 때문에 겁쟁이들의 거짓 용기가 되고 집단폭력의 근원이 되기 쉽다. 두려움이 '나의 것'이듯이 용기도 '나의 것'이고 자신

에게 증명하는 것이 되어야 한다. 그것이 자존감 혹은 자긍심Self-
Reliance의 원천이다. 그리고 그 길이 개인이 사회를 개선하는 올바
른 길이다.

감정은 생리 현상이다:
마음의 병은 몸의 병이다

감정은 유기체가 항상성을 유지하기 위해 외적 자극에 대응하는 내
적 반응이다. 스트레스를 받으면 코르티솔을 분비하여 균형을 취하
려고 한다. 그런데 스트레스가 계속되면 해마에 영향을 주어 기억
력을 감퇴시키거나 면역력의 약화로 다른 질병을 유발한다. 인간은
여느 동물과 달리 의식이 진화해 이 균형이 깨질 우려가 있다. 감정
이 몸의 주인인데 의식이 자신인 것처럼 가로막고 있기 때문이다.

'행복해서 웃는다'는 '자유의지의 착각' 속에서 나는 살아간다.
그런 착각이 강물처럼 빠르게 흘러가는 시간에 대응하는 최선의
길이기 때문이다. 배럿이 말했듯이 감각이나 감정을 일으키는 몸의
신경망이 우선이고, 전두엽의 예측을 거쳐 이미지화하는 신경망이
다음이다. 그러고 나서 의식한다. 물론 이런 일은 전광처럼 순식간
에 일어난다. 감정은 생명 유지에 결정적인 뉴런들로 경험에 바탕
을 둔 예측을 신체에 전송해서 호흡, 심장, 코르티솔 방출, 포도당
촉진 등을 담당한다. 그리고 먹기, 마시기, 잠자기 등 면역체계를 유

지하는 데 관여한다.

전두엽은 이런 몸의 예산을 예측하여 이미지로 표상한다. 예를 들면 에너지 분출이 필요할 때 부신에게 코르티솔을 방출하라고 명령한다. 그런데 이런 일들은 의식하기 직전에 일어나는 까닭에 나는 행복하기에 웃는다고 믿는다. 의식의 명령을 따르면 마음과 몸이고 감정의 명령을 따르면 몸과 마음이다. 이리 가든 저리 가든 몸과 마음은 하나요, 감정은 건강과 직결된다.

다마지오는 『사물의 이상한 질서』에서 긍정적 느낌은 항상성을 높이고 건강 유지에 도움이 되지만 지나친 슬픔이나 부정적 감흥은 우울증이나 다른 신체 질병을 유발한다고 말한다. 내가 여기서 거듭 같은 인용문을 보이며 강조하는 이유는 우리가 알면서도 이런 기본을 실천하지 못하기 때문이다. 왜 그럴까? 혹시 우리는 부정적 감정을 더 선호하는 기질을 안고 태어난 것이 아닐까?

최선의 혹은 좋은 범위 안에 있는 항상성은 제 스스로 평안함과 기쁨을 드러낸다. 사랑과 우정에 의한 행복감은 효율적인 항상성에 공헌하고 건강을 증진시킨다. 부정적인 예들도 똑같이 명확하다. 슬픔으로 인한 스트레스는 시상하부와 뇌하수체 선을 자극하여 분자들을 방출케 한다. 그 결과 항상성을 감소시키고 실제로 혈관과 근육체계와 같은 수많은 신체 부분에 해를 입힌다. 흥미롭게도 신체의 질병에 대응하는 항상성의 부담은 똑같은 시상하부와 뇌하수체 선을 자극하여 불쾌감을 유도하는 분자인 다이노르핀을 방출케 한다(117).

　감정의 존재 이유가 항상성 유지에 있기에 몸은 건강 상태를 느낌으로 전달한다. 몸이 아플 때 기분이 나쁜 것은 몸이 의식에 보내는 이상 신호다. 캔델 역시 『통찰의 시대』에서 감정에 따른 호르몬의 분비를 다음과 같이 세분화했다. 기운을 북돋우고 쾌감을 방출하는 도파민은 추구, 예측, 보상에 따른 배움의 감정과 관련된다. 엔도르핀은 기쁨, 쾌락, 흥분을 유발하고 옥시토신-바소프레신은 사회적인 공감, 유대감, 신뢰에서 분비되는데 특히 옥시토신은 믿음, 이해, 공감과 안정감을 늘리고 상대적으로 두려움을 줄이기에 스트레스 호르몬인 코르티솔을 감소시킨다. 우리에게 사랑과 우정이 필요한 이유다. 노르에피네프린, 노르아드레날린계 시스템은 주의집중, 신기한 추구, 두려움에서 분비되는데 스트레스 호르몬이 대표적이다. 아무리 좋아하는 일이라도 지나치게 몰입하고 추구하면 호르몬 분비에 균형이 깨지고 질병이 생기는 이유다. 세로토닌은 안전감, 행복감, 슬픔 등의 다양한 감정에 관여하고, 콜린계는 주의집중과 기억 저장에 관여한다(425-433).

　인간은 세상과 뗄 수 없는 관계 속에서 살아간다. 감정은 호르몬 분비를 통해 이 관계를 조절하는 생명줄이고 이것이 최근 정신 치료에서 '감정 중심 치료'가 핫이슈인 이유다. 치료의 방향이 인지적 측면에서 몸에 뿌리를 둔 감정과 정서를 살피는 쪽으로 옮아간다. 판크세프는 『뇌 감정 체계와 정신적 삶의 질』에서 정서와 감정

치료의 중요성을 이렇게 밝힌다.[28] 추구Seeking와 두려움Fear, 분노Rage, 정욕Lust, 돌봄Care, 공포Panic, 슬픔Sadness, 놀이Play는 유전적으로 상속받은 포유류의 생존 도구들이다. 뇌의 하위 영역인 감정은 정서적 반응에서 기억, 경험, 언어 처리를 통해 상위 신피질에서 통합되기에 정서의 치료는 뿌리이며, 인지적 치료는 가지다. 뿌리가 없으면 나무는 살지 못하고 가지가 없으면 잎을 피우지 못한다.

추구 욕망 체계는 리비도의 기본이다. 적극적인 탐험가로서 인간은 환경 속에서 몸에 이로운 것을 추구하고, 세상의 의미를 추구한다. 보상과 행복을 통해 배운 것을 개념화하기 때문에 뇌의 상위 영역과 가장 많이 연계되고 모든 감정의 공통 토대 역할을 한다. 추구 욕망만큼 강렬한 것이 공포와 불안 체계로서 모든 동물에게서 나타난다. 안전과 생명 유지를 위한 감시 체계요, 경보 체계이기에 도파민을 분비한다. 그런데 인간에게 이 두 감정은 다른 동물보다 더 강해 상하의 균형을 잃기 쉽다. 도파민이라는 쾌락 호르몬이 분비되기에 지나치게 추구되고 그 양만큼 불안이 늘어난다. 사회가 추구욕을 부추기고 경쟁이 심해질수록 불안도 동시에 늘어난다. 특히 소유의 욕망은 추구할수록 더 불만이 커져 호르몬 분비의 균형을 잃기 쉽다. 스트레스를 계속 받으면 코르티솔의 분비가 지나쳐 항상성이 깨지는 것과 같은 맥락이다.

이제 기본 감정에서 고차적 감정으로 올라가보자. 주로 추구의 좌절에서 오는 부담이다. 소외감, 절망, 분노 등은 몸이 세상과 적절한 관계를 맺지 못할 때 일어난다. 욕정과 성적 체계 역시 추구 욕망과 연결되기에 옥시토신과 도파민을 방출한다. 사랑과 정욕의 갈등 사이에서 얼마나 많은 사람이 방황하는가. 정욕은 사랑의 일부가 될 때 긍정적 감정이 된다. 인간은 사회적 동물로서 돌봄이나 놀이를 통해 기쁨이라는 긍정적 감정을 가질 수 있다. 그러나 혐오감, 허영, 질투, 부러움, 죄의식 등의 부정적인 감정이 더 강렬하다. 앞의 감정들은 의식적인 시도와 노력이 요구되지만 뒤의 감정은 소리없이 찾아들어 몸의 균형을 무너뜨린다. 앞의 감정은 사회가 장려하고 뒤의 감정은 사회가 억압하기 때문이다. 감정은 억압하면 더 강해진다. 인정하고 살살 달래야 한다. 여기서 중요한 화두가 태어난다. 비록 감정은 하부에서 상부로 진화되었고 하부가 더 강하지만 소통과 적절한 균형을 위해 상부에서 하부로 이행하는 의도적 노력이 필요하다는 것이다. 다시 말하면 항상성을 유지하려면 의도적으로 긍정적인 감정을 키워야 한다.

왜 긍정적인 생각이 중요할까?

청춘은 붉은색도 아니고
사랑은 핑크빛도 아니더라.
마음에 따라서 변하는 욕심 속 물감의 장난이지
그게 인생인 거야.

나이가 들면 내일보다 과거를 더 돌아보게 된다. 아픔과 후회되는 일들이 있기 때문이다. 아, 그때 그런 선택을 안 했더라면…… 그런 일만 없었더라면…… 시간을 되돌릴 수만 있다면…… 그런 생각이 들면 세월이 허무하고 지나온 삶이 아무 의미 없게 느껴진다. 물론 잠도 오지 않고 우울해진다. 그러나 자신의 과거를 자세히 자꾸만 되돌아보면 한 가지 중요한 사실을 알게 된다. 그때 그 선택이 훗날 더 좋은 결과를 얻었다는 사실이다. 아무리 보잘것없는 삶도 그 속에 진주처럼 소중한 경험과 배움이 숨어 있었다. 그 학교에 갔기에 이런저런 기회를 얻을 수 있었지. 그 사람을 만났고 배반의 아픔을 겪었기에 그 후에 다시는 그런 실수를 되풀이하지 않았던 거야. 자세히 더듬어보니 후회했던 모든 일 속에 나름대로 역할과 이유가 있었다. 철없는 시간 속에서도 참 열심히 살았네. 그리고 마침내 삶의 의미를 찾고 삶을 긍정하게 된다. 해를 입힌 사람들 수와 도움을 준 사람들 수가 엇비슷했다. 그리고 마침내 해를 입힌 사람들 덕에 잘된 일들이 있었다는 것도 찾아낸다. 인생은 보물찾기다. 비극이란 그 자체로는 아무것도 아니다. 마음이 색칠한 물감이다. 마음의 여백이다. 캔델을 비롯한 뇌과학자들은 기억을 통해 삶을 재해석하는 것이 정신 건강에 중요하다고 말한다.

전두엽은 과거의 경험들을 업데이트하면서 저장한다. 그리고 느낌도 전두엽에 저장된 개념들 속에서 예측된다. 경험이 늘어날수록 감정이 풍부해지고 해석의 능력도 세밀해진다. 여기저기 숨어 있는 개념들이 튀어나온다. 이것이 기억을 조정하여 감정을 치료하는 길이다. 과거의 경험들을 새롭게 재해석하여 나쁜 감정을 좋은 것으로 바꾸고 증오를 이해와 용서로 바꾼다. 나쁜 기억은 억압하면 더 살아나기 때문에 이렇게 긍정적인 재해석이 더 효과적이라는 것이다. 그 이유는 무엇일까.

우선 억압이나 설득은 외적인 힘에 의해 마지못해 일어나지만 긍정적 재해석은 회상의 능력에 의해 제 스스로 자연스럽게 일어난다. 기억과 재해석은 편도체, 해마, 전두엽의 상호작용에 의한 것이고 의식 바로 직전에 일어나기에 저절로 일어나는 것처럼 느껴지며 이런 느낌이 호르몬 분비의 변화를 일으킨다. 위에서 아래로 조정하는 방식이다. 만일 이런 상호작용이 약화되면 재해석 능력이 약해지고 호콘 잉겐과 마이클 앤더슨이 언급하듯이 불안이나 트라우마를 극복하기 어려워진다.[29]

불안, 공포, 분노, 공황과 같은 원시적 감정들이 더 강렬하지만 긍정적 느낌들을 불러일으키는 인지적 습관을 발달시키면 정신 질환의 치료가 가능해진다. 예를 들어 상하의 소통이 단절된 중독증이나 재활 치료를 보자. 중독증은 하부가 상부의 명령을 듣지 않는 질병이다. 그럴 때 일정 기간 의도적으로 다른 경험들을 저장하여 앞의 경험에 새로운 것들을 덧씌운다. 기억을 업데이트하는 방식이다. 반드시 일정 기간이 필요하고, 의도적이기에 치료자의 돌봄과 도움이 요구된다. 전후 외상이나 공황장애도 위에서 아래로 역방향의 조정을 통해 치료한다. 전후 트라우마는 전쟁이 끝났는데도 여전히 저쪽 코너에 적이 숨어 있는 것처럼 몸이 반응하는 경우다. 전두엽과 편도체, 해마의 연결 고리가 끊어져 상부의 인지가 하부로 내려가지 못한다. 그리하여 새로운 인지적 습관을 길들여 감정을 치유한다.

라캉은 상상계에 갇히면 정신병, 상징계로 진입했으나 적응하지 못하면 신경증, 그리고 상상계가 단절되어 상징계에 갇히면 도착증으로 봤다. 도착증은 사이코패스라는 이름으로도 알려진다. 하부의 감정과 상부의 인지 사이의 연결 고리가 끊기고 이때 감정 부분이 삭제되어 인지만 남는 경우다. 이념이나 신념에 의해서 세상을 보고 이에 어긋나는 것을 처단하는 병이다. 감정의 빈곤이기에 감정을 풍부하게 하는 훈련이 필요하다. 배럿이 언급하듯이 낯설고 흥미 있는 일에 몰두하여 새로운 감정 개념을 습득해야 한다. 감정의 단어를 학습하고 감정 개념을 입력하여 감정의 예측이 섬세하고 정확해지도록 지도한다. 예술 감상을 통해 감정을 허용하고 더 긍정적으로 풍요롭게 발전시킨다.

감정이 세분화되기 전의 어린이들에게 신피질 손상은 기질에 영향을 주지 않는다. 전두엽에 저장된 경험이 없기 때문이다. 그러나 전두엽이 발달한 어른은 인지와 감정이 연결되어 있기에 상부가 손상되면 하부의 감정도 영향을 받는다. 상부의 인지적 습관이 하부의 감정에 영향을 주고 항상성 유지에 도움을 주는 이유다. 예를 들어 사랑하는 사람을 생각하는 것만으로도 옥시토신이 분비되고 코르티솔을 줄여준다고 한다. 물론 상처받은 사랑, 터무니없는 짝사랑 등 나를 승화시킬 수 없는 연인을 생각하는 것은 우울증을 부추길 수 있다.

슬픔과 우울증,
그리고 유머

우울증은 슬픔과 어떻게 다를까? 연인이나 부모를 잃은 슬픔은 의식의 차원에서 일어나는 상실의 감정이다. 왜 슬픈지 이유를 알기에 일정한 기간이 지나면 조금씩 잊히고 저절로 치유된다. 이것이 애도다. 겨울이 지나고 봄이 오듯이 시간에 의해 자연스럽게 정상으로 회복된다. 그러나 우울증은 이와 다르다. 낙담하고 우울감과 불면증 등을 느끼지만 그 이유가 명확하지 않다. 또 병이 깊어질 때까지 그런 증세를 막연히 느낄 뿐 병적이라는 것도 모른다.

프로이트는 1917년에 발표한 「우울증과 애도Mourning and Melancholia」에서 애도와 달리 우울증은 일정 기간이 지나도 자연스럽게 치유되지 않는다고 말한다. 오히려 병이 깊어진다. 의식의 차원이 아니라 무의식의 차원에서 일어나기 때문이다.

우울증에서 의식과 무의식은 단절되어 리비도가 뇌의 하부로 집중된다. 세상으로부터 오랫동안 고립되거나, 억울하다든가 어떤 일에 실패했을 경우 대상에 대한 증오와 비난을 자신에게로 향하는 현상이다. 증오의 대상과 자신을 일치시키는 원초적 나르시시즘으로 퇴행한 것이다. 자신을 초자아의 위치로 승격시키는 유머와 정반대로 자신을 증오의 대상으로 전락시킨다. 세상이 텅 비고 자신이 초라하게 느껴지면서 현실을 고통스럽게 거부하고 낙담과 무기력, 의욕 상실, 그리고 죄의식을 느낀다. 문제 해결이 어려운 것은 이때 무엇을 잃었는지, 어떤 일에 실패했는지는 알아도 자신 속에서 어떤 일이 일어나는지, 무엇이 잘못되었는지 모른다는 것이다.

불면증, 거식증, 의욕 상실, 자학의 증상은 실제 그 자신과 아무 상관이 없다. 더 가치 없는 사람도 잘 사는데 능력 있고 정직한 사람(특히 여자)이 더 자기 비난에 빠진다. 타인은 그녀를 그렇게 보지 않는다. 자기 속의 또 다른 자아가 초자아로 승화되지 못하고 그녀와 하나 되어 자아를 탓하고 지켜보면서 비난하기에 우울증은 햄릿의 경우처럼 양심적인 사람이 더 심하게 느낀다. 자학은 자신에게 가하는 비난으로 사디즘과 마조히즘을 충족시키는 행위이고 자살 등 죽음 충동의 발현이다. 이와 반대로 우울증은 광적인 집착, 혁명가, 파괴자, 방화범, 살인범의 모습으로 나타나기도 한다.

지독한 자기 사랑은 지독한 자기혐오를 부른다. 우울증의 치료는 리비도를 타인에게 투사하고 대상과 내가 다르다는 것을 인지하는 이차적 나르시시즘으로 이행하는 데서 시작된다. 이를 위해 고립에서 벗어나 사회적 참여와 활동이 필요하다. 사회로부터 인정받는다는 느낌을 받아야 한다. 결국 뇌의 하부와 상부, 몸과 의식의 소통 및 균형이 깨진 것이다. 치료가 어려운 것은 의식이 뇌의 하부에서 일어나는 몸의 반응을 이미지화하지 못해 무엇이 문제인지 알지 못하기 때문이다.

유머는 우울증의 반대 축이다. 자아의 소외, 사회적 열등감과 공격성을 극복한 것이 유머다. 나르시시즘의 승리로서 자신이 현실을 극복했음을 보여주는 자신만만함의 표시다. 프로이트는 유머를 자아가 상처받지 않는다는 의기양양한 주장(SE 21: 162)이라고 표현했다. 우울증이 초자아가 아들의 위치로 내려앉아 비난과 죄의식으로 자아를 학대하는 것이라면, 유머는 초자아가 아들을 승격시켜 그 차이가 없어지는 것이다. 유머는 마치 어른이 아이 대하듯 자신을 대하는 것이다. 프로이트는 조크와 유머를 구분했다. 조크는 쾌감원칙에 의해서 무의식적으로 튀어나오는 것이고 유머는 의도적으로 자아가 초자아가 됨으로써 넉넉해지는 것이다(165).

부정적 경험을 통해 긍정에 이르는 길도 있다. 나는 언제나 현재 속에서 과거를 바라본다. 과거를 현재 시점에서 비교하고 평가한다. 만일 아주 힘들고 고통스러운 과거를 보냈다면 현재 상황에 안도와 만족감을 느낄 것이고 반대로 과거의 영광스러움에 비해 현재가 초라하면 비애와 우울감을 느낄 것이다. 여기에 만족의 시간보다 고통스러운 시간이 갖는 축복과 의미가 있다. 고통의 순간은 잘 극복하면 미래를 위한 저축이요 보약이 된다. 안도와 행복감은 이후 스트레스에 대처하는 힘이 된다.

커, 시글, 그리고 오르시니는「자발적인 부정적 경험의 유도」라는 논문에서 부정적 경험을 의도적으로 취하는 극한 체험에 대해

감정 연구

조사했다. 성인 262명을 대상으로 이루어진 이 실험에서 100명이 긍정적 반응을 보였다. 자발적이고 의도적인 극한 체험이 현재의 우울증과 스트레스, 피곤감, 지루함, 삶의 의미 없음을 해소하는 데 도움이 되었다는 것이다.[30] 힘든 여행이나 트레킹도 마찬가지로 마음을 단련하고 우울증을 극복하며 감정을 강화하는 데 도움이 된다.

우울증과 유머를 비교하면 치료자의 자세가 어떤 것이어야 하는지 알게 된다. 대부분의 정상인은 평생 한 번 이상 우울증에 걸린다고 한다. 그렇다면 치료자는 상담자에게 아버지와 같은 초자아가 되어야 한다. 아버지가 되어 아들을 동격으로 끌어올려야 한다. 불안, 자아 비난, 그리고 죄의식에서 벗어나 적극적으로 사회에 참여하도록 자신감을 되찾아주는 것이다. 치료자는 진지함이나 몰입이 아니라 장난스러움Playfulness, 반전, 엉뚱한 대응으로 고정관념을 깬다. 유머는 모두가 기대하는 상식적인 대답을 뒤엎고 놀라움과 즐거움을 주는 능력이다. 이때 정서 혹은 기질의 왼편 좌표에서 오른쪽 상단으로 감정이 이동한다. 아, 그럴 수도 있구나! 자신만만함과 담대함의 표시다. 아무도 나를 해치거나 건드릴 수 없다는 느낌이다. 치료자는 유머를 통해 환자의 자신감을 키우고 호기심, 공감, 감정 소통, 그리고 세상을 향한 열린 자세 등을 나눈다.

세상과 단절된 소통을 회복하는 데 반드시 사람들과의 만남만이 필요한 것은 아니다. 나를 구성한 몸은 물질의 일부다. 자연 속에서 자연의 일부로 태어나 의식의 진화로 인간이 되었기에 여전히 자연이나 물질세계는 뇌의 강력한 하부를 지배한다. 윌리엄 제임스가 생각이란 사적이고 주관적이며 끝없이 변화하고 대상을 향하는 데다 대상과의 관계 속에서 이루어진다고 말할 때 나의 생각은 몸의 대변인이라 해도 과언이 아니다. 세상과의 관계 속에서 내가 존재한다는 것은 현상학의 뿌리였다. 전두엽에 저장된 과거 경험의 예측으로 나는 세상(대상)을 느끼고 인지하며 판단한다. 예를 들어 나무에 대한 내 경험은 저장되어 다시 나무를 볼 때 작용한다. 내 사유 속에는 이미 앞선 내 경험이 들어 있고 시간에 따라 경험들이 늘어나고 변하기에 나무를 향한 내 사유도 변화한다. 이것이 자연과 내가 교우하고 소통하는 방식이다. 숲속을 걸을 때 내 마음은 편안하고 보호받는 느낌을 갖는다. 내 몸이 의식의 간섭에서 벗어나 같은 물질로 이루어진 나무와 흙을 바라보고 그것들에게 바라보이며 서로 간의 회포를 풀기 때문이다.

숲속을 걷다:
마음이 평온해지는 이유

물질의 세계는 이미 나의 전두엽에 저장되어 나는 물질의 일부이며 물질과의 관계 속에서 느끼고 생각하며 판단한다. 제임스는 내가 읽은 책들, 입은 옷, 직업, 지위, 재산, 가정 환경, 심지어 은행의 잔고까지 내 생각의 일부라고 말했다. 동생 헨리 제임스의 대표작인 『여인의 초상』에서 경험이 부족한 이저벨이 마담 멀의 계략에 속는 것은 완벽하다고 느낀 마담 멀의 피아노 연주 때문이었다. 이저벨은 그녀의 연주를 듣는다. 어스름한 저녁 빛이 창문으로 스며들고 정원의 잔디 위로 비가 쏟아진다. 비바람 속에서 가느다란 나뭇가지들은 나비처럼 춤을 춘다. 유리창을 통해 이런 모습을 바라보며 이저벨은 피아노 선율을 따라간다. 감정을 담은 섬세한 리듬과 창밖의 비바람은 조화를 이루며 아늑한 거실 안에서 듣는 이의 감각을 살아 숨 쉬게 만든다. 마담 멀의 연주에 매혹된 이저벨은 그 후, 주위 사람들의 만류에도 불구하고 그녀가 마련한 계략에 말려든다. 자연과 물질세계는 이미 이저벨의 인지와 판단의 일부였다.

젊은 시절 내가 미국에서 문학 공부를 시작할 때 가장 어려웠던 부분은 강의를 못 알아듣는 것이었다. 그때까지 한국에서 영어를 문법과 해석만으로 공부해온 나는 당연히 실전에 약했다. 대화는 그런대로 단문이나마 내 입에서 튀어나오니 상대방이 알아서 할 일인데 상대방의 입에서 나오는 말은 내가 어찌해볼 수가 없었다. 속어와 악센트에 의해 그들의 말은 날개를 달고 내게서 멀리 날아갔다. 그나마 교수의 진지한 강의는 조금 쉬웠으나 농담이 섞인 학생들의 토론은 마치 안개 낀 새벽에 이 골목 저 골목을 누비며 오래된 친구의 집을 찾는 느낌이었다. 모두 웃으면 그저 나도 열심히 따라 웃었다. 몇 번이나 포기하고 돌아갈까, 전과를 할까 생각할 때 나에게 용기를 준 두 작품이 있었다. 에머슨의 「자긍Self-Reliance」과 헨리 데이비드 소로의 『월든Walden』이었다. "네가 밖에 나가기 싫으면 문 앞에 '고독'이라는 팻말을 걸어놓고 몇 날이라도 안에 있어라"라는 에머슨의 말을 나는 "네가 영어를 못한다 해도 무슨 상관이냐, 문학을 좋아하면 되는 거야"라는 말로 이해했다. 또 한 사람이 소로다.

긴 시간이 흘러 나는 박사 논문 자료를 위해 장학금을 얻어 하버드대학에 가게 되었다. 그때 대학에서 가까운 마을 콩코드를 홀로 찾았다. 에머슨과 소로가 미국 낭만주의의 문을 열었던 곳이다. 때마침 4월의 훈풍과 수줍게 핀 꽃들이 작은 집들의 낮은 담 너머로 고개를 내밀며 나를 바라봤다. 지난 몇 년간의 내 고난을 위로해주는 듯했다. 그리고 이튿날 잘 보존된 에머슨 하우스를 찾았다. 방문객들이 줄을 서서 천천히 걸어 넓은 뜰을 지나 방으로 들어섰다. 벽에 유난히 긴 검은 가운이 걸려 있던 기억이 난다. 키가 참 컸구나. 그리고 이튿날 나는 홀로 콩코드에서 꽤 떨어진 숲의 월든 호수를 찾았다. 소로의 오두막이 있던 곳이다.

삶을 의도적으로 살아보고 삶에서 정말 필요한 것이 무엇인지, 그리하여 내가 죽을 때 헛되게 살지 않았다는 것을 확인하기 위해서.(헨리 데이비드 소로)

에머슨의 추종자였던 소로는 하버드대학을 졸업했으나 재산과 소유물에 집착하는 미국인들에 저항했고 사회에 구속당하는 것이 싫어 평생 직업을 갖지 않았다. 좋아했던 여자가 있었는데 그녀의 부모에게 거절당했다고 한다. 너무나 당연하게 들린다. 실험 학교를 잠깐 시도하기도 했던 그는 1845년 3월 말경 도끼 한 자루를 들고 월든 호수가 있는 숲속으로 들어갔다. 그곳에서 작은 통나무집을 짓고 2년 동안 실험적인 삶을 살았다. 내가 찾아갔을 때는 원래의 오두막은 없고 소로박물관에 모형만 있었다. 이렇게 작았단 말이야? 나는 그 오두막이 생각했던 것보다 너무 작아서 놀랐다. 소로는 2년의 숲속 경험을 1년의 기록으로 압축했는데 그 책이 『월든』이다. 물론 당시에는 많이 팔리지 않았다.

뇌과학이나 심리학에 심취하기 전까지 나는 그 책의 구조가 뇌의 구조를 연상시킨다는 생각을 못 했다. 기껏해야 소로가 책 앞에 쓴 글, 그가 숲속에 들어온 이유가 참 멋지다고 생각했을 뿐이다. "삶을 의도적으로 살아보고 삶에서 정말 필요한 것이 무엇인지, 그리하여 내가 죽을 때 헛되게 살지 않았다는 것을 확인하기 위해" 숲으로 들어간다고 그는 말했다. 정직한 방법으로 최소한의 생활비를 벌면서 동시에 내가 진정으로 하고 싶은 일을 할 자유! 이것이 그 이후 『월든』이라는 스테디셀러에 많은 사람이 공감한 이유 가운데 하나일 것이다.

그는 이웃에게 빌린 도끼 한 자루와, 빵을 부풀리는 이스트와 집 지을 때 필요한 망치, 못을 들고 홀로 월든 호수로 간다. 그리고 자급자족하면서 작은 오두막을 짓는다. 삶에서 꼭 필요한 먹을 것과 잠잘 곳을 마련하는 것이다. 내가 기억하는 그 작은 오두막 안에는 쇠그물 침대 하나, 글을 쓸 책상과 의자 하나, 벗을 위한 의자 하나,

그리고 작은 스토브가 전부였다. 그는 말한다. "우리는 더 많은 것을 얻으려고 끝없이 노력하고 때로는 더 작은 것으로 만족하는 법을 배우지 않을 것인가." 실제로 집을 짓는 데 든 적은 비용, 먹고사는 데 들어간 적은 금액들을 일일이 적어놓아 독자에게 살아가는 데 들어가는 비용은 아주 적다는 것을 보여준다. 이렇게 출발한 글은 자연과 물질세계를 떠나 정신의 세계로 향한다. 생물의 진화 과정 및 뇌의 발달 단계와 흡사하다.

나는 사람들이 황량하고 쓸쓸하다고 하는 장소에서도 나와 친근한 어떤 것이 존재함을 분명히 느꼈다. 자연은 말로 표현할 수 없이 순수하고 무궁무진한 건강과 환희를 안겨준다. 내가 어찌 대지와 교제를 갖지 않을 수가 있는가. 나 자신의 일부분이 그 잎사귀이며 식물의 부식토가 아니던가.(『월든』)

파충류에서 시작하여 포유류를 거쳐 인간의 뇌에 이르는 진화의 단계처럼 이 책은 먹고 잘 곳을 마련하는 몸과 물질의 요구에서 정신과 우주의 깊이를 탐색하는 상승 구조를 지닌다. 그런데 위 문장이 암시하듯이 이런 상승은 서로 단절되지 않고 연결된다. 정신적인 인간의 마음속에는 여전히 자연의 일부로서 파충류의 생명 보전 욕구가 가장 강력하게 남아 있었다.

그런데 그의 글보다 오두막이 왜 그토록 내 기억에 남아 있을까. 과거를 회상할 때 나는 늘 살았던 집, 학교 앞 구멍가게, 저녁 무렵 걷던 골목길, 그를 기다리던 카페 등 장소와 함께 일어난 일을 떠올린다. 왜 장소는 기억과 그렇게 친근할까. 모든 동물에게 두려움과 추구는 가장 원초적인 감정이다. 먹을 것과 포식자를 피할 장소는 생명을 유지할 최소한의 조건이기 때문이다. 먹을 것을 찾아야 하는 추구 감정과 포식자에 대한 두려움은 동전의 양면과 같다. 포식자를 피하게 해줄 뿐 아니라 집은 비바람과 추위와 더위를 막아주고 자손을 낳고 기르기 위한 필수적인 장소다. 먹을 것도 자연이라는 장소에서 얻어지고 집도 자연에서 얻어지는 장소다. 나는 포식자가 있는 곳과 먹을 것을 얻는 곳을 반드시 기억해야 살아남는다. 그래서 이정표를 기억 속 곳곳에 붙여놓는다. 모든 동물의 뇌 안에는 생명 유지를 위해 장소를 찾거나 장소를 기억하는 DNA가 내장되어 있을 것이다. 그러나 나의 이정표는 다른 동물들보다 훨씬 많고 넓은 지역을 넘나든다. 고향에서 도시로, 다른 나라에서 우주로…… 장소뉴런이 편도체와 해마 옆에 붙어 있기 때문에 감정은 장소를 골라 기억의 바구니에 담는다.

감정이 혼란스럽거나 스트레스를 받으면 나는 도시를 떠나 숲으로 가고 싶고 숲속을 걷고 싶다. 과거와 달리 이제는 도시에 포식자들이 가득 차 있다고 느끼기 때문이다. 이것이 감정은 몸에서 의식의 느낌으로 상승하지만 반대로 의도적인 장소의 선택과 운동이 감정과 몸의 건강에 도움이 되는 이유다. 나는 울기에 슬프지만, 동시에 슬퍼서 운다.

감정 훈련:
생각이 몸을 움직인다

감정 연구가인 배럿은 감정 치유를 위해서 몇 가지 조언을 한다. 우선 건강하게 먹고 운동하고 잠을 충분히 자라. 주변 환경도 중요하다. 숲이나 소음이 없는 곳, 그리고 사람이 적은 곳에서 쉬고 걷는 게 좋다. 이런 조언은 사실 감정 치유뿐 아니라 건강한 몸을 위한 기본 조건이다. 감정을 치유하는 데 의식적인 노력이 필요하다는 조언은 내가 의도적으로 감정을 조정할 수 있다는 가능성을 암시한다. 뇌에서 진화는 피질하부, 변연계, 전두엽 등 아래에서 위로 이루어졌으나 반대로 위에서 아래 방향으로도 조절이 가능할까? 예를 들어 '슬프다'는 느낌은 외적 자극에 의해 '눈물이 나면서 울다'라는 몸의 반응이 오고 변연계를 거쳐 전두엽의 예측에 의해 내가 그것을 '슬프다'는 느낌으로 의식하는 것이 순서다. 이와 반대로 의식적인 노력으로 하부의 감정인 몸의 반응을 조절하는 것이 가능한가? 의도적으로 슬픈 생각을 하면 더 눈물이 나고 의도적으로 계속 행복하게 웃으면 웃음이 늘어난다. 숲속을 걸으면 스트레스가 낮아지고 적절한 운동은 행복감을 높인다.

　뇌의 진화에서 동물과 공유하는 하부는 인간만이 지닌 상부의 신피질보다 더 강력한 것이 사실이다. 그러나 변연계라는 자아(혹은 의식)의 중계에 의하지 않고는 나는 감정을 느낄 수 없다. 의식적인 노력이 몸의 반응을 바꿀 수 있다는 증거다. 운동이나 걷기 등의 몸의 움직임이 나쁜 감정을 치유하여 건강한 몸을 만들 수 있다. 이제 의식의 역할을 유추해볼 수 있는 영화 두 편을 살펴보자.

몬태나의 높은 바위산을 끼고 그 아래로 흐르는 거센 물줄기. 두 형제는 릴낚시를 즐기는 아버지 밑에서 성장한다. 햇빛에 빤짝이는 강물의 거센 흐름을 타며 고기를 잡고 보트를 타던 두 형제는 서로 개성이 다르고 패기와 오기로 팽팽하게 맞서지만 그러면서도 상대를 한 몸처럼 아낀다. 하늘과 땅이 하나인 몬태나의 대자연 그 사이로 거칠지만 평화로운 강물이 흐른다. 목사인 아버지로부터 글쓰기 훈련을 받은 형은 대도시로 나가 일류 대학에 입학하고 훗날 시카고대학의 영문과 교수로 취업한다(작가 자신의 분신이기도 함). 동생은 고향을 떠나지 않고 부근에서 대학을 나와 신문 기자가 된다. 동생은 부드럽고 사랑스럽지만 아무도 길들일 수 없는 야성을 소유했다. 거친 강물처럼, 그가 잡는 커다란 물고기처럼. 그는 시골의 보수적인 마을 사람들이 금기시하는 인디언 혼혈 여자와 데이트를 하고 음침한 도박의 소굴에 대담하게 들어가 그들과 도박을 하고는 큰 빚을 진다. 형은 제발 그만두라고 간청하지만 동생은 거부한다. 동생은 누군가에 의해 오른손이 뭉개진 채 피살된다. 맨 마지막 장면에서 아들을 잃은 아버지는 설교를 하며 이렇게 말한다.

우리는 때로 그를 돕고 싶어도 거부당합니다. 그러나 비록 그를 완전히 이해할 수 없을지라도 그를 완전히 사랑할 수는 있습니다.

영화 「흐르는 강물처럼」(1993)에서 대부분의 관객은 반항적인 동생 역을 맡은 브래드 피트에게 매혹된다. 성실하고 원칙을 따라 살아가는 형, 노먼에게는 당연히 그래야 한다는 듯이 별로 마음을 주지 않는다. 그래서 노먼 역을 맡은 크레이그 셰퍼는 누구인지 잘 알지 못한다. 왜 부모와 학교가 가르치는 질서와 도덕을 잘 지키고 원칙에 따라 살아가는 형보다 열정과 감정이 넘치면서 반항적인 동생을 더 좋아할까. 관객은 그의 길들여지지 않은 야성에 매혹된다. 마치 내가 엄마 말이 모두 옳은 것을 알지만 '알았어, 알았다니까'라고 줄여버리고 대신 연인의 유혹하는 말이 의심스러워도 자꾸만 듣고 싶어지는 것처럼. 우리 대부분은 반항하지 못한 채 원칙에 따라 사는 게 싫다. 의식 저 아래 본능의 도발이다. 아니 현실에서 이루어지는 모든 일(예를 들면 인디언 차별 등)이 옳지 않다는 것을 어렴풋이 알기 때문일까. 그래서 목사는 우리가 브래드 피트를 완전히 이해하지 못해도 완전히 사랑할 수는 있다고 말했는지 모른다.

노먼과 비슷한 입장이 「가을의 전설The Legend of Fall」에 등장하는 형 앨프리드다. 누가 그 역할을 했는지 나는 기억하지 못한다. 오직 둘째인 브래드 피트만 기억하고 다른 많은 관객도 그에게 열광한다. 인디언 차별 정책에 반대하는 소령은 몬태나의 야생 숲속에서 세 아들과 함께 살아간다. 어느 날 막내가 연인을 데려오고 맏형과 둘째(브래드 피트)는 그녀를 사랑하게 된다. 수재나는 원칙을 따르는 성실한 맏형보다 자연 그대로의 야성을 사랑하는 반항적인 둘째에게 열정을 느낀다. 막내가 전쟁에 나가 죽은 후, 둘째가 떠돌이처럼 방황할 때 맏형은 도시에 나가 성실하게 정부의 정책을 따르면서 상원의원이 된다. 수재나는 여전히 둘째를 사랑하면서도 맏형과 결혼한다. 늦게야 돌아온 둘째는 정부 정책에 저항하며 인디언 여자와 결혼한다.

이 영화의 마지막에 동생을 잃은 형은 무덤 앞에서 반문한다. "나는 언제나 원칙대로 살아왔지만 왜 사람들은 동생을 더 사랑하는가." 노먼의 경우와 비슷하다. 현실의 질서를 따르고 공부 잘하고 단정하며 누구나 부러워하는 사회적 지위를 얻은 두 사람은 바로 부모와 학교가 원하는 인물인데 왜 관객은 그들을 사랑하지 않는가. 잘못된 현실에 적응하기 때문에? 그런데 왜 학교와 부모는 아이들에게 그런 사회에 잘 적응하고, 잘나가라고 가르치는가? 그보다 우리는 본능에 더 끌리고 야성에 끌리며 저항하는 열정에 매혹되는 것은 아닌가? 끌리지만 얻을 수 없는 어떤 것, 언제나 피질하부의 동물적 감각에 더 매료되지만 실천하면 안 되는 것.

그래서 사람들은 맑은 물에는 물고기가 없고 너무 착한 사람에게는 사람이 모이지 않는다고 말한다. 그런데 잠깐! 동생의 이야기를 전달하는 서술자는 형 노먼이다. 형의 서술 없이 동생은 존재하지 않는다. 관객을 사로잡는 동생의 힘은 형의 서술에서 나온다. 동생은 형에게 속해 있다. 마치 내가 의식의 개입 없이는 몸의 반응을 느낄 수 없듯이. 「가을의 전설」에서도 마찬가지다. 둘째가 남기고 간 아이들을 누가 거두어 기를 것인가. 수재나도 아니고 바로 형 앨프리드다. 무덤가에서 사람들은 왜 나보다 그를 더 사랑하느냐고 탄식했던 형이 동생이 낳은 아이들을 거둘 것이다. 이것이 의식의 역할이다.

감정과 느낌, 몸과 의식은 형제다. 서로를 필요로 한다. 언제나 갈등의 관계지만 쌍방이 소통하고 상대방을 인정하며 공존해야 건강한 몸과 마음을 유지할 수 있다. '울기에 슬프다'라는 명제로 유명한 윌리엄 제임스의 「감정이란 무엇인가」를 자세히 살펴보면 이런 쌍방 소통을 찾을 수 있다. 몸의 반응이 먼저 오고 의식의 인지는 그 다음이지만 반대로 우리는 의식적인 노력으로 몸의 반응을 조정할 수도 있다는 것이다.

여자에 대한 남자의 사랑, 아기에 대한 어머니의 모정, 뱀을 보고 소리치는 공포, 위험한 절벽에 대한 두려움은 모두 비슷하게 묘사될 수 있다. 세상을 커다란 가구로 본다면 특이하고 견고한 몇 조각이 치명적으로 아주 특이한 정신적, 육체적 반응을 운명적으로 불러내는 식이다. 그런 것들이 용의주도하게 이성적 추론으로 내려진 판단이 아니라 그와 정반대일뿐더러 그런 식의 판단보다 앞서서 '먼저' 일어나는 경우라는 것이다.[31]

위 인용문에서 보듯이 한동안 '울기에 슬프다'라는 가설을 주장하던 제임스는 글의 말미에서 이렇게 말한다. 마음의 근심은 뼈를 녹인다. 왜? 영어로 E-motion은 '생각이 몸을 움직이게 한다'는 뜻이다. 계속 두렵다는 생각을 하면 실제로 두려운 반응이 일어나고 계속 근심하면 건강에 이상이 생긴다. 의사를 절대적으로 신뢰할 때는 그가 처방한 약이 가짜이더라도 때로 효력을 본다. 이것을 의학에서 '위약 효과' 혹은 '플라세보 효과Placebo Effect'라고 부른다. 생각이 실제로 몸의 반응을 일으킨다는 것이다. 계속 생각하면 없는 것이 보인다. 어떤 감정의 증상들을 의식적으로 일으키면 그 감정이 일어난다. 즐거운 추억은 행복감을 증진시키고, 긍정적인 생각은 몸을 건강하게 바꾼다(James, 1884, 197). 좋은 글을 읽고 노트에 적어놓는다든지 좋은 이야기를 들으면 친구에게 전달한다. 그리고 유머를 즐긴다.

그렇다면 나는 의도적인 몸의 훈련으로 감정을 바꿀 수도 있지 않을까? 배럿이 조언하듯이 조용한 분위기에서 산책하고 음악에 맞추어 춤을 추는 등 의도적인 몸의 활동과 운동을 통해 불쾌한 기분을 동요와 즐거움의 기질로 적절히 조절하는 것이다. 제임스는 말한다. 나는 흐느낄수록 슬픔을 더 강하게 느낀다. 마치 도망칠수록 공포를 더 느끼듯이. 분명히 우리는 몸의 움직임으로 느낌을 바꿀 수 있다. 계속 웃으면 행복감을 느끼고 쌓인 슬픔을 울어서 풀어버리면 기분이 한결 나아진다. 분노의 표정을 계속 지으면 분노가 커진다(James 1884, 197). 이것이 몸의 반응을 통해 감정을 훈련하는 방법이다. 운동으로, 얼굴 표정으로 긍정적인 감정을 연습한다. 반대로 부정적인 감정은 발산하여 풀어버린다. 그러면 그런 감정들은 시들해져서 슬며시 사그라든다. 우울증은 절대 사절이다.

우울하면 몸이 느려지고 기분도 가라앉는다. 이때 몸을 움직이지 않으면 더 가라앉고 더 우울해진다(198). 숲길을 걷고 꽃의 아름다움을 즐기며 운동하고 소통하면 우울함이 한결 나아진다. 걷기와 크게 숨쉬기, 팔다리 흔들기 등 몸의 훈련은 낙담을 즐거움으로 바꾼다. 생각이 몸을 움직이게 할 뿐 아니라 몸의 움직임이 생각을 바꾸기도 한다. 운동을 하면 좋은 호르몬이 배출되어 기분이 좋아진다.

외부와 소통을 거부하고 낙담에 계속 빠지면 얼굴 표정만 나빠지는 것이 아니라 목소리도 잘 나오지 않는다. 얼굴, 목, 목구멍은 감정 표현과 친근하게 연결되어 있다. 근심은 뼈를 녹인다는 말처럼 감정은 뼈와 근육에도 영향을 미친다. 등뼈와 신경중추는 몸과 뇌를 소통시키는 통로이기 때문이다. 이처럼 온몸이 감정의 영향을 받으며 뇌는 이 감정들을 호르몬의 분비 등 몸의 반응으로 표현한다. 제임스의 감정에 대한 연구는 감정이 건강과 뗄 수 없이 연결되어 있음을 암시한다. 배럿의 말처럼 마음의 건강이 곧 몸의 건강인 것이다.

감정을 로봇에 심을 수 있을까?

인공지능은 감정을 가질 수 있을까? 감정은 아주 오래된 생물학적 생존과 진화의 결과물이다. 특히 지나친 동요와 쾌, 불쾌를 피하고 균형을 유지하기 위해 도파민, 세로토닌, 오피오이드(엔도르핀) 등 주요 호르몬을 방출하여neuromodulation 항상성을 유지한다. 이것을 기계가 할 수 있을까. 인간의 감정에 반응하는 웃고 우는 단순한 기능들을 실리콘으로 만들어진 로봇에 장치할 수는 있을 것이다. 그러나 정말 느껴서 반응할 수 있을까? 몇몇 연구는 뇌의 감정 경로를 자세히 연구하여 로봇에 심을 수 있다는 가능성을 제안하기도 한다.[32] 그러나 이들도 인간과 똑같은 감정을 심을 수는 없다고 말한다. 만일 감정이 생명 유지의 수단이라면 살아 있는 생물체가 아닌 기계가 생명을 유지하기 위한 장치들을 가질 필요가 있는가? 호르몬을 분비할 필요가 있는가? 인간이 부수기 전에는 영원한 생명을 가진 기계, 어떤 종류의 질병도 앓을 이유나 기회도 없는 기계. 몸과 의식의 미묘한 관계를 느끼지 못하는 기계가 감정을 가질 수는 없다. 아니 가질 이유가 없다.

파충류의 뇌에서 포유류의 뇌, 그리고 인간의 뇌라는 세 단계 진화 과정을 모방하여 단계별로 장치한다. 그리고 실리콘으로 만들어진 로봇에게 주입한다. 그러나 이 세 단계가 서로 소통하고 공존하면서 균형을 취하는 미묘한 관계를 어찌 기계가 모방할 수 있을까. 다마지오가 언급했듯이(2018, 203), 지금까지 내가 살펴봤듯이, 진화에 따른 감정과 느낌의 차이, 혹은 몸과 의식, 피질하부와 피질 상부라는 이원적 일원 구조는 오직 살아 있는 유기체 안에서만 가능하다. 인공지능이 컴퓨터처럼 인간의 감정을 훈련하거나 치유하는 데 보조 수단으로 사용될 수 있을지는 모른다. 컴퓨터가 인간의 기억이 갖는 허구성을 보완하여 언제든 정확한 원본을 저장하고 인출하는 기능으로 인간의 삶을 진화시켰듯이(물론 해가 된 부분도 있지만) 인공지능도 감정 치유에 도움이 되는 장치를 가질 수는 있을 것이다.

대표적인 뇌과학자 안토니오 다마지오는 글마다 거의 항상 인공지능이 감정을 가질 수 없다고 강조한다. 감정은 오랜 세월에 걸쳐 항상성 유지를 위해 서서히 나타났고 오직 살아 있는 몸에서만 일어난다는 것이다.

인공지능이 지적으로 작동하고 인간 유기체의 지능을 능가하도록 구조될 수 있다는 증거는 많다. 그러나 지능의 목적만을 위해 기획된 인공지능이 지능적으로 행동한다 해도 감정을 느낄 수 있다는 증거는 없다. 자연스런 느낌들은 진화 과정에서 나타나고 다행스럽게 그런 느낌들을 가졌을 때 그 유기체의 삶과 죽음에 공헌한다(Damasio, 2018, 202).

만일 억지로 감정을 주입하면 '작동에 따라 어느 한쪽만 기능할 것'이라고 그는 말한다. 로봇에게는 미묘한 감정의 변화나 예측의 오류가 없지만 대신 배움이나 공감, 도덕적 인지도 없다. 인간은 감각의 실체에 직접 접근하지 못하고 의식의 이미지를 통해 예측하기에 최상의 예측을 위해 과거의 경험을 업데이트한다. 회상에서 과거 사건을 현재 시점에서 재해석하는 것처럼 감정도 현재 시점에서 재예측한다. 이것이 실수를 통한 배움이고 같은 실수를 반복하지 않으면서 성장하는 길이다. 로봇은 이렇게 매 순간 변화하는 감정을 가질 이유가 없고 그에 따른 인지와 판단도 가질 수 없을 것이다.

로봇의 생명은 항상성 유지가 아니라 정확성이다. 과거의 자료들을 무한히 저장하고 해석하여 정답을 인출할지라도 스스로 경험하여 최선의 것을 배우지는 못한다. 실수가 없기에 고통도 없고 고통이 없기에 기쁨도 없다. 질투, 분노, 후회, 죄의식, 행복감, 놀라움, 슬픔 등 어떤 감정도 자발적이지 않고 그럴 필요도 없다. 다만 인간의 감정을 풍부하게 하고 무엇보다 어느 한쪽으로 치우치지 않게 도울 장치를 만들어볼 수는 있지 않을까. 비록 로봇 자신은 어느 한쪽의 기능만을 가질지라도 이것이 인간의 감정 균형을 도울 수 있을지 모른다. 기계에 의해 인간의 감정이 조정되는 것이 아니라 내가 주인으로 로봇을 적절히 이용하는 것이다. 감정만은 인간 고유의 영역으로 보존되어야 한다. 왜? 지구상에서 가장 강력한 종이면서 동시에 가장 상처받기 쉬운 취약한 존재인 인간을 모방한 기계가 왜 필요한가. 그런 종은 하나만 있어도 충분하지 않을까?

만일 로봇이 축적된 데이터베이스를 통해 고전 예술작품들을 이야기해주며 가장 정확히 해석하고 평가하여 인간의 감성을 풍요하게 한다면 감성 교육에 도움이 될 것이다. 많은 학자는 항상성을 유지하거나 회복하는 데 예술이 도움을 준다고 말한다. 감각과 인지판단의 다리를 놓아 두 영역이 소통하고 감정이 어느 한쪽으로 치우치지 않게 돕는 데 예술, 특히 서사 예술은 가장 이상적이다. 몸과 의식, 혹은 느낌과 인지 판단을 융합하기 때문이다. 이것이 회상이라는 기억의 진화와 함께 동굴벽화가 시작된 이유다. 인간이 되는 순간 그림을 그리기 시작했다는 것이다. 예술은 뇌의 진화 과정을 가장 유사하게 모방한다.

왜 우리는 공부할 때와 달리 영화나 소설을 감상하면 즐거울까. 왜 좋은 작품을 읽으면 긴장이 풀리면서 동시에 교훈을 얻을까. 뇌의 하부(뇌간 등)와 편도체가 상부에 이르기 위해서는 중간 영역을 거쳐야 한다. '섬피질Insula Cortex'이라 불리는 뉴런들로, 감정을 느낌으로 전환하는 매개 시스템이다. 섬피질은 "두정엽과 측두엽 사이에 있는 작은 섬 같은 피질A little island located between the parietal and temporal lobes"(Kandel 2012, 353)이다. 이 두 영역이 단절되어 균형이 깨지면 우울증, 사이코패스, 중독증, 전쟁 트라우마 등 여러 질병에 걸린다. 혹시 서사 예술이 이 섬피질과 같은 역할을 하는 것은 아닐까. 영화나 소설을 볼 때 나는 인물의 감정을 똑같이 경험하면서 동시에 인물과 거리를 두고 판단한다. 그리고 놀라운 반전에 의해 긴장을 완화하고 타인의 입장을 이해한다. 인물의 비극을 자신의 삶에 대입하여 교훈을 얻는다. 감정의 최고 가치, 감정의 꽃이라 불리는 '공감'에 의해 도덕적 판단에 이르게 하는 예술의 역할에 대해 다음 장에서 살펴보자.

6장

감정은
예술이다

공감 치료를
위하여

사랑이 보이십니까? 희망이 보이십니까? 어디에도 보이지 않습니다. 그런데 왜 당신은 사랑을 포기하지 않고 희망을 포기하지 않나요? 절망해도 힘들어도 삶을 포기하지 않는 이유는 무엇인가요? 뭔가 곧 밝혀질 것 같은데 밝혀지지 않고 뭔가 이루어질 것 같은데 주먹은 늘 텅 비어 있다. 그래도 인간은 계속 간다. 그리고 마지막 숨을 거두는 순간에 이렇게 느낄지도 모른다. 아, 결국 나를 여기까지 이끌어온 숭고한 유혹의 정체는 죽음이었단 말인가. 예술작품을 읽을 때도 마찬가지다. 문제가 속 시원히 해결되지 않기에 나는 계속 그 영화에 몰입하고 그 소설을 읽는다. 마지막 장을 덮을 때까지 읽게 만드는 힘은 무엇일까. 그 동력은 감정과 어떤 연관이 있을까.

예술의 형식

빗줄기가 발가락을 세차게 때린다. 처마 밑에서도 우산을 쓰고 있으니 차마 내 얼굴을 때리지는 못하고 대신 긴 푯대 위에 걸린 하얀 천 속의 낯익은 트로트 맨들의 미소를 때린다. 2020년 8월 올림픽 공원에 몰려들었던 관객들은 이제 공연장 안으로 들어가고 텅 빈 공간에서 빗줄기만 춤을 춘다. 그해 여름 주로 엄마들의 마음을 사로잡은 건 아들 뻘 되는 남자들의 노래와 춤이었다. 아내들이 너무 극성스럽게 채널을 「미스터트롯」「사랑의 콜센터」에 고정하니 남편들은 그 프로그램을 죽어도 안 보려 하기도 한단다. 공연자들은 아마 쏟아지는 장맛비보다 코로나 바이러스가 더 미울 것이다. 시청률 최고의 여세를 몰아 한바탕 신나게 전국 무대를 휩쓸어볼 참인데, 관객들이 마스크를 쓰고도 절대 소리를 지르면 안 된다니!

코로나만 아니면 얼마나 좋았을까. 인기에 들뜬 공연자들은 그렇게 생각할지도 모른다. 그러나 코로나 때문에 그 프로들이 안방에서 그토록 극심한(?) 인기를 얻었는지도 모른다. 친구를 만나 수다를 떨 수도 없고 맛있는 음식을 먹으러 나갈 수도 없고 집 안에만 박혀 있으니 텔레비전 앞으로 갈 수밖에 없다. 불안한 뉴스, 속상한 뉴스, 답답한 소식들 가운데 어떤 프로가 내 어깨를 들썩이고 두 팔을 흔들며 엉덩이를 들먹거리게 만들고 기분을 좋게 만든다면 행복 호르몬을 위해서라도 그 프로를 안 볼 수 없다. 그런데 지금까지 트로트를 부르는 프로가 없었던 것은 아니다. 역사만큼 오랫동안 대중가요는 안방을 지켜왔다. 노래방도 그렇고…… 그런데 왜 유독 이 프로에 사람들이 그토록 열광했을까.

나는 이 프로를 보면서 지금까지의 가요 프로그램과 다른 독특한 형식에 주목했다. 사회자가 소개하면 무대 위에 가수가 나와서 두 발을 고정시키고 마이크를 잡고 노래 부른다. 뒤에는 몇 명의 무희가 똑같은 동작으로 리듬을 탄다. 그다음 가수도 비슷하다. 그동안 가요 프로는 이와 비슷한 패턴으로 반복되었다. 그러나 「미스터트롯」은 예측을 불허하는 종합예술이고 한 편의 잘 짜인 드라마였다. 무대가 있고 조명이 있고 사회자가 있고 맞은편에 심사위원들이 앉아 있다. 그들의 반응도 재미있다. 출연자들은 무대 뒤에서 순서를 기다리는 게 아니라 무대의 배경이요 참여자들이다. 그들의 반응, 행동도 카메라가 수시로 포착한다. 그리고 관객의 표정과 반응이 함께 어우러진다. 카메라 기술과 편집 기술을 최대로 활용한 액션 드라마다.

화려하고 코믹하고 끼가 넘치는 트로트 맨들의 다양한 퍼포먼스가 현란한 조명 속에서 펼쳐진다. 끼가 넘치는 젊은이가 참 많구나. 그런데 대결을 벌이는 두 라이벌은 한 곡을 같이 부르면서 서로를 미워하지 않고 위로해주며 힘을 합친다. 그 모습이 관용과 타협 없는 정치 현실에 지친 우리 마음을 푸근하게 만든다. 그뿐만이 아니다. 무대 위에서 자신감 넘치는 퍼포먼스를 보면 기분이 좋아진다. 저것이 진정한 실력이고 자신감이구나. 감정의 표현이 없어도 안

감정 연구

되고 지나쳐도 안 된다. 표현과 절제가 절묘하게 조화를 이루어야 한다. 공정한 판단이 드문 현실에서 우리는 진정으로 강한 자가 살아남기를 기원한다. 그리고 그것이 이루어질 때 정말 기분이 좋아진다. 물론 두 사람의 데스 매치에서는 때로 심사 방식을 바꿔야 한다는 느낌도 받는다. 점수가 공개될 때마다 긴장과 반전이 일어난다. 한 가족 안에서도 서로 다른 가수를 좋아하는 개인의 자유가 있다.

한마디로 「미스터 트롯」은 그리스의 철학자 아리스토텔레스가 말한 잘 짜인 구성을 떠올리게 했다. 그런데 이 프로가 나를 가장 사로잡은 것은 화면 아래에 매 순간 떠오르는 자막들이었다. 그 자막들은 재미있는 극의 대본 같았다. 노래 가사를 전달하는 틈틈이 가수의 속내를 코믹하게 들추고 때로는 포착한 장면을 재치 있게 설명한다. 그리고 이 모든 것을 뛰어넘어 기발한 상상력으로 어떤 장면에 추임새를 넣는데 그것이 해석의 공간을 주고 웃음을 자아냈다. 한마디로 눈에 보이지 않는 누군가의 독창적인 이야기 꾸미기를 나는 즐기고 있었다. 영상과 언어가 합쳐진 쇼, '이야기가 있는 쇼'라는 새로운 장르. 소포클레스의 극 『오이디푸스 왕』의 코러스처럼. 왜 해석의 공간이 있는 다양하고 복합적인 구성이 즐거울까.

오틀리와 존슨레어드는 2014년 문학이 어떻게 감정과 공감능력을 향상시키는지 실험했다. 「감정에 대한 인지적 접근」이라는 논문에서 그들은 픽션을 더 많이 읽는 사람들이 더 깊이 타인을 이해했고 더 높은 공감능력을 보였다고 말한다.[33] 이와 달리 논픽션을 읽은 사람들에게서는 공감능력이 향상되지 않았다는 것이 실험의 결과다. 픽션인가 논픽션인가에 따라 읽는 사람들의 감정과 공감능력의 차이가 나타난 이유는 무엇일까. 픽션은 꾸며진 이야기다. 일어날 것 같지만 허구의 세계에서 일어난 일이다. 등장인물들이 있고 행동이 있다. 관객은 극의 시작과 전개를 따라가면서 인물의 감정에 동참하며 반전과 놀라운 발견을 맛보고 대단원의 막이 내리면 감정의 정화가 이루어진다. 그리고 무슨 이야기인지 생각한다. 인물과 거리를 두고 그의 행동을 판단하며 극의 의미를 생각한다. 『오이디푸스 왕』과 같은 드라마, 『실낙원』과 같은 서사시, 소설, 영화, 텔레비전 드라마 등이 여기에 속한다. 그리고 이제 입체적 구성을 가진 '이야기를 만드는 쇼'가 등장한 것이다.

논픽션은 실제 일어난 일을 서술한다. 수필이나 보고서, 기록물 등이 대표적이다. 픽션은 입체적인 구성으로 독자의 능동적인 참여를 요구하고 논픽션은 평면적인 구성으로 독자가 저자의 서술을 그대로 받아들이게 한다. 참여와 해석의 공간이 좁다. 픽션이 독자의 공감능력을 높이는 이유는 독자가 인물의 감정을 경험하면서 그와 거리를 두고 판단할 미학적 거리를 갖기 때문이다. 「미스터 트롯」이 나에게 즐거움을 준 이유 가운데 하나는 바로 몸과 감정을 뒤흔드는 입체적 구성에 있었다.

이제 감정과 예술의 관계를 차근차근 단계별로 알아보자. 우선 예술에 대한 생리적 접근을 해보자. 예술을 생리학적으로 볼 수도 있을까?

예술을 생리학적으로 보면:
감각을 인지하는 즐거움

1950년대에 프로이트가 생전에 출판하지 않았던 중요한 글 「과학적 심리학에 관한 연구」(1895)를 발견해 최초로 영어로 번역했던 에른스트 크리스는 『예술의 정신분석적 탐색』(1952)에서 예술이 왜 우리를 즐겁게 하는지 정신분석의 입장으로 풀어냈다. 그 가운데 다음 두 가지는 맨 처음 예술을 뇌 기능의 원리로 본 것이어서 흥미롭다. 첫째는 아리스토텔레스가 말한 카타르시스를 자아가 꽉 막힌 본능적 요구를 풀어내 감정을 재조정하는 길로 본 것(45), 둘째는 예술작품이 우리를 즐겁게 하는 이유다. 정신적 에너지가 어떤 대상을 향해 고여 있을 때 예술작품은 그것을 흔들어서 변화를 이끌어내고 촉진한다. 이 흔들림과 변화 자체가 즐거움을 준다는 것이다(63).

예술작품이 꽉 막힌 감정을 흐르게 하여 재조정한다. 그리고 균형을 취하는 그런 과정 자체가 즐거움을 준다는 크리스의 견해는 이후 항상성의 원리로 발전한다. 고인 감정을 풀어헤치는 예를 소포클레스의 『오이디푸스 왕』에서 찾아보자. 스핑크스의 수수께끼를 푼 지혜, 여왕을 아내로 맞는 행운, 그리고 왕으로 절대 권력을 가진 그에게 평민은 부러움을 느끼고 반감을 갖기 쉽다. 그러나 부친 살해와 근친상간이라는 최악의 죄를 모른 채 저지르고 피하려다가 벌을 받는 그의 비극적 종말을 감상한 후에 관객은 연민, 신탁의 위력, 그리고 인간의 운명에 대해 경외감을 느낀다.

정체되어 있던 감정은 극을 보면서 흐르고 고여 있던 반감과 부러움은 흩어지고 이동한다. 한쪽에 고인 에너지는 불편하고 기분 나쁘다. 당연히 몸에 나쁜 영향을 미친다. 고장난 시곗바늘을 되돌리는 것처럼 나의 몸은 뇌의 하부와 상부가 소통하고 균형을 이룰 때 즐겁다. 흔히 "기분 전환하러 나가자"라고 말할 때 나는 영화를 보거나 맛있는 것을 먹으면서 수다를 떤다. 기분 전환이란 고여 있는 에너지를 흔들어 변화와 이동을 이끌어내는 것이다.

크리스의 예술에 대한 생리학적 접근은 2005년 루이스 오펜하임에 의해 항상성 원리로 발전된다. 예술은 항상성 원리에 의해 창조되고 감상된다. 다시 말하면 관객은 극을 감상하면서 긴장과 발산을 통해 감정의 균형을 이룬다. 그리고 동시에 카섹시스Cathexis(리비도의 집중)의 변화에 따른 기쁨을 느낀다. 이것은 약 50년 전 크리스가 밝힌 생리학적 견해와 거의 같다. 다만 그는 뇌의 하부와 상부의 소통 및 균형을 회복하는 항상성 조절의 원리를 조금 더 강조하고 있을 뿐이다.

번스타인은 2011년 예술의 감상과 신경정신분석에 조금 다른 측면으로 접근했다. 그는 작품의 감상을 의식의 해석 기능으로 봤다. 나는 단순한 정보를 얻을 때보다 개념을 만드는 활동을 할 때 더 즐겁다. 개념을 만들어내는 뇌의 연합 영역이 뮤-오피오이드 수용체로 빡빡해지기 때문이다. 다시 말하면 눈에 보이는 패턴들을 그냥 볼 때보다 그것을 해석할 때 나는 즐겁다. 마치 음식을 먹을 때보다 먹이를 찾을 때 도파민이 방출되는 것과 같은 맥락이다. 감각을 그냥 받아들이는 게 아니라 그것을 이해하고 풀어내려는 공간이 있을 때 나는 즐겁다. 왜 그렇지? 나는 알 수 없는 신비함에 이끌리도록 진화했고 몸은 의식이 전두엽과 연합하여 이것을 해결하는 보상으로 즐거움을 선사한다. 진화한 인간은 삶의 모호함을 참지 못한다. 그것을 풀고 판단해야 다음번에 실수를 하지 않기 때문이다. 이런 견해는 예술의 특징을 '모호함'으로 설명하는 중요한 단서가 된다.

프로이트는 미학을 아름다움만이 아니라 괴기함, 모호함과 연관 지어 생각했다. 우리가 어떤 작품을 계속 읽게 되는 이유는 괴기하고 낯선 모호함 때문인데, 이 낯선 것은 원래 친숙하고 익숙했던 것이었다. 의식이 그것을 이미지로 바꾸면서 억압된 부분들로 감각, 감정, 몸, 물질, 즉 '무의식'이라는 거대한 영역이다. 프로이트는 괴기하고 낯선 어떤 것이 반복하여 되돌아오는 현상으로 내러티브 예술을 이해했다. 그리고 번스타인은 모호함이 우리를 유혹하는 이유에 진화론으로 접근했다. 감정(혹은 감각, 몸, 물질, 세상이라는 타자)은 의식의 인지를 거쳐서야 파악되어 느낌으로 다가온다. 이 이미지 작업을 잘하도록 뇌는 보상을 하는데 이것이 즐거움이다. 그래서 나는 신비함이나 모호함을 보면 이상하게 끌리고 끝까지 그 신비함의 정체를 풀려고 애쓴다. 현실을 더 잘 해석하고 적절히 대응하려는 이 의지는 배움의 의지이자 인간을 움직이는 가장 기본

6장. 감정은 예술이다

적인 동력이었다. 니체가 말한 지식에의 의지와 크게 다르지 않다. 다만 니체는 앎에의 의지를 권력에의 의지로 봤으나 뇌과학이나 심리학에서는 이것을 진화의 산물로 보고 도파민의 방출과 연결한다. 번스타인은 배움에의 의지를 이렇게 말한다.

> 감각은 외적 세상에서, 그리고 몸과 뇌의 내부에서 무슨 일이 벌어지는지 알려는 인지에 의해 수정될 필요가 있다. (…) 인간은 배우려는 소망과, 현실을 더 잘 설명하는 생각들을 이끌어내려는 소망에 의해 잠재적으로 가장 쫓긴다.[34]

번스타인은 지각을 인지와 연결하는 속성을 '귀속이론Attribution Theory'으로 설명했다. 삶, 예술, 그리고 성의 영역까지도 이런 풀 수 없는 수수께끼로 가득 차 있다. 그래서 의식은 바쁘다. 매 순간 쫓기면서 이 수수께끼를 풀어내는데 죽어라 풀어도 이미지에 불과해 계속 여분이 남고 그 여분이 반복을 부른다. 프로이트가 주장하듯이 반복 충동은 삶 충동이다. 라캉은 이것을 욕망의 주체로 공식화했다($<>a). 그리고 몸은 바로 이 '헛수고를 계속하라'는 명령의 대가로 기쁨 호르몬인 도파민을 방출한다. 다시 말하면 감각(감정)을 인지하는 즐거움은 생리적 현상이다.

> 끊을 수 없는 그대와 나의 인연은 운명이라 생각했죠.
> 천상에서 다시 만나면 그대를 다시 만나면

세상에서 못다 했던 그 사랑을 영원히 함께 할래요.

– 김호중, 「천상재회」

사랑과 삶과 예술은 모호함으로 생명을 유지한다. 신비함에 대한 호기심이 얼마나 끈질기면 지상에서 풀지 못하는 사랑을 천상에서 다시 만나 풀기를 원할까. 모호함이라는 베일을 걷으면 추구의 욕망도 끝나버릴지 모르는데 천상의 재회를 약속해서라도 추구의 감정을 지속하려고 한다. 그것이 즐거움을 주기 때문이다.

프로이트는 성적 충동조차 지식에 대한 갈망이라고 말했고 판크세프는 인간의 가장 첫 번째 감정을 '추구 시스템'으로 봤다. 영화 「대미지」에서 보듯이 성공의 정점을 눈앞에 둔 어느 날 파티에서 우연히 부딪친 아들의 연인은 스티븐에게 모호함의 극치였다. 아들의 연인이라는 사회적 금기가 없는 베일을 만들어내고 그녀 때문에 오빠가 죽었다는 말이 모호함을 첨가한다! 신비함에 싸인 그녀였건만 먼 훗날 그는 옛 사진을 보고 깨닫는다. 그녀가 얼마나 평범한 여인이었는지.

아, 나도 한때 자칫 저런 나락으로 떨어질 수 있었는데……. 이 영화를 보면서 안도의 긴 숨을 내쉬는 관객도 있을 테고 끊임없이 그녀를 생각하는 스티븐의 감정에 공감하는 관객도 있을 것이다. 어쨌든 관객은 스티븐의 감정에 흠뻑 빠져들지만 비극적 파멸을 보면서 절대로 저 지경이 되면 안 된다며 한 걸음 물러난다. 삶의 교훈이요 배움이다. 동일시와 거리두기라는 공감을 통해 예술은 내가 물구덩이를 피해서 안전한 곳으로 발길을 옮기도록 인도한다. 삶과 사랑과 예술은 모두 모호함을 풀어내는 추구 욕망의 대상이 지만 예술은 우리가 실제 삶을 안전하게 유지하도록 배움의 기회를 준다는 점에서 앞의 두 영역과 다르다. 이것이 논픽션과 달리 픽션이 공감을 넓히는 데 더 도움이 되는 이유다. 이제 예술의 모호함을 좀더 파고들어보자.

거꾸로 가는
열차를 타고

"왜 이 극의 맨 처음에 유령이 등장할까요?" 젊은 시절 내가 미국에 유학 가서 처음 택한 과목은 셰익스피어였다. 당시에 국내에서는 영문학이 인기 분야였으나 본토에 가서 공부하는 사람은 드물었다. 영어 때문이다. 나 역시 가기 전에 본 영문학 작품은 그저 몇 권에 불과했고 그것도 주로 번역판을 옆에 놓고 읽었던 게 전부였다. 그래도 셰익스피어는 좀 읽었으니까……. 수업은 매주 극 한 편을 읽고 토론하는 식이었다. 첫 주에 읽을 작품은 『햄릿』이었다. 나는 그 작품에 관한 비평서들을 도서관에서 찾아 거의 다 읽고 단단히 준비를 하고 갔다. 그런데 교수의 첫 번째 질문은 왜 극의 첫 장면에서 아버지의 유령이 나타나느냐는 질문이었다. 그런 질문은 비평서들이 다루지 않았다. 적어도 내가 찾아 읽은 유명한 비평서들에서는.

학생들이 이런저런 이야기를 했으나 서툰 내 귀는 귓전에서 맴도는 말들을 놓쳐버리기 일쑤였다. 다만 교수의 대답이 인상적이어서 기억에 남아 있다. 당시 극장은 오늘날과 달라 노천에 있는 둥근 원형극장이었는데 관객들은 시작 전에 웃고 떠들며 오징어도 먹고 땅콩도 먹었다. 그러니 관객의 시선을 단번에 모으려면 징이 울리면서 유령이 나타나는 게 효과적이었을 것이다. 이것이 교수와 학생들이 공감한 답이었다. 나는 비평서에 없는 의외의 대답에 조금 놀랐다. 학생들은 개인적인 의견을 솔직히 털어놓는다. 농담까지 섞어가면서. 그러면 교수는 그 가운데 독창적인 견해를 끌어내 토론한다. 비평서는 후에 리포트를 쓸 때 자신의 견해를 뒷받침하거나 반론을 제기할 때 끌어들일 뿐이었다. 이것이 오랜 시간에 걸쳐 내가 터득한 문학 수업이었다.

지금 이 수업을 떠올리는 이유는 예술의 형식에서 가장 두드러진 특징이면서 동시에 우리가 거의 의식하지 못하고 지나가는 어떤 것에 관해 이야기하고 싶기 때문이다. 『햄릿』의 첫 장면은 아들에게 나타난 아버지의 유령이 자신의 죽음에 복수해달라고 말하는 것이다. 극은 아들이 유령의 말이 정말인지 확인하고자 삼촌을 탐색하는 긴 과정이다. 어머니와 결혼하고 왕이 된 삼촌을 즉시 죽이지 못하다가 마지막에 독 묻은 칼에 맞고서야 삼촌을 죽이고 복수는 끝난다.

유령이 먼저 나타나 복수를 부탁하고 그 뒤에 범인을 찾는 과정이 이어진다. 이는 실제 일어난 사건의 순서와 다르다. 범인이 선왕을 죽인 후 시간이 흐르고 유령이 나타나야 하는데……. 그러나 이렇게 묻는 관객은 거의 없다. 아무도 혼란을 느끼거나 불평하지 않는다. 혹은 잘 느끼지 못하고 지나간다. 이제부터 암살 현장을 찾아야지. 즐겁게 암살 현장과 암살범 찾기에 동참한다. 이보다 순서가 더 완전히 뒤집혀서 거꾸로 가는 경우도 있다. 아리스토텔레스가 『시학』에서 플롯의 모범으로 칭송한 소포클레스의 『오이디푸스왕』이다.

테베시에 역병이 돌자 신탁은 아버지를 죽이고 어머니와 결혼한 죄인을 찾아내 단죄해야 역병에서 벗어날 수 있다고 말한다. 오이디푸스 왕은 그 임무를 맡아 범인을 찾는다. 역시 범인 찾기다. 그는 눈먼 예언가 테이레시아스에게 묻고 망설이는 그를 독촉하여 대답을 얻어낸다. 왕 자신이 범인이라고. 왕은 왕위를 노리는 크레온 외삼촌의 음모라고 일축하지만 어딘지 조금 불안하다. 자신은 코린토스의 왕자로서 그 저주받은 신탁을 피해 여기까지 오지 않았던가. 현재로부터 가까운 순서로 여러 증인이 나타나고 그때마다 왕은 자신을 의심하면서 수색을 다그친다. 드디어 최후의 증인이며 모든 사건의 시작인 목동이 나타난다. 부왕의 명령을 거스르고 어린 오이디푸스를 죽이지 않은 채 숲속에 두고 온 사실이 드러난다. 여태까지 수색하던 왕이 곧 수색당하던 범인이었다. 놀라운 반전이다. 극은 한 치의 오차 없이 긴박하게 진행된다. 거꾸로, 실제 일어난 일과 극에서 일어나는 일은 완전히 거꾸로 간다. 그러나 관객은 이상하게 느끼거나 순서를 맞추느라 시간을 끌지 않는다. 그저 거꾸로 가는 시간 열차를 타고 마냥 앞으로 나가면서 즐겁다. 관객은 거의 '무의식적'으로 뒤집힌 사건의 순서를 원래 순서대로 꿰맞춘다. 어떻게 이런 일이 일어나는가.

20세기 초 러시아에서 볼셰비키 혁명이 일어나기 직전, 지성인들 사이에서 형식주의 운동이 일어났다. 소위 러시아 형식주의 Russian Formalism라 불린 문예 그룹이었다. 물론 이들은 예술의 형식보다 내용을 중시하는 러시아혁명 이후 뿔뿔이 흩어졌고 생명은 그리 오래 지속되지 못했다. 그러나 그들의 이론은 소설의 형식을 중시하는 20세기 서사 이론을 예견한 중요한 초석으로 평가받는다. 그들이 선보인 독창성은 '낯설게 하기'라는 단어로 요약되었다. 뭔가 흩어지고 낯선 이상함이 독자의 호기심을 자극하며 소설을 읽게 만든다는 것이다. 그들은 원래 시간 순서로 나열된 스토리 내용을 파불라Fabula라 부르고 그것을 낯설게 흩어놓은 것을 문학의 형식인 수제Sjuzet라 불렀다. 다시 말하면 예술이란 파불라에서 수제를 만들어내는 행위다. 파불라와 수제는 20세기 후반부에 프랑스의 제라드 즈네트에 의해 '스토리Story'와 '디스코스Discourse'로 불리는 등 계속 서사 이론의 중심이 된다.

21세기에 오면 이 구분은 다르게 반복된다. 파불라(내용)에서 수제(형식)를 창조해내는 게 아니라 수제에서 파불라를 찾아가는 것이다. 개인의 경험이 중시되는 21세기 서사론Narrative Theory은 개인의 독서 과정에 초점을 맞춘다. 나는 예술의 형식을 어떻게 감지하고 내용을 파악하는가. 흩어지고 이상한 작품의 형식을 대하면 우선 '이게 뭐지?' '무슨 이야기야?'라며 호기심이 발동하고 나는 그것을 풀어내려 한다. 시간 순서대로 된 내용에서 흩어진 형식을 만들어내는 게 아니라 흩어진 형식을 풀어내 내용을 파악하는 것이다. 왜 이런 변화가 일어나는가. 패러다임의 변화 때문이다. 21세기에는 내가 누구이고 어떻게 건강하고 안전한 삶을 누릴 수 있을까라는 새로운 화두가 등장한다. 심리학과 뇌과학이 부상하고 생물학 등 자연과학과 인문학이 융합을 시도하며 진화론이 대두된다. 동물이면서도 동물과 다른 인간은 왜, 그리고 어떻게 문화와 예술을 창조하는가. 이것이 새로운 세기의 화두가 된 것이다.

생물학은
미학이다

동물과 인간이 갈라지는 분기점은 회상의 기능이다. 또 그 이야기야? 습관적 몸의 기억과 달리 회상은 경험을 저장한 뉴런(기억의 흔적들)과 기억을 저장하고 인출하는 뉴런이 상호 배타적이기에 가능하다. 기억의 저장소인 전두엽(혹은 신피질)은 저장 및 인출하는 의식(혹은 해마)과 각기 분업을 하는데 해마는 일어난 일들을 부지런히 전두엽에 넘기면서 시간의 흐름을 따른다. 회상에서 과거 사건을 그대로 인출하지 않고 현재까지 업데이트된 기억을 인출하는 것이다. 해마가 시간의 흐름을 따르면서 부지런히 경험들을 넘기는 이유는 현재에 더 잘 대응하기 위해서다. 그러므로 의식의 가장 중요한 임무는 과거에 있는 것이 아니라 바로 '지금 무슨 일이 일어나는지' 주시하고 전두엽과 상의하여 예측하고 적절히 대응하는 일이다. 이런 맥락에서 의식이 가장 싫어하는 것은 모호하게 흩어진 상황이다. 상황을 예측하고 대비하기 위해 의식은 즉각적으로 모호함에 달려든다. 여기서 맨 먼저 하는 일이 흩어진 사건들을 시간 순서로 배열하는 것이다. 이 일은 너무나 자연스럽게 순식간에 일어나기에 우리는 거의 의식하지 못한다. 해마의 본업이므로. 예를 들어 영화에서 주인공이 회상하는 장면을 보는 순간 우리는 즉시 그 장면을 과거의 어느 날로 옮긴다. 거의 무의식적으로.

나이가 들면서 나는 어릴 적 가족과 함께 모여 살았던 시절을 그리워하면서 자주 떠올린다. 초등학교 3학년 때쯤 지은 그 집에서 나는 청소년기와 청춘 시절을 보냈다. 결혼하고 시간이 좀 흘러 그 집을 다시 찾았는데 깜짝 놀랐던 기억이 있다. 시간에 의해 마모되어 초췌해진 탓도 있지만 문지방이 아주 낮았고 방도 작았던 것이다. 커다란 방, 대청마루, 넓은 마당과 꽃들이 가득한 화단……. 왜 내 마음속에서는 실제 그렇게 넓고 크게 남아 있었을까. 큰 세상을 경험하지 못한 어린 시절이라서? 꿈이 많았던 청소년기여서? 그런데 이와 반대로 요즘 광화문 네거리에 나가면 너무 넓고 복잡해 어지럽고 어디로 가야 할지 두렵다. 젊은 시절에 흰 눈이 덮인 광화문 네거리와 서울 고등학교로 가는 길은 정답고 작았는데. 그 골목 그

빵집…….

> 언젠가는 우리 모두 세월을 따라 떠나가지만
> 언덕 밑 정동 길엔 아직 남아 있어요. 눈 덮인 조그만 교회당.
> 향긋한 오월의 꽃향기가 가슴 깊이 그리워지면
> 눈 내린 광화문 네거리 이곳에 이렇게 다시 찾아와요.
> 언젠가는 우리 모두 세월을 따라 떠나가지만 언덕 밑 정동 길엔
> 아직 남아 있어요.
> 눈 덮인 조그만 교회당.
>
> – 이문세, 「광화문 연가」(1988)

기억은 늘 장소와 함께 떠오르고 실제 모습보다 더 크거나 작다. 경험의 저축통장이 가벼운 어릴 적에 살던 집은 실제보다 아주 큰 집으로 그렇게 남아 있고 젊은 시절 정다웠던 거리는 두려움이 커지는 노년이 되면 몹시 커져서 어지럽다. 왜 마술처럼 기억 속의 장소는 실제와 다를까. 회상에서 과거의 사건을 현재 입장에서 인출하듯이 해마는 과거보다 현재를 중시하고 미래를 예측하는 쪽으로 진화되어왔다. 의식은 '언제' '어디서' '무엇을'이라는 항목들을 분리하여 저장하고 이것을 일인칭 주관적 경험에서 인출한다. 그리고 사건은 언제나 시간과 장소의 영향을 받는다. 뇌 안의 장소뉴런과 시간뉴런은 어떻게 배치되어 있기에 이런 일이 일어날까? 2018년, 부즈사키와 팅글리는 「공간과 시간: 시퀀스 제너레이터로서의 해

마」에서 이렇게 말한다.

> 우리는 해마의 작업을 이런 것이라고 제안한다. 뉴런의 덩어리들
> 을 장소와 시간 개념에 의지하지 않고 그것들의 내적으로 규정된
> 변화의 비율에 의해 순서대로 배열하는 것이라고(853). (…) 해마
> 에는 장소 세포, 기억에 관련된 내후각피질 안에는 공간의 기억
> 과 관련된 격자 세포, 그리고 이 두 구조 안에는 시간 세포가 있다
> (855). (…) 경험을 시간 순서로 저장하고 간직하는 것이 해마의 가
> 장 중요한 임무다. 배움과 사건을 순서대로 배열해야만 우리는 닥
> 쳐오는 미래를 올바르게 예측하고 그에 맞는 행동을 계획할 수 있
> 다(864).[35]

위 인용문에서 보듯이 장소뉴런과 시간뉴런은 모두 기억을 저장
하고 인출하는 해마와 연결되어 있다. 내 기억 속에서 어떤 장소가
실제보다 크거나 작은 것은 마치 과거의 사건이 그동안의 경험이
나 감정에 의해 변형되는 것과 같다. 과거 사건이 현재 상황에서 떠
오르듯이 공간 역시 현재 상황의 지배를 받는다. 왜 그렇게 배치되
고 그런 일이 일어날까? 그 이유는 해마 시스템의 중요한 역할 때문
이다. 해마는 신피질의 정보 덩어리들을 저장하고 인출하면서 사건
들을 시간 순서로 '이어진 사슬처럼 배열'한다. 모호함을 없애고 상
황을 정확히 파악해야 하기 때문이다. 해마에게는 시간의 흐름을
따르는 일이 최선의 임무이기에 이에 맞춰 기억의 저장과 인출이

일어나는 것이다. 이때 공간과 시간 그리고 해마에 붙어 있는 편도체가 전달하는 감정은 모두 이 시간의 사슬 안에서 움직인다.

윌리엄 제임스는 「의식은 존재하는가?Does 'Consciousness' Exist?」(1904)에서 "지각된 모든 것의 세상이 그런 것처럼, 세상은 우선 경험들의 혼돈으로 다가오지만 즉시 순서대로 간추려진다"고 말한다. 그러나 모든 뉴런이 이렇게 질서를 향해 움직이지는 않는다. 다마지오가 언급하듯이 우리 몸은 화학전달 물질 등을 통해 조화와 균형을 유지하려 하지만 부조화, 비능률, 산만함 등 부정적 감흥이 더 많다. 행복, 기쁨, 평화보다 혐오, 공포, 노여움, 슬픔, 죄의식, 모욕감 등 끝없는 고통과 아픔의 사슬 속에서 우리는 헤어나오지 못한다.**36** 다마지오는 70퍼센트의 부정적 감흥과 30퍼센트의 긍정적 감흥으로 그 비율을 나누었다. 그러니 산다는 게 쉬운 일은 아니다. 프로이트는 『쾌락원칙을 넘어서』에서 이 부정적 감흥을 '죽음 충동'으로 정의했다. 질서와 적응을 찾는 삶 충동과 반대로 흩어짐과 산만함 등 혼돈과 엔트로피를 지향하는 죽음 충동은 삶 이전의 침묵의 세계로 돌아가려는 몸의 충동이다.

의식의 그늘 아래 살면서 의식의 틈새로 터진 옷소매처럼 삐쭉 나온 몸은 늘 춥고 배고프다. 의식은 몸을 이미지로 전하면서 여분을 남기는데 나는 이것을 모른다. 의식하지 못하기 때문이다. 오직 늦게야 내 몸을 드러낸다. 이렇게 살 바에야 차라리 고향으로 돌아가버릴까. 우울증을 비롯한 각종 질병과 노화가 바로 이런 엔트로피 현상의 대표적인 예다.

이 파괴 충동을 줄이기 위해 몸은 가장 중요한 일을 한다. 질서와 순서를 배열하고 의미를 찾는 추구의 감정을 밀어주며 그 일을 즐겁게 열정적으로 하도록 도파민이라는 호르몬을 방출하는 것이다. 그러나 이 추구의 욕망도 지나치면 혼돈과 흩어짐의 방향으로 돌아서기 때문에 예술은 이런 양방향의 감정을 스스로 경험하게 하고 반전을 통해 깨달음을 선사한다. 예를 들어 오이디푸스 왕은 신탁의 명령을 피하기 위해 코린토스에서 테베로 왔고 오는 도중에 모르고 아버지를 살해한다. 스핑크스의 물음에 답하는 지혜로 왕이 되고 선왕의 아내인 어머니와 모르고 결혼한다. 모르고 저지른 무의식적 행동이다. 이내 불안과 의무감으로 범인 찾기를 과도하게 밀어붙인다. 여왕인 아내와 코러스가 만류하지만 그대로 밀고 나간다. 그리고 마침내 자신이 죄인임을 깨닫는다. 범인을 찾아내는 빈틈없는 수사 과정과 왕의 불안이 커지는 것은 거의 비례한다.

추구 감정은 삶에 열정과 즐거움을 주지만 그 감정도 지나치면 항상성이 깨진다. 삶은 이래저래 힘들다. 불안 때문이다. 추구를 안 할 수도 없고 한번 들어서면 레일 위를 달리는 열차처럼 멈추기도 어렵다. 이것이 행복보다 불행, 웃음보다 우울감, 기쁨보다 슬픔이 우리를 더 지배하는 이유일 것이다.

잘 짜인 서사 예술을 감상하는 일은 즐거움, 활력, 그리고 깨달음을 준다. 내가 논픽션보다 픽션에 더 공감하는 이유는 픽션에서 추구 시스템이 더 활발하게 작동하기 때문이다. 동시에 그 적극성은 긴장의 고조, 반전, 그리고 발견이라는 형식의 매개를 통해 경험되기에 조정을 받는다. 나의 경험이지만 타인의 삶을 통해 대리 경험하기에 감정이 조절되고 판단의 거리를 갖게 되며 이것이 공감능력을 키운다. 예술은 가장 안전한 방식으로 모호성을 존중하면서 그곳에서 질서를 찾아내는 감정 연습의 장이다. 엘런 디사나야케가 생물학은 미학이라고 말했듯이 시간 순서가 흩어진 모호한 수제(형식)에서 시간 순서로 배열된 파불라(내용)를 간추려내는 일은 뇌의 가장 중요한 임무다. 그런데 예술 속의 무엇이 시간 순서대로 배열하도록 나를 부추길까.

감정의 여분, 이미지의 여분: 유령

헨리 제임스는 형의 심리학에 심취했고 형 윌리엄은 항상 동생의 소설을 읽고 평을 아끼지 않았다. 동생의 소설은 있는 사실을 충실히 재현하는 사실주의Realism에 속하는데 이상하게도 유령이 등장하는 경우가 적지 않았다. 가장 많은 평론가의 주목을 받는 중편소설 『나사의 회전』은 말할 것도 없고 초기작이면서 많은 독자의 사랑을 받는 대표작 『여인의 초상』에서도 유령은 중요한 비중을 차지한다. 예를 들어 여주인공 이저벨은 이 소설 시작 부분에서 큰 저택을 안내하는 사촌 랠프에게 이 집 안에 유령이 있는지 묻는다. 이저벨을 사랑하지만 지병으로 오래 살지 못하는 것을 잘 아는 랠프는 이렇게 대답한다.

> 그건 당신처럼 젊고 행복하고 순진한 사람에게는 보이지 않지요.
> 우선 당신은 고통을 받아야 합니다. 그것도 큰 고통을. 그러고는
> 비참한 지식을 얻어야 하지요. 그래야만 당신의 눈이 유령을 향해
> 열린답니다. 난 오래전에 그걸 봤지요.(60)

랠프는 그녀가 유령을 보지 않았으면 좋겠다고 덧붙인다. 훗날
많은 고통을 겪은 후 랠프의 슬픈 사랑을 깨달은 이저벨은 그의 죽
음 직후에 그녀를 지켜주려는 듯 나타난 유령을 보게 된다.

유령은 '보이지 않지만 분명히 있는 어떤 것' 혹은 '있는데 무엇인
지 모르는 모호한 어떤 것'이다. 형 제임스는 『심리학의 원리』에서
예술을 논하면서 프린지Fringe라는 용어를 소개하는데 오랫동안 나
는 프린지가 무엇일까 궁금했다. 사전을 찾아보면 터진 실밥처럼
너덜너덜한 가장자리란 뜻이 나오는데 이게 어떻게 심리학이나 미
학과 관계될까. 나에게 그 의미는 풀지 못한 수수께끼처럼 한동안
남아 있었다. 오케스트라에서 여러 악기가 연주되어도 개별 악기
의 음을 들으면서 전체를 듣는다? 한때는 이렇게 해석하기도 했지
만 여전히 모호하게 실밥이 남아 개운치 않았다. 이제 윌리엄 제임
스의 미학을 다시 정리하면서 유령의 정체를 새롭게 밝혀보고 싶
다. 그때보다 조금 더 알 것 같고 위에서 언급한 헨리 제임스의 작
품을 다음 장에서 다루어야 하기 때문이다.

제임스는 「감정이란 무엇인가」에서 "울기에 슬프다"라는 말과 함께 감정이 몸의 반응으로 먼저 나타나고 그다음에 의식에 의해 느낌으로 우리에게 전해진다고 주장했다. 도망친 후 두려움을 느낀다는 것이다. 다른 동물과 공유하는 뇌의 아랫부분에 반응이 먼저 오고 그 후에 의식의 매개로 전두엽을 비롯한 윗부분과 상의하는 순서로 진화했으니 이건 당연하다. 그렇다면 두려움이나 추구와 같은 외적 자극에 대응하는 원초적 감정이 아닌 미학적 감정은 어떨까. 음악, 미술, 시 등 순수한 감흥의 대상을 경험할 때도, 잘 짜인 서사 예술을 감상할 때도 두려워서 몸을 떨거나 얼굴이 붉어지는 등 몸의 반응이 먼저 나타날까? 얼핏 그렇지 않을 것 같은데…….

> 고안된 것의 산뜻함에 웃고, 정의로운 행동에 몸을 떨고, 음악적 형식의 완벽함에 가슴이 찡하지 않는다면, 정신 상황은 그 어느 것보다 더 '옳다'는 판단에 합류하는 것처럼 보인다. 그리고 우리는 그런 판단이 곧 진실을 의식하는 것이라고 분류한다. 그것이 인지 행위다. 그러나 사실 지적인 느낌은 그렇게 독자적으로 존재하지 않는다. 세밀한 조사가 보여주듯이 육체적 반사판은 우리가 가정하는 것보다 훨씬 더 작동하고 있다.[37]

언제나 감정을 뇌의 생리학적 기능과 연결하는 제임스는 '예술의 형식'도 물질적 대상에 속한다고 믿는다. 그렇기에 창조된 형식을 경험할 때도 외적 자극과 마찬가지로 육체적인 몸의 반응 없이 인지 행위는 존재하지 않는다. 비록 특정한 몸의 반응을 의식하지 않더라도 무의식 차원에서 몸은 이미 반응한 것이다.

우리 몸의 반사적 성향은 번개처럼 빠르게 근육, 피부, 그리고 내장의 상황을 바꾸면서 미리 정해진 채널을 통과한다. 그리고 원래의 대상처럼 지각된 이 변화들은 피질의 여러 특정 부분에서처럼 의식 속에서 대상과 연결되고 그것을 '단순히 파악된 대상'으로부터 '감정으로 느끼는 대상'으로 바꾼다(위의 글, 203).

순수한 직관의 산물로 여겨지는 예술도 그 형식을 경험할 때는 보통의 물질세계처럼 생리적으로 반응한다는 것이다. 다른 자극들처럼 몸의 반응이 순간적으로 먼저 오고 그다음 느끼고 인지하는 것이라는 제임스의 견해는 현상학적으로 나의 사유가 사물과의 관계 속에서, 사물의 일부로 존재한다는 의식의 흐름과 같은 말이다. 생리학적으로 뇌의 하부인 몸, 감각, 감정, 그리고 이와 소통하는 물질세계는 오직 의식을 통해서 이미지로 접근이 가능하다. 그리고 이미지는 언제나 전두엽에 저장된 지금까지의 내 경험들을 바탕으로 의식(해마, 편도체, 시상)에 의해 예측된다. 그러므로 생각은 시간의 흐름에 따라 흐른다. 이것이 의식의 흐름이다. 예술의 형식도 마찬가지다. 나는 헤어짐의 아픔으로 힘들었던 젊은 시절 베토벤의 「운명 교향곡」을 들으면서 마음을 달랬던 적이 있다. 들을 때마다 쾅쾅쾅쾅 운명의 문을 두드리는 듯한 그 강렬한 선율은 내게

6장. 감정은 예술이다

"기죽지 말고 힘내"라고 말하는 것 같았다. 그 후 나이가 들어 같은 음악을 다시 들으면서 나는 생각했다. "대체 어떻게 사람이 저런 고운 선율을 창조할 수 있지?" 문을 두드린 다음에 오는 아름다운 선율 때문이다.

예술의 형식에 대한 감상은 사유처럼, 아니 사랑처럼 시간에 따라 다르게 인지된다. 이미지이기 때문이다. 어릴 적「바람과 함께 사라지다」라는 영화를 봤다. 그때는 여주인공 비비안 리의 이미지가 돋보였다. 그러나 포스트모던 시대의 흑인운동을 경험한 후 다시 보면 초점이 달라진다. 백인이 흑인 가정부나 하인을 아무렇지도 않게 부리고 흑인들도 그런 대우를 당연시하며 받아들인다. 주종의 관계를 제외하면 마치 한 가족 같다. 지금보다 친밀감은 있지만 인권의 동등함에는 문제가 있어 당시의 흑백 관계가 지금과 얼마나 다른지 느낀다. 아마도 최근 그 영화를 상영하지 말아야 한다고 흑인들이 주장한 것도 같은 맥락에서일 것이다. 같은 영화를 예전에 볼 때와 나이 들어 볼 때, 같은 소설을 나이가 들어 다시 읽을 때 우리는 안 보이던 부분을 보거나 주인공보다 다른 인물에 더 공감하게 된다. 해석의 방향이 조금 달라지거나 아주 다른 방식으로 같은 작품을 이해한다. 전두엽에 저장된 내 경험이 시간의 흐름에 따라 늘어나고 달라지기 때문이다. 그래서 모든 독서는 독자의 경험이 성장함에 따라 함께 성장한다.

전두엽에 저장된 경험과 의식의 합동 작전으로 이미지가 예측된다면, 실재(몸, 감각, 감정, 물질)란 완벽히 재현되지 못하고 언제나 여분을 남긴다. 이것이 너덜너덜한 가장자리인 '프린지'다. 그리고 이 여분이 해결할 수 없지만 분명히 존재하는 어떤 것이다. 해결을 못 하기에 의식은 계속 그 유령 같은 정체에 끌린다. 이게 다가 아닌데? 스티븐이 안나에게 끌리듯이, 수제에서 파불라를 끌어내는 시간의 사슬은 거의 무의식적으로 풀리지만 여전히 풀리지 않는 여분이 남는다. 물론 도파민은 계속 방출된다. 어서 모호함의 정체를 밝히라는 것이다. 이 여분이 삶이 지속되는 동인이고 작품을 계속 읽게 만드는 동인이 아닐까.

프로이트의 「언캐니Uncanny」(1919)는 미학에 관한 글로 유명하다. 캐니는 낯익은 것이고 언캐니는 낯선 것이다. 낯익었던 어떤 것이 억압되어 낯설게 나타나는 것을 '언캐니'라고 프로이트는 풀이했다. 들어갈 곳을 모르는 어떤 괴기한 것, 혹은 신비한 것이다. 비밀스럽고 숨겨진 것인데 빛을 보게 되는 것. 그것은 감각이나 물질 세계인 무의식을 의식이 이미지로 바꾸면서 생긴 우수리가 아닐까? 프로이트는 말한다. 서사에서 '언Un'을 창조하는 길은 독자를 불확실성 속에 놓아두는 것이다. 다시 말하면 독자의 주의력을 불확실한 것에 맞춰 모호함을 풀지 않고 어리둥절하게 놓아둠으로써 독자의 호기심을 지연시키고 계속 읽게 만든다는 것이다.

의식에 의해 이미지로 바뀔 때 남은 여분, 너덜너덜한 가장자리는 몸, 감각, 감정, 그리고 물질의 여분이다. 마땅히 갈 곳이 없어 떠도는 유령이다. 그러나 이 유령은 보통내기가 아니어서 잘못 대접하거나 착각하면 '대미지'를 입힌다. 프로이트가 뉴런에 관한 이론을 믿었던 초기에 쓴 글 「과학적 심리학에 관한 연구」(1895)에는 위와 관련된 핵심 부호가 등장한다. 1891년 빌헬름 폰 발다이어하르츠는 신경 시스템의 최종 단위를 뉴런Neurone이라 소개했고 프로이트 역시 그와 같은 생각이었다. 이 글에서 프로이트는 세 개의 그리스어로 뉴런들의 집합을 표현했다. 상당히 난해한 이 글의 핵심을 요약해본다. 퓌(φ)는 통과 가능한 뉴런으로 가장 표피의 뉴런들이다. 양Quantity을 나타내는 씨(ψ)는 통과가 불가능한 뉴런, 즉 저항하는 뉴런인 기억의 저장소, 감정, 혹은 무의식에 해당된다. 그리고 양을 질로 바꾸는 과정인 오메가(ω)는 지각뉴런이다.

꿈은 무의식으로 들어가는 왕도지만 그곳으로 가는 길은 막혀 있다. 통과가 불가능하기 때문이다. 오직 은유와 환유라는 이미지의 여권을 내고 나는 돌아서 통과한다. 그리고 여권을 내고 통과한 이후 보는 것을 존재의 모든 것이라고 착각한다. 착각의 그늘 아래 존재하는 어떤 것Conscious Sensations, 이것이 유령 아닐까. 이것이 서사를 계속 읽게 만들 뿐 아니라 삶을 지속시키는 동력이라는 것이 나의 해석이다.

유령은 왜 그토록 모호하게 없는 듯이 그늘 속에서 신비하게 살아왔을까. 그는 지금도 여전히 보이지 않지만 존재한다. 계몽주의 이후 이성, 아니 진화의 과정에서 의식의 힘이 너무 강해서일까. 그러나 18세기에도 이미 칸트는 미학 이론에서 아름다움과 모호함을 구별하고 후자를 '숭고함'이라 불렀다. 물론 정도의 차이는 있으나 그것은 분명히 유령의 조상이다. 칸트는 숭고함을 이성Reason으로 대접하면서 이해Understanding보다 더 높이 올려두었다. 절대적인 힘을 가졌고 위험하기 때문이다. 그러나 이후에도 그 용어는 언제나 투명한 이성의 힘에 눌려 모호하게 남아 있다. 지금도 나는 아주 오래전에 박사학위 논문을 쓸 때 지도교수가 둘의 차이를 강조했으나 제대로 이해하지 못했던 것을 기억한다. 에머슨의 초절주의超絶主義가 칸트의 영향을 받았기에 숭고함을 물질세계를 초월하는 선험적인 어떤 힘으로, '좋은 것'으로만 알았다.

칸트의 숭고함과
제임스의 프린지

폭풍우에 파도가 이는 거대한 바다는 잔인하고 끔찍하다. 그것은 공포의 대상이다. 그러나 유리창 안에서 보면 안전한 느낌이 들고 그 끔찍한 광경이 인간의 판단력을 제압하는 순간 우리는 강렬한 쾌락을 느낀다. 그 힘이 위협적일수록 매혹되면서 동시에 반감을 느낀다. 목적이나 계획을 한순간에 무너트리는 혼돈, 무질서, 그리고 황폐가 우리를 매혹한다. 그 이유는 무엇일까. 유리창 안에서 보면 그 목적 없음이 오히려 인간의 감흥 속에서 목적을 느끼게 만들기 때문이다. 오늘날의 심리학은 나의 이해를 넘어서는 신비함이나 모호함은 추구의 목적을 불어넣어 도파민을 방출시킨다고 말할 것이다. 그러나 그 옛날 철학자 칸트는 『판단력 비판』 제2권 「숭고함에 관한 분석Analytic of the Sublime」에서 이렇게 말했다. 자연의 위력과 대적한다는 느낌이 나에게 용기를 주고 영혼을 고양시킨다. 그리고 인간의 마음속에는 이해의 울타리를 넘어서는 힘이 있다는 것을 증명한다. 대상 그 자체가 그런 게 아니라 판단하는 나의 마음속에서 그렇게 느끼기 때문이다.

숭고함은 때로 한 나라를 움직이는 이데올로기처럼 절대적 힘이 된다. 이념은 말에 불과하지만 사람들을 통합하고 질서를 유지하는 강력한 말씀이 된다. 그 자체로는 텅 빈 토템이 사회를 움직이는 '아버지의 법'이 되는 것과 같다. 그것은 온갖 증오와 폭력을 모두 감춘 베일이다. 프랑스 혁명이나 사회주의 혁명은 얼마나 많은 사람을 희생시키면서 일어났던가. 그것은 증오와 폭력의 바탕 위에 세워진 이상이요, 선이었다. 일상에서는 스티븐의 연인, 안나처럼 저항할 수 없이 강렬한 매혹으로 나타나기도 한다. 그러나 폭풍우 치는 바다가 유리창 안에서만 안전한 것처럼 우리 몸은 유리창을 벗어나 바다에 던져지면 파멸한다. 그렇기에 칸트는 숭고함을 부정확하고 부정적인 쾌락이라고 말한다. 감탄과 흠모가 합리적 이해의 한계를 넘어 일어나기 때문이다.

칸트는 예술의 형식인 미와 숭고함을 구별했다. 둘 다 이익과 상관없고 목적이 없는 것은 같다. 그러나 전자는 개인이 정해진 형식과 접촉하여 정확한 이해Understanding를 지향하기에 옳은 쾌락에 속한다. 개인의 경험이 작용하기에 주관적이지만 형식을 통하기에 보편성을 얻는다. 예술에서 형식의 완결성이 중요한 이유다. 이와 달리 숭고함에는 형식이 없다. 사랑의 대상이 무한하고 부정확하고 부정적 쾌락인 것과 같다. 재미있는 영화나 소설도 연인의 부름만큼 가슴이 뛰지 않을 것이다. 예술을 감상하는 즐거움보다 연인을 얻으려는 욕망이 훨씬 더 강한 것은 합리적 이해를 초월하는 감정이 나에게 꿈을 심고 상상력을 불어넣으며 용기와 활력을 주기 때문이다.

프로이트는 「과학적 심리학의 연구」에서 의식이 개입된 것을 질Quality로 표기하고(오늘날 뇌과학자들이 말하는 '퀄리아'다), 의식 이전의 감각이나 감정을 양Quantity으로 표기했다. 중요한 점은 의식과 전두엽의 예측을 거쳐 이미지가 만들어질 때 질로 흡수되지 않은 여분이 남는다는 것이다. 감각(혹은 감정, 물질)의 여분이다. 나는 그 여분을 의식하지 못한다. 의식 밖의 영역이기 때문이다. 그런데 문제는 그 여분이 없는 게 아니라 유령으로 존재하여 혐오스럽지만 강렬한 매력으로 나타난다는 것이다. 나는 저항하면서도 그 매혹에 끌려들어간다. 오히려 저항하기에 더 끌린다. 감정의 여분은 감정 그 자체보다 더 강렬하다. 의식에 의해 금지되었기 때문이다. 사랑과 열정이 금지된 대상을 향하는 것과 같다. 부정확하기에 혐오스럽고 부정확하기에 끌린다. 이 모호한 쾌락을 그나마 안전하게 대하는 길은 유리창 안에서 바라보는 것이다. 내가 예술을 감상할 때처럼, 옳게 사랑을 할 때처럼, 환자가 분석가를 대할 때처럼. 대상을 숭고한 이성으로 승화시키지만 그에 굴복하지 않고, 노예가 되지 않고 주체가 되는 길이다.

칸트가 숭고함을 미학에 관한 책인 『판단력 비판』에 포함시킨 것은 잘 짜인 서사 예술이 이 위험한 매혹인 숭고한 대상의 정체를 느끼게 하기 때문이다. 타인의 삶을 경험하면서 이것을 깨닫게 하는 예술의 형식은 폭풍우가 이는 바다를 가로막은 안전한 유리창이다. 「대미지」를 감상하면서 현실에서 겪을 수 있는 '대미지'를 피하는 것이다.

예술작품이나 자연의 아름다움을 보고 우리는 언어의 표현을 넘어서는 어떤 것에 감탄한다. 명작이 왜 명작인가를 언어로 표현할 수 있다면 누구나 그런 명작을 쓸 수 있다는 뜻이다. 나는 가끔 명작을 읽을 때 '내가 쓰고 싶었던 것을 이미 썼네'라고 느낀다. 그러나 그런 경우라도 그렇게 쓰고 싶었을 뿐 어떻게 해야 내가 그렇게 쓸 수 있는지는 모른다. 아름다움의 극치는 언어의 한계를 넘어 숭고의 영역이기 때문이다. 파란 가을 하늘을 배경으로 가늘게 뻗은 나뭇가지들, 그 사이로 매달린 붉고 노란 잎새들을 볼 때, 산 너머로 막 사라져가는 저녁 해와 노을을 볼 때 느끼는 신비함을 어떻게 언어로 표현할 수 있을까. 그런 신비함은 그저 즐기고 감탄하며 감사하는 것이다. 신이 그린 그림이기 때문이다. 우리는 그 신비함을 추적하고 풀어내려 하지 않는다. 혐오나 증오를 느끼지 않는다. 그러나 폭풍우가 몰아치는 바다를 유리창 안에서 볼 때 느끼는 숭고함은 이와 다르다. 칸트는 그런 파괴적 광경이 인간의 영혼을 고양시킨다고 봤다. 그에게 숭고함은 자연의 위력에 대응하는 인간의 무한한 능력이다. 열정과 용기를 주는 절대적인 것이다. 의식의 정확한 이해를 초월하는 무한한 이성을 칸트는 물질을 초월하여 현실을 개혁하는 인간 고유의 상상력으로 봤다.

제임스의 '프린지'는 숭고함이라는 모호성에서 칸트의 개념과 닮았다. 그러나 낭만적이고 초월적인 이성은 아니다. 오히려 프로이트의 '언캐니'와 비슷하다. 예술을 감상할 때 우리는 사적인 경험의 눈으로 파악하기에 완전히 파악되지 않는 여분이 생긴다. 다시 말하면 의식에 의해 금지된 가장자리, 직접 접근할 수 없는 감각과 물질의 여분이다. 예를 들어 드라마를 보면서 관객은 주인공과 감정적으로 동참한다. 그러면서 코러스라든가 다른 인물들의 대사에 의해 그 인물과 거리를 두고 판단한다. 그런데 동일시와 판단이 지속되면서도 모호성은 속 시원히 풀리지 않는다. 『오이디푸스 왕』에서 누가 범인인지 계속 모호하게 두는 것과 같다. 계속 읽게 만드는 그 힘은 나의 추구 의지를 지속시킨다. 가장자리의 여분은 모호함으로 작품을 읽는 동력이다. 대단원의 막이 내릴 때 긴장과 의혹의 정점에서 반전과 발견이 일어나는데 그 순간 모호함이 풀리고 감정의 정화가 일어난다.

작품을 읽는 과정은 숭고함의 정체를 푸는 과정이다. 칸트의 숭고함이 자연의 폭력으로부터 보호받는 유리창 안에서 그 폭력의 잉여를 내 영혼을 고양하는 힘으로 본 것이라면 제임스의 프린지나 프로이트의 언캐니는 의식으로 완벽히 파악되지 않는 감각과 물질의 잉여가 독자의 추구 감정을 자극하는 모호함이다. 이런 맥락에서 라바차는 우리의 지각이 의식을 통해 인지되는 과정과 작

품의 구성이 잘 맞아들어갈 때 그 작품이 성공한다고 말한다.**38**

읽기는 문제 풀기요 지각과 인지의 과정이기에 모호함의 정체가 풀릴 듯 말 듯하면서 비슷한 패턴이 반복되다가 긴장이 최고조에 달했을 때 반전과 함께 놀라운 발견을 하게 된다. 이런 의미에서 예술가의 역할은 시간 밖으로 밀려난 사물의 정수를 받아들여서 관객의 주의를 끌고 마지막에 그것의 실체와 조우하게 만드는 것이다. 『오이디푸스 왕』에서는 실체와의 조우가 어떻게 일어날까?

극에서 관객의 의심이 최고로 고조되고 갈등이 절정에 달하는 순간 드디어 원초적 장면이 나타난다. 진실을 알고 있는 단 한 사람, 오이디푸스 왕자를 숲속에 버리지 않고 몰래 살려주었던 하인, 그는 왕자가 성장하여 코린토스에서 테베로 오는 길에 모르고 선왕을 죽인 사건을 목격한다. 그 사실을 감추려고 여러 명의 도둑 떼의 짓이라고 거짓 소문을 퍼트려서 수사 과정에서 오이디푸스에게 가냘픈 희망을 주었던 단 한 명의 증인, 그는 바로 자취를 감추었던 목동이었다. 드디어 그가 불려 온다. 그리고 '원초적 장면'이 밝혀진다. 수사관이 찾으려던 범인이 바로 수사관 자신이었다니! 이런 아이러니가 있을까. 지금 우리는 결말을 잘 알기에 흥분하지 않지만 당시의 관객들에게는 커다란 반전이고 놀라움이었을 것이다.

그토록 부러워하던 지위를 지니고 지혜로웠던 왕이 나만도 못한 죄인이었다니. 엄청난 죄를 저지른 그가 불쌍한 것은 죄를 피하려 애썼고 자신이 죄인임을 눈치챘던 순간 주위의 만류에도 불구하고 수사를 끝까지 해낸 그 성실함과 고귀함 때문이다. 그 순간 왕에 대한 관객의 증오나 부러움은 사라지고 운명에 대한 연민이 자리 잡는다. 연민은 왕보다 우월한 위치에서 느끼는 감정이다. 신탁은 우리가 닿을 수 없는 곳, 생각하지 않는 곳에 존재한다. 그러므로 힘과 지혜를 자랑하지 말고 언제나 신 앞에서 겸손해야 한다. 그러고 보면 나도 그리 못난 인간은 아니야, 내 초라한 삶도 살 가치가 있는 거야 등등 관객의 자존감은 높아진다.

이렇듯 예술의 모호함은 뇌과학의 입장에서 감정의 잉여인 숭고함으로 설명할 수 있다. 나의 추구 감정을 계속 자극하는 이 모호함은 풀릴 듯하면서 풀리지 않는 사건들로 숨 가쁘게 이어진다. 그리고 마지막 대단원에서 그 사물(감각, 감정, 물질)의 본성이 드러난다. 그것은 지극히 평범한 것, 사물이자 그 실체인 흙 혹은 무Nothing다. 사물들의 본질Thingness of the Things을 맛보는 순간 관객은 경외감을 느낀다.

니체가 『비극의 탄생』에서 표현했듯이 아폴론의 베일 뒤에 숨은 디오니소스가 본모습을 드러내면서 힘든 개인화가 무너지고 우리는 모두 한 몸이 되어 대자연으로 돌아간다. 그래서 그 순간 관객은 사물의 본래 모습에 환호한다. 보라, 그 숭고한 왕은 나보다 못한 대역 죄인이었다. 아버지를 죽이고 어머니와 결혼하다니! 관객은 즐겁다. 디오니소스의 세상은 평등한 세상이고, 차별로 가득 찬 아폴론의 세상은 실체가 아니었기 때문이다.

이 즐거운 속임수는 어디에서 오는가. 억압된 감정이 솟구치고, 크리스가 언급했듯이 고인 카섹시스가 흔들린다. 나는 지금까지 유령이 있는 것을 몰랐다. 감정이 의식을 흘러넘치는데 그것을 의식하지 못했다. 그저 왠지 점점 더 흥미로워지면서 추구하려는 감정이 밀려든 것 외에는. 흘러넘친 감흥, 혹은 이미지화되지 않은 감정은 모호함, 낯섦, 신비함을 자아내는 숭고함이 되어 독자를 계속 서사 속에 머물게 유인한다. 에덜먼은 다시 읽게 만드는 이 잉여 덕분에 한 그룹의 시상피질 시스템thalamocortical system 뉴런들이 동시에 활성화된다고 표현했다.

흩어진 형식을 경험하면서 순간적으로 시간 순서로 배열하는 내용 파악, 그리고 숭고함에 달려들어 모호함을 풀어나가려는 충동은 가장 기본적인 추구 욕망이고 뇌의 하부가 상부와 소통하는 방식이다. 이런 맥락에서 조지프 캐롤이 언급하듯이 예술, 특히 서사 예술은 뇌의 디자인을 따른다(Joseph Carroll, 2011).

예술은
감정을 인지하는 방식이다

나는 한동안 르네 마그리트가 그린 초현실주의 그림의 의미가 무엇일까 궁금했다. 그리고 그 후에는 벨라스케스의 「시녀들」을 이해하지 못했다. 그저 이 두 화가의 작품들이 인문학과 연관이 있으리라고 막연히 추측할 뿐이었다. 우선 「이것은 파이프가 아니다」와 「백지 위임장」은 최근 심리학, 뇌과학, 현상학을 공부하면서 정체를 나름대로 판단하게 되었다. 이게 왜 파이프가 아닌가. 분명히 파이프인데? 나는 이차원의 평면 그림 속에서 파이프의 움푹 파인 깊이, 즉 삼차원의 입체감을 느낀다. 가로수의 그림에서 보는 원근법의 깊이처럼 실제로 본 경험들이 뇌의 전두엽에 기억의 흔적으로 저장되어 그림 속에서도 깊이를 느끼는 것이다. 평면에 없는 것을 보는 것인데, 이것이 '응시Gaze'라 불리는 시선의 얼룩이다. 그러므로 파이프가 아니라 파이프의 이미지다. 그러나 「백지 위임장」의 제목은 여전히 의아했다. 백지 위임장이란 백지를 주고 내가 원하는 금액을 적어넣으라는 것인데 그게 대체 말을 타고 숲속을 지나는 여인과 무슨 상관이 있나? 그러던 중 프로이트를 추종한 기억 연구의 뇌과학자 에릭 캔델의 글을 읽게 되었다. 갯민숭달팽이의 일종인 군소의 기억에 관한 연구로 노벨상을 수상했던 캔델은 그후 다시 프로이트에게 돌아와 정신분석, 예술, 그리고 뇌과학을 융합하는데 특히 미술에 관심을 보인다. 그는 미술이 실재의 재현이 아니라 우리가 지각하고 인지하는 방식의 표현이라고 말한다. 그리고 이 말은 나에게 제임스를 떠올리게 했다.

한 여인이 말을 타고 숲속을 지나간다. 그런데 말과 사람 속으로 나무가 지나고 말과 사람, 숲이 서로 교차되어 얽혀 있다. 문득 의식이 물질이나 주변 환경과의 관계 속에서 이루어진다는 윌리엄 제임스의 사유가 떠오른다. 생각의 지향성, 혹은 관계성이다. 주변 환경과의 관계 속에서 사유하고 느낀다는 제임스의 의식의 물질성, 의식의 흐름을 표현하는 그림이 아닐까. 마그리트의 그림은 지각과 인지가 어떻게 이루어지는지 보여준다. 사유는 주관적이고 대상과의 관계 속에서 끊임없이 변한다. '백지 위임장'이다.

캔델은 예술의 형식이 감상자의 축적된 경험의 눈으로 해석된다는 것을 강조한다. 작가는 자신의 기억 흔적으로 창조하고 독자는 자신의 기억 흔적으로 읽는다. 양편이 모두 모호성을 창조한다. 그러므로 작품은 글자 그대로 읽히지 못하고 잉여를 남긴다. 캔델은 우리가 모호함을 어느 한쪽으로 이해하는 시각예술의 예를 많이 든다. 물론 그림의 여분이 남는다. 이렇게 예술가는 감정과 느낌, 전두엽과 의식을 거치면서 의식과 무의식을 독특한 방식으로 넘나든다(2013, 339). 전두엽에 저장된 과거의 경험들로 과거를 회상하고 느끼며 인지하듯이 예술작품의 창작이나 감상도 같은 원리를 따른다. 전두엽에 저장된 과거의 기억들에 의해 감각이 이미지로 예측되는 것이다. 진화는 회상이라는 삽화적 기억의 출현으로 시작됐고 이때 동굴벽화 등 그림이 창조되었다는 것은 이 원리를 분명하게 뒷받침한다.

이런 가설을 또 하나의 유명한 그림으로 증명해보자. 벨라스케스의 그림 「시녀들Las Meninas」이다. 이 그림은 인문학 분야, 특히 포스트모더니즘에서 '메타픽션'을 소개할 때 잘 알려진 그림이다. 메타픽션은 소설에 관한 소설이다. 픽션은 대상을 객관적으로 재현한 것이 아니라 저자 자신의 이야기일 뿐이라는 암시로 1960년대경 서구에서 선보인 실험 기법이었다. 전두엽과 의식의 합동 작전인 기억의 원리, 그리고 감각이 전두엽의 경험에 의해 예측된 이미지의 원리로 이 그림을 풀어보자. 이 그림에서 화가의 모델은 왕과 왕비로 거울 속에 작게 비출 뿐 화면에는 크게 나타나지 않는다. 대신 그 모델이 바라보는 대상들이 보인다. 화가가 커다란 화판 앞에서 붓을 들고 있다. 그 옆에는 공주와 그녀를 돌보는 시녀들이 서 있다.

「시녀들」, 디에고 벨라스케스, 캔버스에 유채, 316.0×276.0cm, 1656년경, 프라도 미술관.

원래 그림이란 화가가 그린 모델을 내가 바라보는 것 아닌가? 그런데 이 그림은 반대로 모델이 화가를 바라본다. 모델은 화가 옆에 있는 공주와 시녀들과 개도 바라본다. 바라봄 속에 보여짐이 있고 보여짐 속에 바라봄이 있다. 나는 바라보고 보여지는 존재다. 사회적 동물인 나의 '자의식'이다. 이 그림은 모델이 바라보는 화가뿐 아니라 반대로 화가가 바라보는 모델도 보여준다.

예술이란 모델을 객관적으로 재현하는 것만이 아니라 동시에 모델을 응시하는 저자와 독자를 재현하는 것이다. 작품은 저자의 주관에 의해 굴절되고 동시에 독자의 해석에 의해 굴절된다. 그러므로 재현은 인지 방식을 표현할 뿐 아니라 그것의 해석이 주관적이라는 점을 암시한다. 이 그림은 이런 맥락에서 심리학과 뇌과학을 반영한다. 대상과 저자, 독자는 관계 속에서 경험에 의해 창조, 재창조, 재해석되기 때문이다.[39]

예술은 창조자와 관객의 주관적인 과거 경험의 눈으로 창조되고 이해되기에 대상을 객관적으로 재현한 것이 아니다. 그리고 저자와 독자는 자신의 기억에 의해 판단하기에 재현은 언제나 잉여를 남긴다. 의식의 진화로 인해 바라봄과 보여짐의 차액이 생긴 것이다. 이런 의미에서 진화론은 생물학이면서 동시에 인문학이다. 여기서 한 가지 의문이 떠오른다. 만일 개인의 축적된 경험에 의해 작품 해석이 이루어진다면 서로 다른 환경과 문화에서 성장한 사람들이 어떻게 같은 작품을 공유할 수 있을까. 예를 들어 먼 옛날 영국에서 쓰인 셰익스피어의 비극을 오늘날 한국인들이 즐기고 주인공에게 공감할 수 있을까. 어떻게 미국인이 미국 영화에서 저 표정을 지었을 때 한국인은 노여움이 아니라 슬픈 감정이라고 이해할 수 있을까.

다른 시대, 다른 문화 속에서 자랐는데 인물의 감정 묘사를 읽고 공감하는 일이 일어나는 것은 인류가 오랜 시간에 걸쳐 생존에 유리한 기억들을 DNA로 뇌에 내장해왔기 때문이라고 캔델은 말한다(2013, 330). 나는 유리병이 거꾸로 놓여 있어도 그것이 유리병인 것을 알아본다. 그러나 얼굴의 사진이나 그림이 거꾸로 놓이면 누구인지 알아보기 힘들다. 인간은 얼굴 표정을 통해 감정을 이해하고 소통해왔기 때문에 거꾸로 보면 전혀 낯설어지는 것이다. 다마지오에 따르면 진화 과정에서 얻어지는 감정들, 특수한 사회 문화 환경에서 배움으로 얻는 감정들은 생존에 유리하도록 게놈에 의해 유전된다. 내가 문화적 차이에도 불구하고 소설이나 영화에서 인물과 공감할 수 있는 것은 내 안에 그들의 표정, 반응, 제스처 등을 통해 인물의 심리와 감정을 이해하는 게놈이 형성되어 있기 때문이다. 생존에 유리한 기본적인 감정의 반응은 문화적 차이에도 불구하고 크게 다르지 않다.

두려움과 추구 시스템은 감정의 쌍두마차다. 두렵기 때문에, 불안하기 때문에 추구한다. 포식자를 피하고 먹잇감을 찾고 쉴 곳을 찾고 자손을 갖기 위해 짝을 찾는 모든 동물은 불안하고 두렵다. 세상은 늘 알 수 없이 모호하기 때문이다. 사자와 호랑이를 제치고 내가 강한 동물이 된 것은 모호한 세상을 좀더 빨리 정확히 이해하고 이에 대응할 수 있었기 때문이다. 내가 삶의 모호함을 모방한 어떤 것을 창조하고 감상한 것은 단순히 즐거움 때문만이 아니었다. 나는 이야기 형식을 즐긴다. 모호함을 즐겁게 풀어낸다. 흩어진 시간을 순서대로 배열하고 의식이 이미지화하지 못한 감정의 여분에 의해 계속 작품을 읽어낸다. 의식이 제아무리 감정을 배제해도 예술은 의식의 눈초리를 넘어 감정의 여분을 포옹하고 풍성하게 경험케 한다.

예술이
감정을 사랑하는 방식

감정을 향한 예술의 사랑은 여기서 멈추지 않는다. 예술은 의식의 손을 잡고 모호한 세상에서 고독한 내가 타인과 소통하도록 돕는다. 개인으로서 나는 사회적 동물이 되었을 때 더 유리하다. 공동체 안에서 서로 돕고 생존하려면 다른 사람의 마음을 알고 언어로 소통할 수 있어야 한다. 뇌 안에는 타인의 행동과 몸짓을 흉내 내어 그의 마음을 이해하는 뉴런이 있다. 언어를 담당한 뉴런과 같은 위치에 있는 이 뉴런이 발달되지 않으면 자폐증 환자가 되어 소통이 힘들어진다. 이 뉴런은 타인의 행동을 흉내 내며 그의 감정을 똑같이 느끼고 반응한다. 그런데 이 감정이입은 뇌의 하부와 상부, 감정과 의식의 이중 구조에 의해 조정을 받는다. 무조건 내가 느낀 대로 너를 대하면 안 된다는 조건이다. 동물은 개체화가 되지 않아 같은 감정으로 하나가 되어 집단을 이루지만 나는 사적인 존재이기에 너를 내가 느낀 방식으로 대하면 안 된다. 예술은 여기서 한 번 더 존재의 의미를 새긴다. 나와 너의 같음과 다름을 연습하는 연습실을 마련한 것이다. 그곳이 예술의 형식이고 그 속에서 연습하는 것이 공감이라는 진화의 꽃이다. 어떻게?

다마지오에 따르면 인간이 출현한 시기는 약 20만 년 전이고 그 후 3만 년 전쯤 동굴벽화가 발견되었으니 진화는 아주 천천히 이루어진 것으로 보인다. 몸의 기억을 넘어 회상이라는 삽화적 기억을 얻게 된 기간은 길다. 이때 문화예술이 시작된다. 자극을 수용하고 인출하는 해마와 경험을 저장하는 전두엽이 분리되어야 과거를 떠올려서 사냥 장면을 그릴 수 있기 때문이다. 이미지의 탄생이다. 그림 외에 노래와 춤 등 예술은 분명히 진화를 촉진하는 매개가 되었을 것이다.

디사나야케는 대략 구석기 중기나 신석기 초기에 와서 인간이 점차 과거와 미래를 고통스럽게 의식하게 되었다고 인용하기도 한다.[40] 인간은 사회적 협동에 의해 유전자의 생존율을 높여왔다. 그런데 진화된 뇌와 가장 닮은 것은 무엇일까. 감각을 이미지로 바꾸는 은유적 본질과 유사한 것은? 자의식이 시작되는 시기로 알려진 18개월쯤 되면 유아는 유희와 놀이를 즐기며 어머니의 몸짓을 보고 의도를 파악한다. '하는 척하기'라는 놀이는 타인의 삶을 경험하는 것이고 이것은 타인을 의식하는 자의식 발달에 도움이 된다. 그렇다면 뇌의 어떤 뉴런들이 하는 척하기, 혹은 흉내 내기Mimicry

와 연관될까.

역사적으로 위대한 발견은 스승의 견해를 은근히 비판한 제자의 것인 경우가 많다. 예술을 공화국에서 추방하라는 플라톤의 이데아론에 은밀히 반론의 깃발을 올린 글이 제자 아리스토텔레스의 『시학』이다. 예술은 이데아를 두 번이나 굴절시킨 것인데 그게 감성을 자극해 여자와 아이를 울고 웃기니 공화국 건설에 방해가 된다. 그러니 시인을 추방하라는 플라톤은 이성과 남성을 우월하게 봤다. 그러나 그의 제자 아리스토텔레스는 인간의 가장 즐거운 본능은 흉내 내기, 즉 모방 본능이라고 믿었다. 타인의 행동을 모방하는 일은 즐겁다. 극은 인물의 행동을 모방하여 대리 경험을 하게 한다. 모방의 방식은 문학의 장르를 결정한다. 희극은 나보다 우매한 사람의 행동을 모방하고 비극은 더 고결한 사람을 모방한다. 아리스토텔레스는 생물학자일 뿐 아니라, 본인은 그런 것을 모른다 해도, 오늘날의 뇌과학자다. 그는 잘 짜인 극의 플롯은 긴장이 절정일 때 놀라운 반전과 발견을 줌으로써 관객이 '카타르시스를 경험'하게 한다고 말한다. 카타르시스는 의학적 용어요, 앞서 선보인 다마지오의 '항상성 원리'와 같다. 한쪽에 고인 감정을 흐르게 하고 나쁜 감정을 배설하여 균형을 이루는 몸의 요구이기 때문이다.

극은 인물의 행동을 모방하고 관객 역시 인물의 행동을 모방하여 그의 감정을 함께 경험한다. 인물과 같은 감정이 되어 긴장하고 행동한다. 그러나 그 모방 속에는 언제나 남의 것이라는 의식이 깔려 있다. 그래서 같은 감정을 나누면서도 거리를 두고 판단한다. 뉴런의 활성화에서 내가 경험할 때와 남의 것을 대리 경험할 때 활성화되는 강도와 위치는 달라진다. 이 부분에 대해 좀더 알아보자.

공감의 조상인 감정이입Empathy이란 용어는 1873년 로베르트 피셔가 처음 사용했고 20여 년이 지나 독일의 테오도어 립스가 1897년에 다시 언급했다. 이 용어는 1900년대 이래 예술의 주요 기능으로 떠오르는데 한 가지 재미있는 사실은 프로이트가 무의식의 발견자가 되기 전 초기에 립스의 책을 열심히 읽고 영향을 받았다는 점이다. 그는 립스의 책에서 "모든 의식적 과정의 뿌리에는 무의식적 과정이 있다"는 문장에 밑줄을 진하게 그었다. 그리고 1898년 8월 26일, 플리스에게 이런 편지를 보낸다.

나의 메타심리학의 뿌리와 문학 속에 포함된 것을 연결하는 다리를 세우는 작업에 나는 착수합니다. 그래서 오늘날 철학 작가들 가운데 가장 분명한 마음을 가진 것 같은 립스의 연구에 나 자신을 몰입시킵니다(The Complete Letters 324).

모든 독창성은 하늘에서 떨어지는 것이 아니라 앞선 사람의 연구에 뿌리를 내린다. 무의식의 발견자로 알려진 프로이트는 사실은 립스의 무의식적 감정이입을 얻어와 자신의 용어인 투사, '전이'와 '역전이'라는 정신분석의 필수 용어를 만들었던 것이다. 립스의 무의식은 프로이트가 최면술에서 대화 요법으로 방향을 전환한 계기였을 것이다. 바로 2년여 전인 1895년 그는 뉴런에 관심을 갖고 「과학적 심리학에 관한 연구」를 쓴다. 그리고 플리스에게 '의식'과 '기억의 흔적'이 상호 배타적이라고 밝히는 편지를 보냈다. 무의식 과정과 삽화적 기억이라는 뉴런의 원리는 그가 정신분석을 창조한 배경으로 보인다. 다시 말하면 분석가는 환자의 감정을 모방하여 그를 이해하기에 분석은 환자의 상흔에서 분석가의 상흔으로, 그리고 과거의 상흔에서 현재의 것으로 이동하는 것이다. 물론 이것은 긍정적 전이의 경우다.

거울뉴런

문학에서는 모방 욕망에서 감정이입으로, 그리고 정신분석에서는 투사나 전이로 이해된 공감은 자기공명영상 등 뇌를 들여다보는 기술 장비들이 나타난 1990년대에 '거울뉴런'이라는 용어로 다시 태어난다. 1996년 이탈리아의 자코모 리졸라티와 비토리오 갈레세는 원숭이나 사람에게 대상의 몸짓을 보고 흉내를 통해 마음을 알아내는 뉴런이 있다는 것을 발견한다. 예를 들어 사람의 손이 움직이는 것을 보고 그 목적이 다르다는 것을 아는 뉴런 블록들이 있다는 것이다. 원숭이는 저 사람이 바나나를 쥘 때 나를 주려는 것인지 그가 먹으려는 것인지 쥐는 모습으로 예측한다. 남의 행동을 보고 따라하면서 의도를 파악하는 능력이다. 그들은 이 영역에 거울뉴런MNS이라 이름 붙인다. 상대방의 행동을 보면서 마치 자기가 행동할 때와 같이 뇌를 활성화하여 의도를 파악한다는 발견이 왜 중요할까. 우리는 타인의 의도를 파악하는 일을 의식의 선택이라고 믿는다. 그러나 거울뉴런은 이 일이 의식이 아니라 몸, 혹은 감정에서 일어난다는 것을 증명한다. 새는 다른 새를 바라보기만 해도 생식샘이 작동하고 다른 새들의 행동을 보고 의도를 알아차리며 떼를 지어 이동한다. 사람도 하품을 따라하거나 남이 웃으면 따라 웃는다. 몸의 고통, 식욕, 성욕 등 바라보기만 해도 몸에서 반응이 일어난다. 예를 들어 8개월 된 유아는 엄마의 행동이 끝나기 전에 엄마의 의도를 이해한다. 이 사실은 의식 이전 무의식에서 몸이 반응한다는 것을 암시한다. 다시 말해 나의 이성은 추상적 논리가 아니라 사회, 물리적 환경 안에서 구체적인 몸의 경험으로부터 생겨난다는 것이다. 진화한 인간은 뇌의 하부인 몸에서 전두엽까지 연합하여 행동을 모방함으로써 타인의 마음을 파악한다.

문학 용어에서 출발한 감정이입은 심리학 용어가 되고 뇌과학 용어가 되며 다시 현상학 용어가 된다. 윌리엄 제임스의 심리학에 뿌리내린 현상학은 의식의 여러 현상, 지각, 상상력, 몸, 기억, 물질, 경험, 시간, 감정, 공감 등 마음에 대해 연구하는데 이때 몸의 경험이 연구의 원천이 된다. 몸은 외부 세계와의 연결 고리다. 살아 있다는 느낌은 몸이 외부 세계와 관계를 맺을 때 일어난다. 제임스는 이런 의미에서 우울증은 삶으로부터 모든 현실감이 사라지고 몸이 외부 세계에 속하지 않은 느낌, 세상과의 단절과 고립에서 일어난다고 봤다.[41] 세상과 만물이 흐르듯이 의식은 시간 속에서 흐르고 따라서 세상은 가능성이며 뇌는 변할 수 있는 가소성을 지닌다. 제임스의 심리학에 뿌리를 둔 현상학은 의식의 물질성만큼 몸과 공감에 관심을 갖는다. 후설의 지향성이나 하이데거의 존재와 시간, 메를로퐁티의 키아즘이라는 상호주관성, 라캉의 대상과의 관계성을 표시하는 욕망의 공식은 모두 몸에 뿌리내리고 이제 공감으로 이어진다.

동물에게 우리는 공감이라는 용어를 쓰지 않는다. 원숭이가 바나나를 눈치로 받아먹고 무리 속에서 우두머리를 알아보고 털을 고르며 갖은 애교를 떨어도 나는 그것을 공감이라고 생각하지 않는다. 나의 공감은 하품을 따라하는 것을 넘어서 사회적 소통과 문화적 상상력으로 기지개를 켜기 때문이다. 인간에게는 언어를 담당하는 브로카 영역Broca area이 있는데 이것은 행동이나 몸짓의 흉내로 의도를 파악하는 거울뉴런과 겹친다. 다시 말하면 몸짓에서 멈추지 않고 그것을 바탕으로 언어와 문화를 발달시킨다는 것이다. 몸은 언어를 낳은 엄마다. 이때 몸과 언어를 이어주는 뉴런, 섬처럼 보이지만 고립에서 벗어나게 해주는 다리로 섬엽Insular을 지목하는 학자가 많다. 공감은 이 다리를 매개로 뇌의 하부에 위치한 감정에서 시작해 고차원의 정보 처리를 위해 다양한 신경망이 수렴되는 전두엽 등 전체를 아우른다. 지각, 운동, 감정이라는 몸의 에너지에서 편도체, 해마, 시상이라는 변연계를 거쳐 바깥세상의 경험과 소통하는 감정이 공감이다.

맥길크라이스트가 역설하듯이 오른쪽 뇌는 먼저 태어났으나 후에 발달한 왼쪽 뇌보다 대우를 덜 받는다. 왼쪽 뇌가 담당하는 오른손은 논리적이고 기계적인 반복에 능숙하며 일을 더 빨리 잘 처리하기에 우리가 더 중요하게 대접한다. 그러나 오른쪽 뇌에 손상을 입으면 사물의 전체를 보지 못한다. 왼쪽 뇌는 오직 사물의 부분만을 본다. 기억에서도 왼쪽 해마는 경험의 저장을 맡지만 서사적 기억에서 인출을 맡는 뉴런은 오직 오른쪽 해마다. 오른쪽 뇌는 의식 밑에 감정과 몸이 있다는 것을 표현한다. 무의식의 대변자다. 에프라트 지노도 2010년 논문에서 비슷한 주장을 한다. 오른쪽 편도체가 상하부를 연결하는 것은 그 후에 발달되는 왼쪽 뇌와 전두엽 피질에 비춰 더 중요하다는 것이다. 몸과 감정의 기억들은 오른쪽 반구에 저장이 되기 때문이다.[42] 여기서 '자기 서술Self-Narrative' 등 공감 치료라는 새로운 영역이 나타난다.

공감 치료를
위하여

정신분석에서 유아기는 중요하다. 18개월 이후 자의식이 생기고 사회화가 시작되기 전 유아는 몸의 기억으로 산다. 의식 이전의 삶이기에 툴빙이 '유아기 망각'이라 이름 붙이고 프로이트가 무의식이라 부른 시기다. 그런데 망각이란 잊는다는 뜻이 아니다. 회상이라는 기능을 얻으면서 지워진 것일 뿐 몸의 기억으로 더 오래 남는다.

공감에서 보듯이 이 시기의 몸은 훗날 세상과 관계 맺는 고리가 되기 때문이다. 유아기에 자신을 돌봐준 사람에 대한 애정은 영원하다. 유아는 대상을 자아와 구별하지 못하는 근원적 나르시시즘 단계, 혹은 라캉의 용어로 상상계적 착각의 단계에 지닌 기억을 암묵적으로 오른쪽 뇌에 저장한다. 지노가 밝히듯이 어릴 적 돌봐준 사람과의 동일시는 몸의 기억으로 거울뉴런의 역할과 다르지 않다. 보살펴준 사람의 감정을 흉내 내 그 사랑을 몸에 새긴 것이기 때문이다. 그러므로 유아기 엄마의 애정은 훗날 사회생활에서 중요한 역할을 한다. 이때의 사랑은 성장 후 공감의 토대가 되어 긍정적인 전이로 이어진다. 물론 이때 사랑받지 못하면 부정적 전이로 나타난다.

삶에서 사랑의 접촉과 같은 감각적 자극은 상부 피질을 통과하지 않고 편도체에서 기억의 흔적들로 활성화되어 무의식적이고 암묵적인 느낌이나 행동의 경향들을 낳는다. 이것이 정신 질환의 경우 설득이나 의식적인 노력으로 증상이 잘 해결되지 않는 이유다. 의식 이전의 감정이 병의 근원이기 때문이다. 지노는 의식과 무의식을 연결하여 상하좌우의 소통을 원활히 하려면 스스로 자기 이야기를 털어놓아야 한다고 말한다. 누군가가 듣는 것과 아무도 듣지 않는 것은 다르다. 타인이 듣는다는 것은 곧 내가 나를 듣는 것이다. 편도체는 의식과 무의식을 연결하여 감정을 중계하는데 이때 자기 서술은 편도체의 활성화를 조절할 수 있다. 자신의 이야기를 자신이 들으면서 두려움과 공포, 공격성과 분노의 원인을 깨닫고 그런 감정들을 누그러뜨릴 수 있다는 것이다.

자기 서술을 비롯한 예술작품을 매개로 한 대화는 공감을 통한 치료다. 이것은 대화를 통해 전이의 공간을 창조하는 프로이트적 치료와 다르지 않다. 분석자는 환자의 자아이상이고 숭고한 욕망의 대상으로 환자 스스로 주체가 되어 문제점을 깨닫고 담론을 창조하도록 이끈다. 라캉은 이것을 '주인 담론'과 반대인 '분석 담론'이라 불렀다. 주인 담론은 내가 연인의 노예가 되어 연인과 비교하면서 자존감을 잃는 소유의 담론이고 분석 담론은 분석자(연인)를 숭고한 대상으로 보면서도 자아가 주체가 되어 스스로 지식을 창조하는 자유 담론이다.

뇌와 심리학을 연결하는 데 가장 유용한 고급 개념은 공감이다. 몸이 느끼고 의식이 판단한 결과로 얻는 지혜이기 때문에 공감은 설득이나 충고보다 훨씬 더 강한 효과를 지닌다. 예술의 창조와 감상은 아리스토텔레스의 주장처럼 '흉내 내기'라는 모방 욕망에서 나오고 반전을 통해 카타르시스로 이어진다. 고여 있는 감정을 재배열하여 흐르게 한다. 자신의 경험만큼 해석하고 얻기에 몸의 흉내를 배제하지 않고 무의식과 의식이 연결되기에 소통이다. 대상을 향한 감정의 모방에서 멈추지 않고 자신에게 돌아와 주체로서 느끼며 판단하기에 타인의 설득이나 충고보다 더 강력하다. 서사 예술이 감정이입이라는 이름으로 공화국에서 추방되지 않은 이유도, 그토록 오랜 시간 예술이 지속된 이유도 공감의 효력 때문이었다. 이제 내 친구의 예를 통해 공감이 어떻게 자신감을 회복하고 사랑의 아픔을 덜어주는지 소개한다.

그녀는 생각하지 말아야 할 사람을 계속 생각했다. 의식의 충고와 노력에도 아랑곳없이 연하의 그 남자는 어디를 가나 찰떡처럼 그녀의 마음에 붙어 다녔다. 초기에는 그의 존재가 무기력에 빠져 있던 그녀에게 힘과 열정이 되었다. 그녀는 인생의 황혼기에 접어든 나이에 새로운 일을 시작하고 그동안 겁이 나서 엄두를 못 내던 피부과에도 용감하게 들렀다. 혼자 생각하고 혼자 기운 내는 그런 시간이 얼마간 지난 어느 날, 그 모든 열정이 헛되고 헛되게 느껴지는 두 번째 단계를 맞는다. 자신과 그를 비교해보면 맺어질 가능성이 전혀 없었다. 아무리 생각해도 그 사람은 너무 높이 올라 있어 가까이할 가망이 1퍼센트도 없었다. 그래서 그 사람은 말할 것도 없고 다른 사람들이 자신의 마음을 아는 것조차 부끄러웠다. 짝사랑조차 싫었다. 그럴 때마다 자신이 한없이 초라하고 보잘것없이 느껴지기 때문이었다.

자존심이 땅에 떨어지고 무력해지는 순간마다 그녀는 그를 잊기로 결심했다. 그러나 몸에서 시작된 증상은 의식의 조언을 듣지 않았다. 어떤 순간에는 그도 그녀를 똑같이 생각할지 모른다는 생각이 들기도 했다. 이런저런 말, 몸짓들을 떠올리면서 가능성을 타진도 해보는 것이다. 어쩐지 그도 그녀를 좋아하는 것 같았다. 거울단계의 동일시와 착각이 일어난 것이다. 물론 다음 순간에는 그런 터무니없는 생각에 고개를 젓는다. 사랑을 노래하는 대중가요를 들으면 노랫말이 모두 자기 얘기처럼 들리고, 좋은 영화를 보면 주인공의 감정을 자신의 것으로 느꼈다. 그녀의 감정은 무자비하게 여기 저기 달라붙어 전이를 일으켰다. 전혀 가능성이 없는 것을 알면서 도 비교하고, 고개를 저으면서도 그의 감정을 궁금해했다. 내가 보 기에 친구에게 그 사람은 그야말로 칸트가 말한 '숭고한 대상'이었 다. 나는 큰 효과가 없으리란 것을 알면서도 친구에게 조언했다. 시 간이 지나면 그 이름은 그저 평범한 이름이 될 거라고. 프로이트의 그룹 심리학에서 보여주는 무차별 전이로 대상이 너무 강렬하게 다 가와 자아가 전혀 힘을 쓰지 못하는 게 그녀의 증상이었다.

그러던 어느 날 늦은 밤 그 친구는 영화 한 편을 보게 되었다. 잠 이 깨어 텔레비전 채널을 돌리다가 우연히 자신과 비슷하게 사랑에 빠져 허우적거리는 여자의 이야기를 본 것이다. 중간부터 봐서 줄 거리를 다 파악할 수는 없어도 대략 줄거리는 전달되었다. 여주인 공은 고등학교에서 영어를 가르치는 선생이고 대학 입시를 앞둔 남 자 제자를 사랑하게 되었다. 처음에는 한밤중에 방영되는 성 영화 가 아닌가 하고 여기저기 다른 채널을 돌리다가 별로 마음에 드는 프로가 없어 그냥 채널을 고정시켰다. 그 주인공이 너무 진지했기 때문이다. 단념하려고 달리기를 하는데도 여전히 그 애의 이미지 가 떠오른다. 물론 제자는 그녀의 욕망을 받아주었다. 만약 사실이 알려지면 여선생은 당장 해고되기에 불안한 만남이 계속된다.

내 친구에게는 그런 사랑이 단순한 정욕인지 아닌지 모호했고, 무엇보다 그 남자 제자도 그녀만큼 진지한지 또한 불투명했다. 여 주인공 입장에서 장면이 펼쳐지기에 내 친구는 자연스럽게 그녀의 감정을 모방하면서 상대방의 마음이 궁금해진 것이다. 아마 둘이 똑같이 목숨을 희생할 만큼 운명적인 사랑인가보다. 영화나 소설에서는 그런 사랑 이야기가 종종 나오니까.

그러던 중 제자는 다른 사람의 눈을 피해 그녀를 아버지의 목장으로 데려간다. 그러나 밤중에 누가 온 것을 이상하게 여긴 목장지기가 불쑥 찾아오고 그녀는 당황하여 몸을 숨긴다. 그리고 내내 목장 주인인 제자의 아버지가 알게 될지도 몰라 불안해한다. 제자는 걱정하지 말라고 안심시키지만 이후 그녀는 만남을 자제하려고 노력한다. 이사 온 지 4년째, 그녀에게 보수적인 텍사스주 사람들은 여전히 두렵다. 그가 내년에 대학에 들어가면…… 이것이 유일한 위로였다. 그녀의 불안한 마음을 잘 아는 제자는 비밀을 지킨다.

"여기까지는 둘 중 누가 더 진지한 사랑을 하는지 몰랐어."
"그런데?" 나는 조금 지루해져서 친구에게 물었다.
"그녀의 마음은 알겠는데 그 애의 마음은 모르겠는 거야."
"당연히 그렇겠지."

이야기는 결말을 향했다. 그녀를 원하는 제자를 다시 찾은 여선생. 그러나 마음은 간절히 그를 원하지만 몸이 말을 듣지 않았다. 성행위를 거부하자 제자는 냉담해진다. 냉담해지는 제자를 단념하지 못하는 그녀는 안정감을 잃고 한밤중에 제자의 집 근처에 가서 휴대전화로 통화를 시도하는데 제자의 아버지가 수화기를 든다. 제

감정 연구

자는 그녀와 통화하기를 거부한다. 더욱 초조하고 불안해진 그녀는, 이성을 잃고 제자의 방 유리창에 다가간다.

"이쯤 되자 난 그녀에게 바라던 것이 더 강해졌어."
"그게 뭔데?" 나는 친구에게 물었다.
"제발 그 도시를 떠나 다른 곳에 가서 대학원에 진학해 공부를 하든지 뭔가 자존감 높이는 일을 찾으라고 말이야."

내 친구에게 드디어 좋은 징조가 나타났다. 하품을 따라하듯이 주인공의 감정을 모방하던 단계에서 주인공에게 연민을 느끼면서 거리를 두기 시작한 것이다. 의식이 개입하기 시작한 것이다.

"둘의 관계에서 가장 궁금했던 의문이 풀리기 시작했어." 친구는 말했다.
"어떻게?"

여주인공은 제자의 반응이 차가워질수록 자제하지 못한 채 창문을 두드린다. '잠깐 이야기만 하자.' 제자는 마지못해 잔디로 나오고 그 장면을 지켜보는 아버지……. 룸메이트가 있는 아파트로 가지 못하고 모텔로 들어온 그녀는 이별의 고통을 이기지 못하면서 혹시나 싶어 휴대전화를 뒤진다. 몇 통의 전화 가운데 학교에서 보낸 메시지가 하나 있었는데, 일이 생겼으니 내일 아침 일찍 나오라는 것이었다. 드디어 올 것이 왔다. 제자는 아버지에게 선생에게 불리한 어떤 말을 했고(아마 자기를 귀찮게 쫓아다니는 선생이라고 했을 것 같다), 아버지는 즉시 학교에 전화를 걸어 조치를 취하게 했을 것이다. 이별의 고통으로 일그러진 그녀의 몸 위로 노래가 흐른다. 절실한 사랑이 떠나는 것을 안타깝게 부르짖는 애절한 노래다.

"이때 나는 깨달았어." 내 친구가 말했다.

"뭘?" 나는 흥분을 감추면서 태연한 척 물었다.

"제자는 이기적이었고 그녀의 사랑은 진지했던 거야. 그녀의 고통을 보면서 정말 숭고한 사람이 누구인지 생각했어. 제자에게 그녀는 단순한 호기심으로 만난 성적 대상이었고 그녀에게 제자는 절대적인 숭고한 대상이었어. 하지만 마지막 장면을 보면서 나는 그와 반대로 생각하게 됐지. 비참한 고통 속에 빠진 그녀가 더 숭고하게 느껴진 거야." 내 친구는 말했다.

반전과 발견. 드디어 친구는 거울단계를 지나 상징계로 진입한 것이다.

"한 가지 이상한 것은……" 약간 뜸을 들이고 나서 친구는 말문을 열었다. 그 시간이 나에게는 길게 느껴졌다.

"?"

"그녀의 고통을 보면서 왜 내 자신을 숭고하게 느꼈을까. 더 이상 비참하고 슬픈 내가 아니었어. 어쩌면 숭고한 대상은 그동안 나를 고통에 빠트린 그 남자가 아니라 바로 나 자신인지도 모른다는 생각이 들었어."

드디어 내가 그토록 듣고 싶었던 말이 나왔다. 무차별 전이, 몸의 흉내 내기에서 떨어져 나와 내 친구는 스스로 설 수 있는 주체가 되었다. 이것이 진정한 공감이다.

나는 그때 약간 흥분하여 그 영화의 제목을 묻는 것을 깜빡했다. 그리고 유리를 밟듯이 조심스러워서 이후 다시 그 이야기를 꺼내지 않았다. 지금 이 영화의 제목을 밝히지 못하는 것을 용서하시기를…….

감정이입, 혹은 공감은 개체화된 인간이 고독을 벗어나 세상으로 건너가는 다리였다. 그리고 이 다리가 그녀를 몸의 노예가 아닌 주인으로 승격시킨다. 무의식과 의식의 연결, 몸과 의식의 소통이 이루어지지 않으면 갖은 정신 질환에 걸릴 수 있다. 원숭이의 거울뉴런에는 언어 영역이 없지만 인간의 거울뉴런은 언어를 담당하는 브로카 영역과 일치한다. 동물과 달리 인간은 언어예술을 창조하고 감상하면서 대상의 감정을 모방하는 데서 멈추지 않고 의도를 파악하는 것을 넘어 나에게 돌아와 대상을 이해하는 사회성을 지닌다는 것이다. 레슬리 브라더스가 언급하듯이 거울뉴런의 활성화가 적은 자폐증 환자에게 언어예술을 통한 흉내 내기 연습은 도움이 된다고 한다. 사회성이 약한 자폐증 치료에 공감능력이 중요하다는 것이다.[43]

내가 어떤 행동을 할 때와 남이 같은 행동을 할 때, 그리고 결과를 예측할 때, 거울뉴런 시스템은 똑같이 활성화되지만 정도의 차이가 있다. 공감은 뇌섬엽, 편도체, 기저핵, 소뇌, 측두엽, 두정엽, 전두엽까지 전체 뉴런들에 연결되고 확장되어 일어나지만 내가 행동할 때, 남의 행동을 관찰할 때, 그리고 그의 의도를 상상할 때에 따라 활성화 부위가 조금씩 달라진다는 것이다. 이것은 예술이 공감을 떠나 존재하지 않는다는 가설을 뒷받침한다. 2011년 갈레세는 「뇌과학과 현상학」이라는 논문에서 내가 혐오할 때와 너의 혐오를 바라볼 때, 그리고 무엇보다 서사에서 허구적 인물의 혐오를 바라볼 때 각기 다른 영역이 활성화된다고 말했다.[44] 소설이나 영화 속의 인물과 동일시할 경우에는 나이면서 동시에 내가 아니기에 동일시 속에서도 인물과 거리를 두게 된다. 이 거리가 미학적 거리다. 나는 너이면서 동시에 네가 아니다. 그래서 내가 주인이 되어 인물을 향해 도덕적 판단과 평가를 내린다. 내 친구의 경우에서 보듯이 이런 과정이 내가 무차별적 전이에서 벗어나 자존감을 되찾게 한다. 이 자존감이 나를 올바른 사랑의 기술로 인도한다.

칸트가 말했듯이 예술의 형식은 개인이 가장 자유로우면서도 보편적 판단을 갖도록 길러주는 미학적 장치다. 법 안에서의 자유처럼 형식 안에서의 자유다. 그렇다면 저자는 독자의 자유로운 모방과 판단을 위해 어떤 형식을 고안해야 할까. 저자가 독자에게 자유를 주어 스스로 흉내 내고 판단하게 하려면 인물과 어떤 관계를 가져야 할까. 윌리엄 제임스의 동생인 헨리 제임스는 '자유간접화법'이라는 독특한 기법을 창조했다. 평생 소설을 쓴 그는 처음에는 주

감정 연구

제에서, 후기에는 화법에서 인물을 놓아주는 기법을 발전시킨다. 가장 잘 알려진 대표작『여인의 초상』을 통해 의식, 감정, 공감, 그리고 인물이 자유를 찾아가는 과정을 살펴본다. 진정한 사랑이란 어떤 것일까. 사랑의 기술을 알아본다.

공감
치료

헨리 제임스와
사랑의 기술

나는 고독하기에 공감하고 공감하기에 고독하다. 나는 사적인 동시에 공적이다. 의식의 진화에 의해 나는 사회적 동물이 되었고 나를 바라보는 또 하나의 나라는 자의식을 갖게 되었다. 자의식이란 외롭기 때문에 공감하는 것이 아니라 외로운 존재 그 자체가 공감하는 존재라는 뜻이다. 마찬가지로 내가 세상을 본다는 것은 세상이 나를 본다는 뜻이다. 사회 속에서 타인과 함께 살아야 하는 나를 바라보는 나. 그래서 고독과 공감이 한 짝이듯이 나와 세상은 진화가 낳은 동전의 양면이다.

고독과 공감은 일상을 누리기 위한 생존의 조건이다. 모든 정상인은 어느 정도 불안과 우울을 느낀다. 이때 나와 세상의 균형이 깨지면 공황장애나 우울증 등 정신 질환이 생긴다. 세상이 나를 본다는 것을 잘 모르는 사람은 자의식이 결핍된 것이다. 양심이나 타자의식이 없는 경우다. 반대로 세상이 나를 본다는 것을 지나치게 느끼는 사람은 자의식이 과잉된 것이다. 양심이 부족한 게 아니라 유행에 민감하고 과시하며 자신을 부풀린다. 그리고 정도가 심하면 폭력이나 광기, 우울증 등 정신 질환으로 이어질 수 있다. 고독과 공감은 어느 한쪽으로 치우치면 병이 되듯이 나와 세상도 치우치면 병이 된다. 앞서 반복했듯이 감정이라는 뇌의 하부와 전두엽이라는 상부가 연결되어 느낌이 일어나는데 이것이 정상적인 인지요 판단이다. 소통과 균형이 중요하며, 똑같은 맥락에서 공감이 일어난다. 공감은 고독한 인간에게 신이 내린 축복이다. 우리가 그림이나 음악, 이야기 등을 창조하고 감상하는 상상력은 바로 감정과 인지의 균형 및 소통을 돕는 공감능력에 다름 아니다.

헨리 제임스는 심리학을 미학으로 승화시킨 예술가였다. 아, 그 작가! 무슨 말인지 모르게 쓰는 사람, 문장 하나가 긴 데다 한참을 읽어야 그 뜻이 들어오는 모호한 작가. 소설이 인기를 누렸던 19세기와 20세기 초에나 살아남았지 오늘날 같으면…… 모호성Ambiguity의 대가! 이것이 대부분 문학 공부의 초기에 제임스에 대해 보이는 반응이다. 그러나 오래된 장맛이 깊듯이 오래 문학을 공부하다보면 그의 진수를 느끼는 순간이 온다. 그는 '느낌의 작가'이지 말의 작가가 아니었다. 아, 이것이 사랑이란 거구나라고 느끼게 하는 작가였다. 느낌은 내가 스스로 맛보는 장맛인 반면 말은 순종과 설득을 원한다. 느낌은 네가 바로 세상의 주인이라는 자율성을 심어주지만 말은 세상이 주인이라고 설득한다.

헨리 제임스는 서술자가 인물을 자유롭게 놓아주고 실수를 통해 스스로 배우게 하는 독특한 기법을 창조했다. 숭고함의 정체에 지나치게 휘둘리지 않고 그럭저럭 안전하게 사랑하는 길이다. 또한 오늘날 인터넷과 스마트폰이 지배하는 광고와 미디어 자본 사회에서 개인이 세상에 휘둘리지 않고, 중독증이나 우울증에 빠지지 않으며 살아남는 방식이기도 하다.

제임스의 문학으로 들어서기 전에 먼저 독창성에 대한 심리학과 뇌과학의 얘기를 들어보자. 왜 내가 세상의 노예가 아니라 주인이 되어야 하나? 그리고 어떻게 될 수 있는가?

독창성이란?: 왜 프로이트는 『오이디푸스 왕』이고 라캉은 『안티고네』일까?

독창성은 갑자기 하늘에서 떨어지는 것이 아니다. 앞선 사상이나 기술을 잘 터득한 후 그것을 조금만 비틀어서 자신의 용어로, 자기 것으로 재창조하는 것이다. 인문학과 심리학의 융합을 예로 들어보자. 문학 혹은 내러티브는 심리학이나 뇌과학의 가장 친한 친구다. 이들은 모두 감정과 의식이 타협하고 항상성을 회복하는 길을 안내한다는 점에서 공통된다. 정신분석을 창시한 프로이트는 자신이 철들기 전 유아기(약 3, 4세까지)에 어머니의 품에 안겨 세상모르던 시절을 늘 그리워했다. 유대인으로 차별받을 때 자신이 누구인지 모르던 어린 시절은 천국처럼 느껴졌을 것이다. 그러나 그는 유아기를 그리워하는 데서 멈추지 않았다. 이런 그리움을 나만 느끼는 것일까, 왜 어머니와 닮은 여자에게 끌릴까, 왜 사랑하는 사람과 하나가 되고 싶을까, 왜 사랑하면서 증오할까 등등 현실의 법 이전에 꿈을 꾸던 시기가 있었고 그 시기는 늘 되돌아온다는 데 의문을 품었다. 프로이트는 이런 의문을 풀어줄 근거를 그리스 고전문학에서 발견했다. 모른 채 아버지를 죽이고 어머니와 결혼하는 비극, 아버지의 법이 금지한 근친상간을 피하지 못한 오이디푸스 왕의 비극이었다. 프로이트는 여기서 '부친 살해'와 '근친상간'이라는 두 가지 모티브를 끌어낸다. 이것이 의식에 저항하는 무의식의 특성이다. 그리고 우리는 유아기에 성을 경험하며 이 경험은 성인이 되어서도 여전히 잠재되어 나타난다고 봤다. 이것이 '오이디푸스 콤플렉스'다. 부친 살해는『토템과 터부』에서 아버지의 법을 설명하는 용어가 되고 유아기 성은 프로이트 성 이론의 바탕이 된다.

프로이트보다 약 반세기 후에 태어난 라캉은 프로이트로 돌아가라는 구호 아래 무의식을 재해석하는데 그 역시 문학에서 자신의 독창성을 찾는다. 이번에는 오이디푸스 왕이 아니라 그의 딸인 안티고네다. 라캉이 소포클레스의 비극『안티고네』로 돌아간 이유는 무엇일까.

테베의 왕이었던 오이디푸스는 왕비와 결혼하여 두 아들과 두

딸을 얻는다. 모르고 어머니와 결혼했으니 자식이면서 동시에 형제였고 그런 가족은 세상의 질서를 무너트린 죄인들이었다. 큰딸 안티고네는 동생 이스메네와 함께 낯선 땅에서 눈멀어 방랑하는 아버지를 지극히 보살핀다. 반면 두 아들은 서로 적으로 갈라서서 싸우는데 테베시를 방어하던 동생, 에테오클레스와 적이 되어 침공한 형, 폴리네이케스 둘 다 죽는다. 당시 크레온의 법은 누구든 테베를 침공한 적이 죽으면 그 시체를 매장하지 못하게 되어 있었다. 적의 시체는 독수리의 밥이 되도록 그냥 두어야 하고 만일 시체를 매장하면 그 사람은 사형에 처한다.

나라 밖에서 이 소문을 들은 누이 안티고네는 삼촌이 내린 법을 거역하고 큰오빠의 시체를 매장하기 위해 나타난다. 형제로서의 사랑이 법보다 더 강하다고 말하면서 죽음을 두려워하지 않는 그녀의 말에 관객은 숭고함을 느낀다. 그러나 크레온의 법 역시 강력했다. 공적인 법이냐 사적인 사랑이냐의 대립은 팽팽하게 맞서고 둘 사이에는 한 치의 양보도 없었다. 그런데 크레온에게는 안티고네를 지극히 사랑하는 아들 하이몬이 있었다. 하이몬은 아버지에게 안티고네를 살려달라고 간청하지만 크레온은 사적인 사랑으로 국법을 어길 수는 없다며 거부한다. 강 대 강의 대결은 어떻게 끝날까. 안티고네가 감옥에서 죽자 하이몬은 자살하고 그 충격으로 왕비도 자살한다. 안티고네의 법에 저항하는 사랑도, 오류를 모르는 크레온의 법도 파멸을 면치 못하는 것이다. 양측이 살아남는 길은 없었을까.

안티고네의 탄식을 들으면서 관객은 그녀의 사랑을 받아들인다.

크레온의 법은 지나치게 가혹하지 않은가. 그러나 법은 지키기 위해 만들어진다. 숭고한 사랑은 현실 이전 상상계의 것이고 법은 세상의 질서를 지키기 위한 상징계의 것이다. 문제는 그 법이 언제나 잉여를 낳는다는 것이다. 법이라는 텅 빈 기표는 몸, 감각, 감정을 억압하고 세워진 이미지다. 프로이트가 『토템과 터부』에서 말하듯이 쾌락을 추구하는 원시적인 아버지를 아들들이 살해하고 질서를 세우기 위해 숭배한 것이 토템이다. 그 자체로는 아무것도 아니지만 질서를 지키는 강력한 법이다. 법은 기표다. 그리고 그 기표는 물자체를 완벽하게 이미지로 흡수하지 못하고 언제나 여분을 남긴다. 안티고네의 고집도, 크레온의 고집도 모두 여분을 모르는 것에서는 같다. 둘은 서로를 인정해야 파멸을 면한다. 노장사상의 무위 無爲처럼 인위적으로 어느 한쪽을 밀고 나가면 파멸한다는 것이다.

라캉은 프로이트의 무의식을 이런 배경에서 독창적으로 읽어냈다. 법의 수호자인 칸트와 욕망을 무한히 열어놓은 사드는 서로 반대이지만 이 둘이 뗄 수 없이 연결되어 있다고 그는 강조한다. 「사드와 함께 칸트를Kant with Sade」이라는 유명한 글에서 라캉은 칸트의 법이 존재하는 것이 사드의 사도마조히즘과 함께 있기 때문이라고 말한다.[45] 칸트의 법을 믿었던 독일인들이 그토록 잔인하게 유대인을 학살한 것은 법을 밀어붙일 때 잉여인 사도마조히즘의 쾌락도 늘어났기 때문이다. 법과 쾌락, 현실원칙과 쾌감원칙이 뫼비우스의 띠처럼 이어지기에 어느 한쪽을 밀어붙이면 다른 쪽으로 빨리 옮겨간다. 선배 프로이트를 다시 읽은 라캉의 독창성이다. 선배는 무의식의 발견자였고 후배는 그 무의식이 현실의 잉여로서, 이미지의 잉여로서 존재하는 방식에 초점을 맞춘다.

이런 연결 고리를 뇌과학으로 풀어보자. 변연계의 의식은 뇌 하부의 몸이나 감정을 느낌이나 인지로 예측할 때 전두엽에 축적된 경험에 의해 이미지화한다. 물자체, 혹은 몸은 직접 접근이 불가능하기 때문이다. 물론 이때 예측은 언제나 여분을 남긴다. 여분이 없으면 인지도 없다. 다시 말해 잉여가 없으면 이미지도 없다는 것이다. 칸트와 사드가 함께 있고 크레온의 법과 안티고네의 욕망이 함께 있다. 프로이트는『오이디푸스 왕』에서 근친상간이라는 인간의 무의식을 발견했다. 그렇다면 라캉은 오이디푸스의 비극을 어떻게 풀이할까.

라캉은 아마도 오이디푸스 왕에게 신탁의 명령을 인위적으로 피하려 하지 말고, 범인 찾기를 그리 서두르지 말라고 조언했을 것이다. 신탁의 명령은 법이지만 근친상간이라는 잉여와 뗄 수 없이 묶여 있다. 그러므로 신탁을 피하려고 했던 것이 그대로 실천이 되었고 범인을 서둘러 찾았더니 바로 왕 자신이었다. 삶은 지름길이 아니라 천천히 둥글게 돌아가는 것이다. 인위적으로 어느 한쪽을 밀어붙이지 말라는 라캉의 욕망은 노장사상의 무위와 다르지 않았다. 그런데 이것이 실천하기 그리 쉬운 윤리는 아니다.

다른 동물들은 무위를 자연스럽게 따른다. 자연의 일부로서 살아간다. 그러나 인간은 의식의 진화로 어느 한쪽으로 치우치기 쉽게 되어 있다. 예를 들어 사랑은 이미지의 잉여가 법의 금지에 의해 숭고한 대상이 되었는데도 내가 그 모호하고 신비한 대상에게 강렬한 소유욕과 추구욕을 느끼도록 한다. 아버지의 법이라는 금지가 낳은 베일을 들추려는 욕망이다. 라캉은 금지, 혹은 아버지의 법으로 거세된 주체를 '결핍Lack'이라 표현했고 뇌과학은 인간의 가장 오래되고 강렬한 감정인 공허, 아니 '불안'과 '두려움Fear'으로 표현한다. 결핍 혹은 두려움은 숭고한 대상을 낳고 추구 욕망을 부른다.

사랑은 금기에 의해 숭고해진다

셰익스피어의 대표적인 로맨스는 『로미오와 줄리엣』이다. 두 가문은 그 도시에서 서로 원수 집안이었다. 로미오는 한 여인에게 빠져서 그녀를 보기 위해 몰래 성 안으로 들어간다. 그 성은 불화로 인해 원수가 된 줄리엣의 가문의 것이었다. 그는 가면을 쓰고 춤을 추면서 우연히 부딪힌 대상, 줄리엣에게 사랑을 느낀다. 그가 돌이킬수 없이 사랑에 빠지는 연인, 줄리엣은 바로 금지된 집안의 딸이었다. 유명한 발코니 장면은 현실에서 닿을 수 없는 숭고한 대상을 향한 고백이다. 세상에서 이루어질 수 없기에 숭고하고 절대적인 사랑, 그래서 셰익스피어는 둘이 똑같이 저세상으로 가는 것으로 극을 끝낸다. 지상에서 숭고함의 베일이 걷히기 전에 아름답게 떠나는 것이다. 아주 어린 나이의 연인들이다.

그렇다면 죽음을 늦추고 사랑을 지속하는 원숙한 길은 없을까. 그것은 지름길이 아니고 돌아가는 길이다. 감각과 의식의 균형이 깨져 일어나는 여러 질병의 치료에 문학이 도움이 되는 이유는 문학이 인지와 판단의 지름길이 아니라 감정을 거치는 길로 돌아가게 만들기 때문이다. 이렇게 돌아서 가는 길은 쉽고 즐기면서 가는 나그네 길이다. 직선 코스는 세상이 원하는 길이고 돌아서 가는 길은 내가 세상의 주인이 되는 길이다. 나를 유혹하는 숭고한 대상의 정체를 알기 때문이다. 아무것도 아닌 것이……. 그래서 오이디푸스처럼 급하게 가지 않고 둥글게 돌아간다.

이렇게 돌아가는 길을 경험하는 것이 공감이다. 사회적 동물의 생존 조건이다. 타인과 감정을 나누지만 타인과 나는 다르다. 그에게는 그의 세상이 있다. 그래서 너를 주인으로 인정하기에 나도 똑같이 주인이다. 우리는 누구의 노예도 아니며 세상의 노예도 아니다. 문학은 의식의 잉여, 언어의 잉여를 가장 잘 드러낸다. 안티고네는 크레온의 법이 낳은 잉여다. 누이의 사랑이 얼마나 무자비한지 안다면 크레온은 그녀의 감정을 인정하고 살살 달래서 돌아가야 했다. 문학은 감정의 잉여를 다룬다. 우울증, 도착증, 신경증, 그리고 아마 정신병까지도 약물과 함께 좋은 작품을 잘 읽도록 유도하는 기술이 요구되는 이유다. 뇌의 상하좌우의 소통을 돕는 공감은 예술의 가장 중요한 역할이었다.

예부터 문학은 공감과 짝이었다. 이제 윌리엄 제임스의 심리학을 거의 그대로 문학 속에 용해시킨 헨리 제임스의 작품을 통해 감정과 의식의 관계를 살펴보자. 문학사에서 '자유간접화법'은 어떻게 의식의 잉여를 경험하면서 공감을 살리는가. 감정이 메마르거나 감정을 모르는 경우 어떤 실수를 하게 되는가. 그리고 무엇보다 공감은 왜 진정한 사랑의 다른 이름일까.

공감 치료:
헨리 제임스의 『여인의 초상』[46]

우리는 살아가면서 이런저런 선택에 부딪힌다. 그 가운데 행복과 불행을 좌우하는 가장 치명적인 선택은 직업과 배우자다. 사회적 진출이 드물었던 19세기 여성에게는 배우자의 선택이 자신의 발전에 매우 중요했다. 여주인공을 다룬 당시 소설에서 결혼 문제는 중요하게 다뤄지곤 했다. 결혼을 앞둔 여주인공이 누구를 선택하는가, 즉 여주인공의 감정과 행동을 모방하면서 나는 서술자의 글을 따라간다. 그녀의 감정을 함께 경험하면서 동시에 그녀로부터 거리를 두고 판단하는 공감의 첫 단계다.

두려움:
"나는 모든 것에 의해 영향을 받아요"

그녀는 미국 동부의 작은 도시 올버니에서 성장한 젊은 처녀였다. 잘나가는 남자를 만나 안정된 삶을 찾은 언니들과 달리 막내인 그녀는 학구열과 더 넓은 세상에 대한 모험심 그리고 무엇보다 독립심이 강한 여자였다. 에머슨과 소로 등 뉴잉글랜드의 문학을 탐독한 그녀에게 책상 밖의 세상은 경험해보지 않은 미지의 세계였다. 그녀 앞에 어느 날 영국에 살고 있던 고모가 찾아와 유럽을 보고 싶어하는 그녀를 영국으로 데려간다. 이저벨 아처의 모험은 그렇게 시작된다.

그녀는 떠나기 전 정든 마을과 집을 아쉽게 돌아본다. 집착 때문이 아니라 책으로 위로받던 어린 시절의 경험, 그리고 함께 살던 사람들의 '느낌'과 '슬픔'이 가득 찬 곳이었기 때문이다. 주변의 사물에 민감하고 쉽게 정서적으로 영향을 받는 그녀는 감정이 풍부하다. 그런 그녀에게 보스턴의 잘나가는 청년 사업가 캐스퍼는 끊임없이 구혼하지만 그녀는 왠지 냉담하다. 조금의 의심도 없이, 밀고 당기는 전략 없이 한결같은 고백은 그녀의 감정을 흔들지 못한다. 각진 턱처럼 직설적이고 곧장 내달리는 그는 이저벨의 거절에도 아랑곳하지 않는다. 작가는 그것이 "더 깊은 삶의 리듬에 공명하지 못하기" 때문이라고 암시한다(127). 더 깊은 삶의 리듬이란 무엇일까?

이저벨에게는 신문사에 근무하는 친구가 있다. 헨리에타 스탁폴은 여기자인데 그녀의 최대 관심사는 유용성이다. 그것이 "쓸모가 있느냐"라는 물음이 최고의 가치 기준이다. 단순하고 강한 개성을 지닌 그녀는 타인에게 자신의 견해를 강요하는 경향이 있고 한번 단정하면 변화를 모른다. 작가는 그녀가 '경험하기 전에' 사물에 대해 믿어버리는 단선적인 시선의 소유자라고 암시한다. 어딘지 모르게 캐스퍼와 닮았다. 헨리에타는 이저벨의 남편감으로 변함없이 캐스퍼를 추천하고 이것은 당연해 보인다. 자신감 면에서는 이저벨과 닮았으나 감정이 풍부한 이저벨과 다르게 그녀는 세상 무엇에도 정서적으로 큰 영향을 받지 않는다.

고집 세며 세상을 순수하고 이상적으로 보는 이저벨은 미지의 세계에 두려움을 느낀다. 영국으로 건너간 그녀는 사촌 랠프를 만난다. 랠프는 유럽에 와서 부와 경험을 쌓은 미국인 이민자 가족의 아들이다. 그는 생각이 깊고 너그러운 아버지의 아들답게 진지하고 사려 깊은 남자였다. 랠프는 이저벨의 상상력과 자유를 향한 용기, 독립심과 삶에 대한 호기심, 바이런이나 조지 엘리엇과 같은 열정과 도전 정신을 간파하고 그녀에게 흥미를 느낀다. 그러나 안타깝게도 그는 폐병을 앓고 있어 이저벨에게 구혼할 수 없는 처지였다.

랠프의 안내로 큰 저택을 구경하면서 이저벨은 갤러리에 걸린 그림들을 보게 된다. 그리고 랠프에게 묻는다. "이 집에 유령이 있나요?"(58) 그는 이렇게 답한다. "그건 당신처럼 젊고 행복하고 순진한 사람에게는 보이지 않지요. 우선 당신은 고통을 받아야 합니다.

그것도 큰 고통을. 그러고는 비참한 지식을 얻어야 하지요. 그래야만 당신의 눈이 유령을 향해 열린답니다. 난 오래전에 그걸 봤지요. 제발 당신은 유령을 보지 않았으면 좋겠어요."(60) 순진한 그녀가 볼 수 없는 유령은 대체 무엇일까? 그리고 유령 이야기는 오싹하기는커녕 이상하게 깊은 뜻이 있는 것처럼 들린다. 결핵으로 죽음을 앞둔 랠프는 이저벨에게 청혼을 하지 못하는 대신 오랜 친구이며 모든 면에서 완벽한 친구 워버턴 경을 소개한다.

완벽한 조건을 갖춘 구혼자

워버턴 경은 지성, 재산, 그리고 명예를 고루 갖춘 너그러운 성격의 영국 귀족이었다. 그는 외적 조건뿐 아니라 관용과 풍부한 감정을 지닌 사람이었다. 그리고 이저벨에게 사랑을 고백한다. 이저벨이 이상을 실현하고 꿈을 펼칠 수 있는 모든 조건을 갖춘 남자. 그러나 그녀는 운명처럼 그 완벽한 조건을 받아들이지 못한다.

공감 1. 당신은 이저벨의 거절을 이해하시나요? 당신이라면 그렇게 완벽한 조건을 갖춘 남자의 구애를 거부할까요? 그녀가 캐스퍼를 거절한 것은 이해가 됩니다. 한 치의 망설임 없이, 변함없이 구애하는 경우 오히려 우리를 도망치게 만드니까요. 숨 쉴 공간이나 서로 차이를 인정하는 대화의 공간이 없거든요. 물론 금지라는 베일도 없기에 욕망을 자극하지 않습니다. 그러나 워버턴의 경우는 다릅니다. 우선 그녀가 완벽한 영국 귀족을 거부한 이유를 들어볼까요?

"그가 너무나 완벽해서 거절했어요. 나 자신이 부족하기에 분에 넘치잖아요. 게다가 그의 완벽함이 제 마음을 편치 못하게 해요." 여기에 그녀는 이렇게 덧붙인다. "삶에서 다른 기회들을 포기해야 하니까요. 다른 사람들이 알고 고통받는 평범한 삶의 기회들과 위험으로부터 분리되어 삶의 불행을 피해갈 수는 없어요."(141) 그녀는 자신에게 주어진 운명을 포기하고 싶지 않다고 말한다. 문득 뉴잉글랜드 미국 문학의 조상들인 소로와 에머슨의 자긍심을 연상시킨다. 그들의 시적 상상력뿐 아니라 그 이후, 윌리엄 제임스가 경험주의 심리학에서 삶을 네 스스로 경험하라고 한 말도 떠오른다. 너무나 완벽한 조건을 갖추었기에 자신의 역할이 없다는 것에 랠프는 감동을 받는다. 남들처럼 실수하고 고통받고 그러고 나서 자아를 넓힐 기회를 잃고 싶지 않다는 것이다. 랠프는 완벽한 조건을 거부하는 그녀의 용기에 놀라면서 더 깊이 그녀를 사랑하게 된다.

잠깐 여기에서 의미가 깊은 듯한 대화 하나가 우리의 호기심을 부른다. 이저벨은 유럽을 경험하고 싶다는 표현을 "눈으로 보고 싶다See"라고 표현한다. 본다는 것은 안다는 것이다. 그녀의 말에 랠프는 이렇게 말한다. "보고 싶다고요, 느끼는 것이 아니라You want to see, but not to feel."(159) 이저벨은 보는 것이 진실 그 자체라고 믿고 있다. 시선 속의 얼룩인 응시를 모른다. 랠프는 "보는 게 아니라 느끼는 것이 아닐까"라고 암시적으로 말한다. 유령을 본 사람은 시선의 얼룩, 감정의 잉여를 경험한 사람이다. 의식은 전두엽에 축적된 경험으로 감정을 예측하기에 감정은 언제나 여분을 남긴다. 나는 알기에 믿는 게 아니라 믿기에 보는 것이요, 아는 것이 아니라 느끼는 것이다. 느낌은 이미지요 인지와 판단을 좌우한다.

공감 2. 자, 이제 그녀가 왜 워버턴 경의 청혼을 거절했는지 이해하시나요? 그녀의 거절에 동의하시나요? 만일 나였다면 거절했을까요? 한 가지 확실한 것은 만일 이 청혼을 받아들였다면 소설은 졸작으로 끝나고 이저벨은 명작의 주인공이 되지 못했을 거라는 점입니다.

세상은 아는 게 아니라
느끼는 것

이저벨이 워버턴의 청혼을 완곡히 거절한 후 어느 날, 랠프의 집에 신분이 모호한 여자가 찾아온다. 그녀는 거실에서 피아노를 연주한다. 강함과 부드러움, 절제와 넘침이 절묘하게 조화를 이룬 그녀의 연주에 이저벨은 단번에 매료되고 이후 그녀의 인지와 판단에 영향을 미친다. 넘치는 감정을 질서의 그릇 속에 담아내는 마담 멀의 원숙한 피아노 솜씨를 작가는 분위기와 함께 다음과 같이 묘사한다.

그녀는 전처럼 부드럽고 장엄한 터치로 피아노를 연주했다. 그녀가 피아노를 치는 동안 방 안에는 그림자가 점점 더 깊게 드리워졌다. 가을의 어스름한 저녁 빛이 스며들었고 이저벨은 그녀가 앉은 자리에서 비가 내리는 것을 볼 수 있었다. 비는 어느 사이 차가워 보이는 잔디와, 큰 나무들을 흔들어대는 바람을 점점 더 세차게 씻어내리고 있었다. 마침내 음악이 멈췄을 때 그녀의 친구는 일어서서 미소를 지으며 이저벨에게 다가왔다. 이저벨이 감사의 말을 미처 한 번 더 하기 전에 그녀는 말했다. "여행에서 돌아와주어 정말 기뻐요. 당신에 대해 아주 많은 이야기를 들었거든요."(PL 181)

가을비가 세차게 내리는 어스름한 저녁, 따스한 거실 안에서 창밖으로 차가운 잔디와 흔들리는 나뭇가지를 바라보면서 듣는 장엄하고 감미로운 선율. 그것은 이저벨의 감정을 흔들어놓기에 충분했다. 분위기가 그 연주를 결정적인 것으로 만든 것은 아닌가. 매혹은 미혹이 아닌가.

공감 3. 우리의 판단은 분위기에 영향을 받습니다. 촛불이 은은한 초저녁, 감미로운 음악 속에서 그의 어떤 몸짓이나 말 한마디가 그녀를 돌이킬 수 없는 사랑으로 몰아가듯, 분위기는 판단을 좌우합니다. 윌리엄 제임스는 이것을 '의식의 물질성'이라 말하지요. 숲 속에서 내 마음이 평온해지듯이 몸, 감각, 감정은 물질과 소통합니다. 그러나 우리는 '물자체'에 직접 접근하지 못합니다. 뇌의 하부는 자극에 몸으로 반응하지만 이 반응은 의식 이전의 것이기에 정확히 전달되지 못합니다. 의식의 매개로 전두엽에 축적된 경험에 의해 이미지로 전달될 뿐이지요. 투명한 이성이 아니라 감정의 이미지가 이저벨의 마음을 움직인 것입니다. 그러나 감정은 풍부하지만 경험이 부족하고 자신만만함과 순진함 때문에 그녀는 이 사실을 아직 모릅니다. 그렇기에 노련한 마담 멀의 기교를 완벽한 것으로 믿고 그녀의 말을 조금도 의심하지 않습니다. 당신은 살아오면서 이런 경험을 한 적이 없던가요? 아니면 여러 번인가요?

"그녀의 돛에 작은 바람을 실어주고 싶어요."(190) 영국의 귀족 워버턴 경을 거부한 이저벨의 열망에 감탄한 랠프는 그녀를 위해 자신이 받을 유산 가운데 6만 파운드의 거액을 양도한다. 물론 이저벨에게는 아버지가 양도하는 유산이라고 말한다. 다른 사람을 통해 유산 이야기를 듣게 된 마담 멀은 이기적인 계산을 하게 되고 그 돈이 자신과 오스먼드 사이에서 비밀리에 낳은 딸인 팬지에게 가도록 이저벨을 유혹한다. 우선 랠프에 대해 나쁜 이야기를 해서 이저벨의 귀를 어둡게 하고 반대로 이탈리아에 살고 있는 오스먼드를 은근히 칭찬한다.

감정 연구

공감 4. 경험 많은 아버지가 염려했듯이 그 돈이 날개가 되어주는 게 아니라 이저벨을 실패로 이끌 수 있다는 것을 속 깊은 아들 랠프는 몰랐을까요? 랠프는 그토록 강한 이저벨이 결코 세상에서 상처받는 일은 없을 거라고 믿었지요(256). 그는 마담 멀을 잠깐 좋아한 적이 있으나 그 후 베일에 싸인 그녀를 멀리했기에 이후 삶에 대해 잘 모릅니다. 그렇기에 오히려 그녀에게서 배울 게 있다고 이저벨에게 권유합니다. 배워야 할 것이 무엇일까요? 마담 멀과 이저벨의 대화에서 찾아봅니다.

"내가 입으려고 고른 옷들 속에서 나는 대략 내가 누구인지를 알지요. 나는 사물들을 아주 많이 존경합니다. 타인에게 드러내는 나 자신이란 것은 말하자면 내가 짓는 표정, 내가 사는 집, 집 안의 가구들, 입은 옷들, 읽는 책들, 그리고 내가 어울리는 동료들, 이런 것들이 모두 나를 표현하지요."(207~208) 마담 멀은 이렇게 말한다. 이 부분은 바로 형 윌리엄 제임스가 『심리학 원리』에서 말한 것과 같다. "가장 넓은 의미에서, 사람의 자아란 그가 가진 모든 것의 총합이라고 볼 수 있다. 그의 몸과 심리적 힘뿐 아니라 그의 옷과 집, 아내와 자식들, 조상과 친구들, 명성과 직업, 땅과 말, 심지어 요트와 은행 잔고까지. 이 모든 것이 그에게 같은 감정을 준다."(1:193) 감정과 의식을 뗄 수 없듯이 의식은 물질과 뗄 수 없다는 것이 제임스 형제의 생각이었다.

이저벨은 마담 멀의 견해에 강하게 반발한다. 내적인 영혼을 찬

양하고 외적인 물질을 초월하라는 것이 그녀가 책에서 배운 도덕이기 때문이었다. "내게 속한 그 어떤 것도 나를 재는 척도가 될 수 없습니다. 이와 반대로 사물들은 한계가 있고 가로막는 장벽이며 완전히 인위적인 것이지요." 그녀는 이렇게 단호하게 답한다. 그리고 그녀가 열망하던 이탈리아 여행길에 오른다.

공감 5. 이탈리아 여행에서 이저벨은 정교하고 장엄한 문화유산에 감탄하고 그곳을 "약속의 땅"으로 느낍니다. 그리고 이것은 그녀가 오스먼드를 판단하는 데 영향을 미칩니다. 왜 그럴까요? 이저벨은 감정이 풍부하기에 자유에 대한 갈망도 단호합니다. 그녀가 새로운 환경에 두려움을 느끼는 이유입니다. 그래서 자신의 판단이 감정이라는 것, 장소와 물질의 영향을 받는다는 것을 모릅니다. 마치 마담 멀의 피아노 연주에 감탄한 것에 그날 분위기의 영향도 있었다는 것을 모르는 것처럼. 우리 모두 모르면서 살고 있지 않은가요?

이탈리아 로마의 바티칸 대성당은 이저벨에게 미지의 세계에 대한 무한한 가능성을 느끼게 한다. 거대한 건물과 내부의 미묘한 조각들은 오스먼드의 표현처럼 "바닥을 드러내지 않는 듯Inexhaustible" 장엄했고 이저벨의 감정을 압도한다. 스물세 살의 이저벨은 마흔의 오스먼드를 신비하고 미묘한 예술의 장인처럼 느낀다. 악은 경험이 부족한 사람에게 신비하게 보인다. 그의 어리고 순진한 딸인 팬지가 백지처럼 순종적인 이유도 모른 채. 영국의 가든코트에 돌아온 그녀는 오스먼드와 결혼할 것을 밝히고 거센 반대에 부딪힌다. 고모는 자신의 실수를 깨닫고 차라리 돈만 주고 결혼을 하지 말라고 말할 정도였다. 누구보다 오스먼드를 수상하게 생각하는 랠프는 당황한다. 그러나 귀가 어두워진 이저벨은 그의 충고를 오해한다. 가난하고 이름도, 지위도 없는 하찮은 사람이라는 말에는 분노하면서 사람을 그런 식으로 평가하지 말라고 답하고, 그가 소견이 좁고 자신밖에 모르는 이기적인 사람이라는 말에는 "다시는 내 문제로 괴롭히지 않겠다"며 강렬한 반응을 보인다.

공감 6. 이저벨의 반응에 절망한 랠프는 깊은 사랑의 상처를 받겠지요. 너무나 사랑하기에 경험의 폭을 넓히도록 날개를 달아주고 싶었는데 그것이 악마에게 걸려드는 미끼가 되다니. 때로 사랑은 잔인하게 전혀 의도하지 않은 방향으로 흘러갑니다. 그럴 때 당신이 만약 랠프였다면 어떻게 하겠습니까. 살아오면서 이와 비슷한 경험을 한 적은 없었나요?

이제 소설은 결혼 후 4년이 흐른 어느 날로 이어진다. 이저벨은 지난날을 돌아보면서 무엇이 잘못됐었는지 회고한다. 한때 그녀를 매혹했던 로마의 찬란한 문화유산, 바티칸 대성당의 무한히 자유로운 가능성은 이제 로마 시내의 어둡고 답답해 감옥과 같은 오스먼드의 아파트 안으로 바뀌었다. 그녀는 새장에 갇힌 새처럼 느낀다. 오스먼드는 이저벨에게 더 넓은 세상을 배울 기회는커녕 그녀를 자신이 수집한 많은 진귀한 예술품 가운데 하나 정도로 여긴다. 그는 딸 팬지 역시 소유물로 여기고 이저벨을 이용해 이저벨의 돈은 물론 딸을 워버턴 경과 결혼시켜 돈과 명예와 지위를 얻으려는 비열한 야심가였다.

여전히 자신을 사랑하는 캐스퍼와 워버턴에게도, 아니 그토록 만류했던 랠프에게도 이저벨은 이런 사실을 알릴 수 없었다. 자존심이 강한 그녀는 자신의 실수를 인정할 수 없었다. 스스로 선택한 길이었기 때문이다. 그동안 어린 사내아이를 잃은 그녀에게 단 하나의 위로는 아버지의 소유물로 자유도 의지도 없는 팬지, 어머니인 마담 멀보다 이저벨을 더 좋아하고 따르는 팬지를 도와줄 수 있다는 자존감이었다.

공감 7. 이저벨이 마담 멀과 오스먼드의 계략을 알게 될까요? 어떤 방식으로? 누가 알려주나요? 아니면 스스로 발견하나요? 이 부분을 뇌과학적으로 풀어봅시다. 새로운 경험은 과거의 어떤 장면을 다르게 보게 합니다. 전두엽에 저장된 새로운 경험에 의해 감정이 새롭게 예측되기 때문이지요.

이저벨이 마담 멀과 오스먼드의 계략을 눈치챈 것은 누가 알려주기 전에 어떤 장면을 보고 스치듯 느낀 감각 때문이었다. 그동안의 어두운 경험들이 같은 장면을 다르게 보게 한 것이다. 그녀는 외

감정 연구

출에서 막 돌아와 거실에 들어섰고 한 장면을 목격한다. 마담 멀이 의자에 앉아 있는 오스먼드를 내려다보고 있다. 보통의 남녀는 아주 은밀한 사이가 아니면 그런 자세를 취하지 않는다. 그들이 움찔 놀라 자세를 바꾸는 순간 이저벨의 뇌리에 의심이 퍼뜩 지나갔다. 그동안 겪은 불행한 경험이 사물의 숨겨진 진실을 보게 한 것이다.

이저벨에게 멋진 삶이란 즐거움이 동반된 의무감, 그것에 봉사하는 지식과 자유였다. 그러나 오스먼드에게 삶은 순전히 형식이요 의식이자 고지식하게 계산된 태도였다. 그녀의 판단이 틀렸음을 깨닫고 난 후 그들이 단순한 친구 사이가 아니라는 것을 눈치챈 이저벨은 오스먼드의 가까운 친척으로부터 전말을 듣는다. 모든 것이 돈을 노린 음모였다고. 이저벨은 팬지와 로지에의 순수한 사랑에 대한 공감과 팬지의 남편감으로서의 워버턴에 대한 자신의 역할 사이에서 갈등을 느낀다.

공감 8. 로마의 바티칸 대성당에서 느꼈던 위대한 이상과 삶의 환희, 로마 시내 오스먼드의 아파트에서 느낀 어둡고 숨 막힌 경험, 그리고 이제 배반의 고통을 맛보고 그녀는 로마시의 외곽을 마차를 타고 지나갑니다. 옛 병사들이 지나던 오래된 좁은 길들, 무너졌으나 아직도 꼿꼿하게 남아 있는 외로운 잔해들을 보면서 이저벨은 자신의 마음이 그것들과 같다고 느낍니다. 모든 배반과 고통을 견디고 다시 일어설 것이며 슬픔 속에서 배운 새로운 삶의 비전을 로마의 허물어진 흔적들에서 엿봅니다(511). 물질의 세계와 공감할 수 있는 이저벨은 감정이 풍부한 여자입니다. 당신은 이와 비슷한 경험이 있나요? 의식은 물질의 일부라는 마담 멀의 말을 단호하게 거부했던 이저벨은 이제 스스로 경험을 통해 그것을 받아들입니다.

이 장면은 앞에서 친구인 헨리에타 스탁폴이 로마를 대하는 것과 비교된다. 그녀에게 로마는 항상 같은 곳이었다(482). 감정이 없는 그녀에게 로마는 봤던 장소를 다시 꼼꼼히 확인하는 대상일 뿐이다. 감각과 감정은 물질의 세계에 속한다. 감정이 풍부한 이저벨은 경험에 의해 로마를 새롭게 보지만 감정이 메마른 헨리에타에게 로마는 항상 같은 로마일 뿐이다. 뇌는 경험에 의해 변화하는 가소성을 지닌다. 감정이 메마른 사람은 모든 것을 직선적으로 이해하고 남의 의견을 수용하지 못하기에 독선적이다. 마치 사이코패스 혹은 도착증이 감정의 장애로 나타나는 것과 비슷하다. 타인에 대한 공감과 실수에 의해 세상을 다르게 느끼는 뇌의 가소성이 약한 것이다. 이런 면에서 삶에서 크고 작은 실수는 정확한 판단을 위해 겪어야 하는 과정이다. 또한 감정이 풍부하면 서사 예술이나 타인의 조언을 통한 간접경험으로 실수의 폭을 줄일 수 있다.

공감 여행

나는 2020년 1월 초, 로마에서 열리는 조이스학회에 참여해 발표한 적이 있다. 코로나19가 중국에서 막 시작된 시기로 유럽은 안전하다고 알려져 여행이 자유로운 때였고, 한 해 전에 잡힌 스케줄이었다. 비록 조이스와 라캉에 관한 발표였으나 그동안 나를 사로잡고 있던 제임스의 『여인의 초상』을 위한 여행이기도 했다. 이저벨이 공감했던 바티칸 대성당의 한없이 크고 바닥이 드러나지 않는 자유, 그녀가 살았던 로마 시내에 촘촘히 들어선 네모난 아파트 건물들, 그리고 무엇보다 로마 외곽의 허물어진 흔적들을 보고 싶었다.

　다음 날 아침부터 비가 촉촉이 내리고 있었다. 나는 우산을 받치고 한없이 넓은 바티칸 성당 광장에서 입장을 기다렸다. 사람들이 선 긴 줄은 아주 느리게 천천히 움직였다. 입장에 필요한 검색 때문이었다. 막상 성당에 들어서니 천장의 벽화와 조각품이 너무 많고 장엄해 내 두 눈과 마음의 그릇을 넘쳐흘렀다. 압도되어 거의 마지막 출구에 이를 때쯤 내 눈은 하얗게 빛났다. 왼쪽 벽 한가운데에 윤기가 흐르는 살갗, 성모와 그녀의 무릎 위에 누운 가여운 아들, 예수의 축 늘어진 모습이 보인다. 죽은 아들을 내려다보는 어머니의 시선과 표정, 그것은 내가 느낄 수 있는 연민의 극치를 아름답게 드러냈다. 아! 순간 나는 우리가 감각의 잉여를 덜 남기고 '물자체'에 가까이 갈 수 있겠다는 느낌이 들었다. 그것은 분명히 이미지였으나 그것을 넘어 감각 그 자체로 다가왔다. 주름진 옷자락, 내려다보는 표정, 상반신의 근육은 움직이는 듯 보였다. 의식의 커튼을 젖히고 이미지가 아닌 감각, 아니 감정 그 자체를 느낄 수도 있는가보다. 오직 위대한 예술작품에서만! 바티칸 성당을 나선 이후에도 미켈란젤로의 「피에타」 조각상이 던진 연민은 나를 떠나지 않았다.

로마 시내의 어둡고 거대한 비슷비슷한 아파트들, 저 가운데 이저벨이 오스먼드와 살았던 팔라초 로카네라는 어떤 건물일까. 로마 시내를 차지한 4~5층의 잿빛 묵직한 건물들은 무겁고 답답해 보인다. 건물들은 개성이 없고 판박이처럼 같다. 오스먼드의 좁고 판에 박힌 소견처럼 크기와 무늬가 비슷한 좁은 창들이 나란히 규칙적으로 반복된다. 아파트들은 아무런 감정이 없는 사람들처럼 서 있다. 통일된 규격의 극치를 보는 것 같다. 캐스퍼의 획일성, 헨리에타의 효용성, 오스먼드의 계산적이고 소유에 집착하는 성격처럼 그 건물들은 한결같고 변화를 모르는 고정불변의 사물이었다. 감정이 없기에 이미지가 없고 이미지가 없기에 넘치는 잉여를 모르는 작품의 인물들처럼 그 아파트들은 내 감정의 문을 걸어 잠그고 이미지를 허락하지 않았다.

학회가 끝나고 마지막 날 나는 풀어야 할 숙제를 남긴 학생처럼 초조했다. 길눈이 어둡고 낯선 장소에 대한 두려움이 강한 내가 길을 물어가며 간다니? 그래도 가야 한다. 나는 작은 버스에 올랐다. 몇 정거장을 가서 어떤 역에서 내리라고 분명히 듣고 외웠지만, 안내 방송이 전혀 없는 버스 안에서 나는 운전기사의 눈치를 보며 엉덩이를 몇 번이나 들썩였다. 버스 안에는 대여섯 명이 앉아 있다가 자기 동네를 찾아가는 듯이 내릴 곳에서 내릴 뿐 타인에게 전혀 관심이 없다. 정거장 수를 세다보니 아무래도 내려야 할 곳을 지나친 것 같다. 나는 서둘러 버스에서 내렸다. 좁고 오래된 길가, 낡고 작은 팻말은 내가 한 정거장 앞서 내렸다고 알려준다. 나는 아피안 길 The Appian Way이 나올 때까지 걸었다. 오후 해가 비치는데 무서울 정도로 길은 한적하다. 옛날 로마 병사들이 전투에 나갈 때 그리고 다시 로마시로 들어올 때 지나갔던 길이란다. 버스 하나가 겨우 다닐 정도로 좁은 길 어딘가에서 행진하는 말발굽 소리가 들리는 듯하다. 오래된 나뭇가지들 사이로 커다란 돌더미, 건물의 무너진 잔해가 보인다. 온몸에 피곤함이 몰려들어 나는 쓰러질 듯이 주저앉았다. 허물어진 잔해들이 주는 허무함과 슬픔이여!

다시 작품 읽기로 돌아온다. 자신을 고통으로 인도한 그 돈이 랠프가 준 것이라는 마지막 비밀을 마담 멀로부터 듣고 이저벨은 랠프의 아픔을 비로소 이해한다. 그것이 진정한 사랑이었다는 것을. 그리고 자신이 랠프의 사랑을 저버렸다는 것을. 한때 순수한 꿈에 벅찬 랠프의 조언을 거부하고 그의 말을 오해하며 뼈아픈 말을 던졌던 바로 그 가든코트로 이저벨은 돌아간다. 그녀를 기다린 것은 그의 임종이었다. 두 사람은 서로 용서를 구하고 죽기 직전에 랠프는 이렇게 말한다.

이저벨, 이 세상이 더 좋은 것은 사랑이 있기 때문이야. 저세상도 좋지, 그러나 그곳에는 사랑이 없어.(567)

공감 8. 무슨 뜻인가요? 사랑하기에 날개를 달아주려던 돈이 실패와 고통의 원인이 되었습니다. 모든 사랑은 고통 없이 존재하지 않는다는 의미인지, 사랑은 진정한 고통을 가르쳐준다는 의미인지, 그래서 그 사랑의 고통이 죽음보다 낫다는 의미인지요? 고통 속에서 진실을 본다는 뜻인가요, 아니면 지극한 사랑의 표현인가요? 랠프와 이저벨의 마지막 순간을 느껴보고 이 말의 의미를 이야기해 봅시다. 헨리 제임스의 소설들 가운데 가장 가슴 아픈 장면입니다.

이제 다시는 오스먼드에게 돌아가지 말라는 조언을 끝으로 랠프는 세상을 뜬다. 이내 어둑한 방 안, 침상 곁에서 이저벨은 희미한 형상을 봤다. 그리고 잠깐 그 모습을 응시했다. 그의 하얀 얼굴, 친절한 눈, 그리고 다음 순간 그 자리에는 아무것도 없었다. 6년 전, 이 저택의 갤러리를 안내하던 랠프는 유령이 있느냐는 이저벨의 물음에 이렇게 답했다. 진정으로 뼈아픈 고통을 겪어야만 그것을 보게 된다고. 자신은 이미 봤으나 당신은 보지 않았으면 좋겠다고. 이제 그녀는 뒤늦게 사랑의 고통을 느끼면서 랠프의 유령을 보게 된다.

감정 연구

문학사에서
가장 빛나는 반전

이제 이 소설의 절정에 이른다. 작품이 출간된 당시, 저널이나 신문에 게재된 서평들은 소설의 결말인 이저벨의 선택에 의문을 표시한 것이 대부분이었다. 예를 들어 『뉴욕 트리뷴』지 1881년 11월 25일자 서평은 "모든 인물 가운데 여주인공은 분명히 묘사되지 않고 완전히 이해되지 않는다"고 말했다. 또 『캘리포니안』지 1882년 1월 5일자 서평은 이렇게 말했다. "그녀는 악을 알고 열정적으로 욕망하여 미워하고 두려워한 의무감을 향해 화살처럼 날아간다. 그것이 관습에 대한 어린애 같은 숭배인지, 고착된 원칙을 거스르는 것에 대한 여성적 두려움인지, 진정한 도덕적 통찰인지 우린 모른다."[47]

당대의 이런 서평들은 그 후 100년이 넘는 비평사에서 여러 갈래로 반복되었다. 도대체 무엇이 그렇게 많은 시선을 끌었을까. 제임스는 1903년 뉴욕판을 출간하면서 캐스퍼의 포옹 장면을 공들여 수정했다. 랠프가 세상을 뜬 후 이저벨은 가든코트에서 당분간 머물 생각을 했다. 그리고 캐스퍼가 그녀를 찾아온다. 그는 변함없이 청혼을 하면서 억센 포옹과 키스를 한다. 그녀는 몸이 공중에 붕 뜨는 듯하고 숨이 막히는 것을 느끼면서 그의 억센 팔 안에서 벗어나자마자 멀리 보이는 집 안의 불빛을 따라 무작정 뛴다. 그녀는 예정대로 이곳에서 얼마 동안 머물면서 캐스퍼의 청혼을 받아들일 것인가?

만일 그녀가 캐스퍼와 맺어지는 것으로 끝났다면 이 작품은 삼류 소설에 멈췄을 것이다. 헨리 제임스는 이저벨을 영원히 살아남는 일류 소설의 주인공으로 만들었다. 어떻게? 바로 이튿날 아침, 친구 헨리에타는 이저벨이 새벽에 로마로 떠났다고 알려준다. 로마라니? 오스먼드에게로? 그럴 수가…….

이것이 결말에 대해 논쟁이 쏟아진 이유다. 그토록 세상을 배우려는 의지가 강하고 자유와 독립을 존중하던 자존심 강한 여자가 비열한 오스먼드에게 돌아가다니. 읽는 사람마다 반발하고 의아해하면서 나름대로 해석을 펼쳤다. 어떤 비평가는 이저벨이 캐스퍼의 억센 포옹에도 불구하고 성적 감흥을 못 느낀다고 평한다. 그러나 대부분의 비평은 팬지와의 약속을 지키고 오스먼드의 압제에서 벗어나 진정한 사랑을 찾도록 그녀를 도와주려는 것이라고 해석했다. 그 가운데 비교적 최근에 게재된 힐리스 밀러의 글 「키스란 무엇인가? 이저벨의 결정의 순간What is Kiss? Isabel's Moments of Decision」(2005)은 새로운 해석을 내려 인상에 남는다. 밀러는 1980년대의 해체비평과 1990년대의 윤리비평으로 잘 알려진 유명한 비평가다.[48]

키스에는 정상적이며 평범한 키스가 있고 성적 욕망을 불러일으키는 도착적 키스가 있다. 이저벨은 왜 캐스퍼의 키스 후에 로마로 서둘러 돌아가는가? 캐스퍼로부터 뉴잉글랜드의 자유와 운명에 의해 힘과 용기를 얻어 오스먼드에게 돌아가는가? 밀러는 여기서 답을 내릴 수 없다고 말한다. 자아는 의사 결정 후에 존재하기 때문이다(741). 어떤 결정이나 행위 이전에 자아는 없다. 자아는 언어 행위에 의해 매 순간 새롭게 태어난다. 자아가 먼저 존재하고 그것을 바탕으로 결정이 내려지는 것이 아니다. 그렇기에 신비하고 설명할 수 없는 이유가 생긴다. 행동이 일어난 후에야 생각이 따르기에 그 행동의 이유는 독자가 설명해야 한다. 독자의 몫을 남겨주는 것, 이 것이 밀러가 주장하는 독서의 윤리다. 헨리 제임스는 마지막 결정과 관련된 정보를 미리 독자에게 주었고 독자는 그것에 근거하여 이저벨의 행위를 설명한다는 것이다.

공감 9. 밀러의 이런 비평에 대해 어떻게 생각하시는지요? 지금까지 앞에서 읽은 감정에 대한 최근 연구들에 비춰볼 때 밀러의 비평이 어딘가 친숙하게 느껴지지 않는지요? 특히 윌리엄 제임스가 「감정은 무엇인가」라는 글에서 말하고 그 후 여러 감정 이론가가 실험으로 동의한 가설을 생각해봅시다. 웃기에 행복하다는 것으로, 몸의 반응이 먼저 나타나고 그다음 의식에 의해 느낌과 판단이 온다는 것입니다.

내가 경험하는 외적 자극은 뇌의 하부, 감각과 감정에 의해 몸의 행동으로 나타난다. 그러고서 의식의 매개에 의해 전두엽의 예측으로 느낌과 판단이 온다. 그렇다면 결정이 내려지고 행동하는 것이 아니라 행동이 있고 느낌이나 결정이 내려진다는 밀러의 말은 최근의 뇌과학에 상당히 가깝다. 행동이 있고 난 후 자아가 존재한다면

7장. 공감 치료

이저벨의 행동에 대한 설명은 독자의 몫이 된다. 여기서 한 가지 밀러가 빠트린 것은 독자는 물론 저자가 제공한 여러 앞선 정보에 의존할 뿐 아니라 자신의 전두엽에 저장된 과거 경험에 의해 설명을 내린다는 것이다. 그러므로 해석은 개인마다 조금씩 다를 수 있지만 그 범위는 정해진다. 앞선 정보들이 기준이 되어 그 형식 안에서 해석이 이루어진다. 이것이 칸트가 『판단력 비판』에서 말한 형식을 경험하고 얻어지는 '주관적 보편성'이다. 밀러의 비평은 그 이전의 여러 비평보다 참신하고 윌리엄 제임스가 '감정'에서 말한 것을 떠올리게 한다.

공감 10. 자, 이제 문학사에서 최고의 반전에 해당되는 이 소설의 마지막 선택에 대한 당신의 견해를 듣고 싶습니다. 앞선 여러 정보, 그리고 지금까지 당신이 겪은 삶의 경험에 의해 이 반전을 설명해보십시오. 그녀가 왜 로마로 돌아가는지요? 만일 나였다면 어떻게 했을까요?

당신의 설명을 들었으니 나도 설명을 해보겠습니다. 나의 설명은 내 경험과 연구의 결과물입니다. 그러므로 참고하시되 절대로 내 설명을 먼저 듣지 마십시오. 영향을 받지 않기 위해서입니다. 공감 치료에서 가장 중요한 부분입니다.

이 소설은 1881년부터 연재되었다. 그러나 헨리는 그 전부터 심리학자인 형 윌리엄과 깊은 대화를 나누었고 형은 헨리의 작품들에 조언을 아끼지 않았다. 비평가 마이클 고라가 밝혔듯이 헨리는 형의 글 「감정이란 무엇인가」를 읽고 '경이로움'을 느꼈다고 표현했다.[49] 비록 그 글은 1884년 『마인드Mind』 지에 실렸지만 글의 핵심은 이미 둘 사이에서 토론되고 공유되었을 것이다. 물론 글의 핵심은 "울기에 슬프고 웃기에 행복하다"는 것이었다. 감정은 행동으로 먼저 나타나고 의식에 의해 느낌이 되며 인지와 판단이 일어난다. 이미 3장에서 인용했지만 다시 한번 들여다보면,

> 외부의 자극을 감지하지마자 몸의 변화가 일어나고 이 변화에 대해 일어나는 느낌이 소위 감정이라는 것이다. 상식적으로 우리는 재산을 잃어서 슬프고 그래서 운다고 말한다. 곰을 만나면 놀라서 도망치고 라이벌에게 모욕을 받으면 화가 나서 한 대 친다고 말한다. 그러나 나는 이런 순서가 맞지 않는다고 생각한다. 어떤 정신 상태가 외적 자극에 의해 즉시 일어나는 것이 아니라 몸의 표현이 그 사이에 먼저 끼어든다는 것이다. 좀더 합리적으로 말하자면 우리는 울기에 슬프고, 쳤기에 화가 나며, 떨기에 두려운 것이다. 이와 반대로 슬퍼서 울고, 화가 나서 치고 두려워서 떠는 것이 아니다(189~190).

이제 로마로 급히 돌아간 이저벨의 행동에 공감하기 위해 저자가 숨겨놓은 앞선 정보들을 종합해보자. 캐스퍼와 워버턴의 구애

를 물리치고 당당히 이탈리아에 들어선 그녀는 거대하고 찬란한 문화 유적들에 감탄한다. 로마의 바티칸 대성당을 보고 그녀는 "아주 크고 밝게 빛난다"고 말했다. 마치 그녀 앞에 찬란한 앞날이 펼쳐진 듯 느낀다. 이때 오스먼드는 "로마는 바닥을 드러내지 않는다"고 표현했다. 이후 주위 사람들의 조언이나 반대에 귀를 닫고 이저벨은 오스먼드와 결혼한다. 그의 경제적 궁핍이나 신분과 직업의 불확실성이 그녀에게 자신의 역할이 있을 것이라는 믿음을 주었다. 그러나 그런 믿음은 착각이었고 그녀를 숨 막히게 옥죄던 로마의 빽빽하고 촘촘한 아파트처럼 결혼생활은 암울했다. 모든 음모를 알게 된 그녀가 찾은 로마 외곽의 허물어진 유적들에서 그녀는 배반의 아픔 속에서도 다시 일어서는 용기와, 고통을 견디는 인내심을 배운다.

긴 풍파의 세월 속에서 살아남은 역사의 잔해들처럼 강한 의지를 갖게 된 이저벨은 랠프의 임종에서 돈의 출처가 랠프였고 그것이 그의 사랑이었다는 것을 깨닫는다. 그녀에게 마음껏 세상을 경험하며 배우라고 날개를 달아주는 것, 그것이 여러 구애자와 다른 랠프의 사랑이었다. 그렇다면 이저벨의 불행을 보고 랠프가 느낀 고통은 어떠했을까. 이제 그녀는 자신의 고통을 통해 유령을 보게 된다. 랠프가 암시했듯이 세상은 보는 것(아는 것)이 아니라 '느끼는 것'이었다. 보이지 않지만 엄연히 존재하는 유령, 그것은 감정의 여분이 아니었을까? 그래서 세상은 아는 게 아니라 느끼는 것이다.

이미지의 경계를 흘러넘치는 감정의 잉여는 우리가 어떤 방식으로 사느냐에 따라 무한한 경험과 변화의 가능성을 낳는다. 그렇기에 삶은 아무리 고통스러워도 인내할 가치가 있다. 슬픔과 기쁨이 교차하는 가운데 우리는 경험을 통해 자아를 넓혀간다. 소유나 집착이 아니라 스스로를 발전시킬 수 있도록 넉넉한 공간을 주는 것, 이것이 랠프의 사랑이요 유령의 의미였다. 이저벨은 감정이 풍부해 비록 처음에는 실수하지만 그것을 통해 세상을 주체적으로 배워간다. 그리고 한 걸음 더 정확한 판단에 가까워진다.

　이런 나의 해답은 헨리 제임스가 앞에서 보여준 여러 정보, 그 가운데 이저벨과 비교되는 인물에 관한 정보를 바탕으로 이루어졌다. 우선 친구 헨리에타 스탁폴을 보자. 그녀에게 로마는 언제나 같은 로마다. 그녀는 변화와 발전이라는 뇌의 가소성을 모른다. 마음을 열고 세상을 경험하면서 실수를 통해 배워가는 과정이 삶이라는 것을 모른다. 미국인이 왜 유럽에서 사느냐고 랠프를 비난하듯이 생각이 단정적이고 획일적이다. 그녀는 끝까지 이저벨에게 가장 좋은 짝으로 캐스퍼를 추천한다. 캐스퍼는 전형적인 뉴잉글랜드의 사업가다. 그의 구애에는 연인을 놓아주고 스스로 세상을 경험하게 하는 관용이 없다. 그냥 한번 내 여자면 끝까지 내 여자일 뿐이다. 스탁폴과 캐스퍼의 공통점은 무엇일까. 감정이 부족하다는 것이다. 감정의 잉여를 모른다는 것이다.

　캐스퍼의 일방적이고 소유지향적인 마지막 억센 포옹을 묘사하면서 저자가 그토록 공을 들인 이유도 이저벨의 마지막 행동을 설명하는 데 도움이 된다. 이저벨은 어둡고 숨 막히는 포옹에서 풀려

나자 곧바로 불빛을 찾아 집으로 달려가고 이튿날 로마로 떠난다. 캐스퍼의 포옹은 그녀가 오스먼드의 아파트에서 느꼈던 숨막힘과 다를 게 없었을 것이다. 캐스퍼는 추진력 있고 활달하고 솔직하지만 '더 깊은 삶의 리듬'인 상상력이나 감수성이 없었다. 헨리에타의 로마처럼 그에게 이저벨은 언제나 같은 이저벨이었다. 이저벨이 워버턴 경의 완벽한 조건을 거부한 것도 자신이 숨 쉴 공간이 없다고 느꼈기 때문이다. 숨 쉴 공간이란 스스로 세상을 경험하고 실수를 통해 배우는 감정의 공간이다.

완벽함이란 언제든지 부서질 위험을 안고 있는 것이 아닌가!

공감 11. 제 해석에 공감하시나요? 왜 이저벨이 로마로 떠났는지요? 팬지를 독재자 오스먼드의 소유에서 벗어나 스스로 행복을 찾도록 돕기 위해서? 이저벨이 다시 오스먼드와 함께 살까요, 별거할까요? 로마로 돌아간 이후 그녀가 어떤 결정을 내릴지, 무엇을 할지 생각해봅시다. 여기서 가장 중요한 점은 나에게 그녀의 선택이 이해되는가, 안 되는가입니다. 그리고 나였다면 그런 선택을 할까라는 질문을 스스로에게 해보는 것입니다. 공감 치료의 핵심은 내가 행동과 결정의 주인이 되어 타인을 이해하는 것입니다. 세상이나 다른 사람들이 당신을 움직이고 조종하는 주인이 아니라 당신이 스스로 선택하고 행동하며 변화하는 세상의 주인이라는 깨달음입니다. 감정을 통해 판단에 이르게 하는 잘 짜인 예술의 윤리도 여기에 있지 않을까요?

따스하고 친근한 감정으로
느끼고 기억하라

랠프와 이저벨의 사랑은 마치 형 윌리엄과 동생 헨리의 사랑을 떠올리게 한다. 둘은 형제관계를 넘어 삶의 동반자였다. 어릴 때 함께 유럽여행을 했고 함께 공부했고 똑같이 하버드대학에 들어간다. 형은 의대를 나와 교수가 되었고 동생은 법대에 들어갔으나 중퇴하고 소설가의 길을 걷는다. 비록 길은 달랐으나 둘은 같은 사상을 공유한 쌍둥이였다. 사교적인 성격에 결혼해서 가족과 함께 본국에서 살았던 형에 비해 동생은 평생 독신으로 유럽에 살았다. 유럽에 사는 미국인을 그린 그는 말년에 고국을 그리워하면서 너무 낯선 곳에 고독을 느낀다.

1909년 헨리는 심한 우울증과 통풍으로 고통을 받았다. 그리고 이듬해인 1910년 8월 26일, 형의 죽음을 맞는다. 헨리는 죽음을 앞둔 아픈 형과 미국으로 출발하기 전 브라운 호텔에 잠깐 묵었고 그 때 둘을 목격한 휴 월폴은 훗날 이렇게 회상했다.

열린 침실 문을 지나면서 나는 누워 있는 형의 곁에 서서 내려다 보는 헨리를 봤다. 급히 지나가면서 본 헨리의 얼굴에는 비참하고 절망에 가득 찬 표정이 역력했다. 그 표정은 결코 잊힐 수 없는 것 이었다.**50**

물론 『여인의 초상』은 이보다 훨씬 더 전에 쓰인 작품이다. 그러 나 이 장면은 이저벨과 랠프의 마지막 죽음의 침상을 떠올리게 한 다. 랠프의 유령은 지상에서 못다 한 이저벨에 대한 사랑의 여분이 었는지 모른다. 마찬가지로 윌리엄의 유령은 헨리를 따스하게 감싸 는 사랑의 여분이 아니었을까. 서로를 인정하고 감탄하면서 조언을 아끼지 않는 그런 사랑, 비록 서로 먼 곳에서 떨어져 살았지만 죽은 이후에도 자존심을 가지고 자신의 길을 가도록 도와주는 그런 사 랑이었다.

1881년, 이제 막 성공한 예술가로서 발을 내딛는 헨리는 미국으 로 돌아갈 수 없었다. 예술의 고장인 유럽에서 자신의 역량을 실험 해야 했다. 배반의 고통을 안겨준 유럽으로 이저벨이 돌아가듯이, 헨리는 유럽에 머물며 작가로서의 외로운 길을 선택했다. 그로부 터 20여 년이 흐른 1903년, 헨리는 자신이 최고의 작품이라고 평한 『대사들』을 출간한다. 그리고 그 작품의 결말은 이저벨의 선택과

감정 연구

대조된다. 주인공 스트레더는 뉴잉글랜드의 사업가 뉴섬 부인과 장래를 약속한 중년의 남자다. 그는 회사의 지원으로 리뷰를 발간하는 일을 했고 지금 뉴섬 부인의 대사로 파리에 온다. 파리에 머물면서 돌아오지 않는 그녀의 아들 채드를 데려오기 위해서다. 그러나 파리의 세련된 문화유산들과 전통은 스트레더를 매료시켰고 그는 자신이 충실히 살지 못했다고 후회한다. 그리고 젊고 패기에 찬 채드에 이끌려 그를 설득하기는커녕 새로운 문화에 마음을 열고 파리를 즐기려 한다.

그러나 스트레더는 여전히 오랫동안 살아온 뉴잉글랜드의 눈으로 파리를 본다. 과거 뇌에 저장된 경험의 눈으로 채드와 그를 둘러싼 두 여인, 마담 비오네와 그녀의 딸을 대한다. 아름다운 비오네 부인에게 매료되어 그녀를 도우려 한다. 채드가 좀더 머물 시간을 달라는 비오네의 요청이 그녀의 딸과 채드가 결혼하기 위한 것이라 믿은 것이다. 그러던 어느 날 우연히 한적한 교외에 나간 스트레더는 예전에 봤던 강물의 그림을 떠올린다. 그리고 물 위에 떠가는 배 안에서 채드와 비오네 부인을 보게 된다. 채드는 딸이 아니라 엄마인 비오네 부인과 불륜의 연인 사이였던 것이다. 예전의 그림에는 없던 연인들이 그의 시선 안으로 들어온다. 유럽의 정교한 문화 속에는 정교한 속임수가 숨어 있었다.

유럽에서 광고학을 배운 채드는 이제 비오네를 버리고 엄마의 사업을 이어받기 위해 귀국하려 한다. 그에게 비오네 부인은 잠시 즐긴 연인이었다. 결국 스트레더는 비오네라는 텅 빈 기표에 의해 이끌려 파리를 즐긴 셈이다. 그러나 그는 후회하지 않는다. 감정이 메마른 다른 인물들이나 고정된 시선으로 유럽을 대하는 여느 대사들과 달리 그는 속았지만 감정을 열어놓고 파리를 경험했으며 시선 속의 얼룩을 보게 된다. 그렇기에 채드가 이끌어갈 미국 산업사회를 우려하면서 그를 떠나보내지 못하는 비오네 부인을 동정한다. 소설의 결말에서 스트레더는 자신을 사랑하는 고스트리의 청을 물리치고 귀국길을 선택한다. 이저벨이 유럽을 택하는 것과 반대로 그는 미국으로 돌아가는 것이다. 더 이상 뉴섬 부인의 대리인으로서가 아니라 아무에게도 의지하지 않고 자신의 삶을 스스로 선택하는 것이다.

다시는 고국을 떠나 살지 않겠다고 다짐하던 헨리 자신처럼 주인공 스트레더는 미국으로 돌아간다. 20년 전 이저벨의 선택은 예술가로서 삶을 시작하던 때 헨리의 선택이었다. 그리고 이제 스트레더의 선택은 오랜 시간 타국에 머물면서 창작의 열정으로 고독을 달래온 헨리의 선택이었다. 그리고 그 시간들은 결코 헛되지 않았다. 그에게 독창적인 소설 기법을 발전시킬 기회가 되었기 때문이다. 자유를 향한 랠프의 사랑은 서술자가 인물을 사랑하는 방식으로 발전한다.

19세기 말에서 20세기 초, 서구 사회가 산업사회로 접어들면서 도시가 등장하고 사회가 복잡해져간다. 공감이라는 용어가 문학의 주요 기능으로 나타나고 소설가들은 이제 삼인칭 전지 시점을 벗어나 인물이 제 스스로 보고 느끼는 시점을 선택한다. 주인공을 자유롭게 놓아주는 대신 서술은 작가를 대변하는 삼인칭 서술자가 맡는다. 이때 서술자는 반드시 그 인물이 가는 곳, 보는 것만을 따라다니면서 행동과 심리를 묘사한다. 그가 스스로 잘못 판단하고 실수를 통해 배우도록 기회를 주는 것이다. 따스하고 친근한 감정으로 랜프가 이저벨을 멀리서 지켜보듯이 서술자는 스트레더의 마음과 행동을 멀리서 지켜본다. 그리고 주인공이 오류를 깨닫고 성장하는 과정을 독자에게 보여준다.

20세기의 콘이나 스탄젤 같은 서사 이론가들은 이런 기법을 '자유간접화법'이라 불렀다. 그리고 제임스의 『대사들』을 대표적인 작품으로 꼽는다. 제임스는 왜 이런 기법을 고안했을까. 그는 감정을 억압하고 이성적이 되라는 전통적인 가르침을 따르지 않았다. 오히려 감정이 풍부하면 판단이 정확해진다는 형의 심리학을 믿었다. 그는 주인공 스트레더를 통해 이렇게 말한다. '너의 삶을 놓치지 말고 경험하라. 매 순간을 따스하고 친근한 감정으로 느끼고 기억하라. 그것이 네가 살아서 지상에서 누릴 수 있는 유일한 재산이다.'

오늘날 뇌과학이나 심리학에서 감정을 중시하는 이유도 제임스 형제의 생각과 거의 같다. 감정이 없는 로봇은 이런 자유를 누릴 수 있을까. 스스로 경험하고 실수하면서 배우는 성장의 의미를 알까. 죽음이라는 삶의 유한성이 없는 기계에게 매 순간의 경험이나 소중함이 어떤 의미가 있을까.

1 Andrzei Dąbrowski, "Emotions in Philosophy: A Short Introduction." *Studis Humana* 5.3(2016): 8-20, 8면.

2 뇌신경학자인 Antonio Damasio가 1994년에 출간한 책의 제목은 『*Descartes' Error: Emotion, Reason, and the Human Brain*』이고 2003년에 출간한 책의 제목은 『*Looking for Spinoza: Joy, Sorrow, and the Feeling Brain*』이다.

3 Daniel Sznycer. "Forms and Functions of the Self-conscious Emotions." *Trends in Cognitive Sciences* 23.2(2019):143-157면.

4 Adolphs, Ralph & Anderson, David J. *The Neuroscience of Emotion: A New Synthesis*. Princeton UP, 2018. 32면 참조.

5 Bernstein, W.M. *A Basic Theory of Neuropsychoanalysis*. London: Karnac Books, 2011, 5면: "War veteran knows that there is no enemies around the corner, but there is no "realization" of the knowledge. It does not work to reduce anxiety."

6 Martha Nussbaum. "Emotions as Judgement of Value and Importance." *Thinking about Feeling: Contemporary Philosophers on Emotions*. Ed. Robert C. Solomon. Oxford: Oxford UP, 2004, 183-199면.

7 W. M. Bernstein, *A Basic Theory of Neuro-Psychoanalysis*, London: Karnac Books, 2011, 6면: "Conceptual activity is more pleasurable than merely sensing information." This is because: "The brain's association areas have the greatest density of mu-opioid receptors." 9면: "Sensation needs to be corrected by cognition to know the truth of what is going on in the external world and inside of the body and brain."

8 Bernstein, 2011, 39면: "the human is potentially most driven by the wish to learn and create better reality-explaining ideas."

9 Kandel, Eric R & Squire, Larry R. "Neuroscience: Breaking Down Scientific Barriers to the study of Brain and Mind." *Science*, vol. 290, issue 5494. 11/10/2000 참조

10 현상학자 베르그송은 물질과 기억으로, 후설은 '지향성'으로 이런 연결 고리를 표현했고 하이데거는 의식이 세상과의 관계 속에서 의미를 만들어내기에 존재를 'Being-in-the world'로 표기했다. 메를로퐁티는 장님의 지팡이로 예를 들었다. 장님은 지팡이라는 물질을 통해 인지하고 판단한다는 뜻이다. 하이데거를 존경했던 라캉은 욕망의 공식을 $<>a로 표현했는데 의식은 대상과의 관계를 떠날 수 없고 그 대상은 시간에 따라 변하기에 주체는 판타지 속에서 대상을 본다는 뜻이다. 모두 제임스가 『심리학 원리』에서 밝힌 생각thought의 특징인 의도성, 주관성, 관계성, 연속성을 발전시킨 철학이다.

11 Lucille B. Ritvo. *Darwin's Influence on Freud: A Tale of Two Sciences*. New Haven: Yale University Press, 1990, 54면.

12 Erick R. Kandel. *The Age of Insight*. New York: Random House, 2012, 53면.

13 The Complete Letters of Sigmund Freud to Wilhelm Fliess 1887-1904. Trans. & Ed. J. M. Masson. *Mass*, Cambridge: Harvard University Press, 1985, 207-208면.

14 William James. "What is an Emotion?" *Mind* 9.34(April. 1884): 188-205면. "Taken together, they appear to prove that there are pleasure and pains inherent in certain forms of nerve-action as such, wherever that action occur"(189).

15 기억에 관한 HERA 모델과 자의식에 관련된 툴빙의 두 논문을 소개한다. Lars Nyberg, Roberto Cabeza, and Endel Tulving. "PET Studies of encoding and retrieval: The HERA Model." *Psychonomic Bulletin & Review* 3.2 (1996): 135-148면, 그리고 Mark A. Wheeler, Donald T. Stuss & Endel Tulving. "Toward a Theory of Episodic Memory: The Frontal Lobes and Autonoetic Consciousness." *Psychological Bulletin* 121.3(1997): 331-354면이다.

16 Mancia, Mauro. *Feeling the Words: Neuropsychoanalytic Understanding of memory and the Unconscious*. Trans. Judy Baggot. New York: Routledge, 2007.

17 Elizabeth A. Kensinger. "Negative Emotion Enhances Memory Accuracy."

Current Directions in Psychological Science 16.4(2007): 213-218, 216면.

18 Ledoux, Joseph E. "Emotion, memory and the Brain" *The Hidden Mind*, Scientific American 2002, 62-71면.

19 Joseph Ledoux. *Anxious: Using the Brain to Understand and Treat Fear and Anxiety*. New York: Penguin Books, 2016. 조지프 르두. 『불안: 불안과 공포의 뇌과학』. 임지원 옮김, 서울: 인벤션, 2018, 43면 참조.

20 Antonio Damasio. *The Strange Order of Things*. New York: Pantheon Books, 2018, 101면.

21 Gerald M. Edelman, *Wider than the Sky: the Phenomenal Gift of Consciousness*. New Haven: Yale UP, 2004, 111면.

22 William James, "Emotion." Emotion is also a form of information processing...therefore a form of cognition. *The Principles of Psychology*, 1권 349, 352면.

23 에밀리 디킨슨의 시, 전문과 제럴드 에델먼의 책에 관한 서술은 필자의 책 『생각의 속임수: 인공지능이 따라 하지 못할 인문학적 뇌』(글항아리, 2018), 109, 110면 참조.

24 20세기 서사이론들 가운데 자유간접화법을 체계적으로 다룬 두 저술서는 코온 Dorrit Cohn의 「투명한 마음Transparent Minds」, Princeton, 1978과 스탄젤F. K. Stanzel의 「서사이론A Theory of Narratve」, Cambridge UP, 1984이다. 콘은 이를 "서술된 독백," 스탄젤은 "free indirect style" 이라 불렀다. 권택영, 『소설을 어떻게 볼 것인가』, 문예출판사, 1995, 269-271, 353면 참조.

25 Robert C. Solomon. "Emotions, Thought, and Feelings." *Thinking About Feeling*, 2004, 88면: "Feelings are not just sensations, nor are they mysterious affects, but felt bodily engagements with the world."

26 Ralph Adolphs & David J. Anderson. *The Neuroscience of Emotion: A New Synthesis*. Princeton UP, 2018. 68면에 도표가 있음.

27 Jaak Panksepp & Lucy Biven, *The Archeology of Mind: Neuro-evolutionary Origins of Human Emotions*. New York: Norton, 2012, 35면 참조.

28 Diana Fosha, Daniel J. Siegel, & Marion F. Solomon et al. *The Healing Power of Emotion: Affective Neuroscience, Development and Clinical Practice*. A Norton Professional Book, 2009. 『감정의 치유력』, 노경선·김건종 옮김, 서울: NUN 출판사. 2013, 19-46면.

29 Haakon G. Engen & Michael C. Anderson. "Memory Control: A Fundamental Mechanism of Emotion Regulation." *Trends in Cognitive Sciences* 22.11(2018): 982-995면.

30 Margee Kerr, Greg J, Siegle, & Johala Orsini. "Voluntary Arousing Negative Experiences (VANE): Why we like to be scared." *Emotion*, 19.4(2018): 682-698면.

31 William James, "What is Emotion?" *Mind* 9.34(1884): 188-205, 190면.

32 예를 들어 Michael A. Arbibd 와 Jean-Marc Fellous는 논문, "Emotions: from brain to robot." *Trends in Cognitive Sciences* (8.12) 2004, 554-561면에서 로봇에게 감정을 주입할 수 있다는 제한적 가능성에 대해 언급한다.

33 Keith Oatley and P.N. Johnson-Laird. "Cognitive Approaches to Emotions." *Trends in Cognitive Sciences* 18.3(2014): 134-140, 75면 참조.

34 오펜하임과 번스타인의 책을 소개한다. Lois Oppenheim. *A Curious Intimacy*, Routledge, 2005, 5면과 23면 참조. W. M. Bernstein. *A Basic Theory of Neuropsychoanalysis*. London: Karnac Books, 2011, 9면과 65면 인용(필자의 줄임).

35 Gyorgy Buzsaki & David Tingley. "Space and Time: The Hippocampus as a Sequence Generator." *Trends in Cognitive Sciences* 22.10 (2018): 853-869면.

36 Damasio, Antonio. *Self Comes to Mind*. New York: Pantheon Books, 2010, 56면 참조.

37 William James. "What is an Emotion?" *Mind* 9.34(Apr. 1884): 188-205, 201-202면 인용.

38 Andrea Lavazza. "Art as a Metaphor of the Mind: A neo-Jamesian Aesthetics embracing Phenomenology, Neuroscience, and Evolution." *Phenom Cogn Sci* (2009) 8: 159-182, 171면.

39 이와 관련된 캔델의 책 두 권을 소개한다. 벨라스케스의 그림에 관한 것은 Eric R. Kandel. *An Age of Insight*. NY: Random House, 2012, 397-398면을 참조. 얼굴에 대한 언급은 "Two Modernist Approaches to Linking Art and Science." *American Imago* 70.3(2013): 315-340면 참조.

40 Ellen Dissanayake, *Homo Aestheticsus*. Univ of Washington Press, The Free Press, 1995, 115면 참조.

41 Gallagher, Shaun & Daniel Schmicking eds. *Handbook of Phenomenology and Cognitive Science*. NY: Springer, 2010. Ratcliffe, Matthew, "The Phenomenology and Neurobiology of Moods and Emotions." 123-140, 132면 참조.

42 Efrat Ginot. "Self-Narratives and Dysregulated Affective States." *American Psychological Association* 29.1(2012): 59-80, 63면.

43 Leslie Brothers. "A Biological Perspective on Empathy." *The American Journal of Psychiatry*. 146.1(Jan. 1989): 10-19, 13면.

44 Vittorio Gallese, "Neuroscience and Phenomenology." *Phenomenology and Mind* 1(2011):33-48면.

45 Jacques Lacan, "Kant with Sade." Trans. James B. Swenson Jr. *October 51*, MIT Press, 1989, 55-75면.

46 여기에 사용된 텍스트는 2009년 영국 옥스퍼드대학 출판부에서 나온 The Portrait of a Lady이다. 인용은 괄호 안에 면수로 표시함.

47 Henry James. *The Contemporary Reviews*. Ed. Kevin J, Hayes. Cambridge: Cambridge UP, 1996. 『New York Tribune』지 서평은 134면, 『캘리포니언지』의 서평은 140면 참조.

48 Hillis Miller. "What is Kiss? Isabel's Moments of Decision." *Critical Inquiry* 31(2005): 722-746면.

49 Michael Gora. *Portrait of a Novel: Henry James and the Making of an American Masterpiece*. New York: Liveright, 2012, 235면. 헨리는 형에게 1884년 *Mind* 지에 실린 글에 경이를 표했다. 그 글은 「감정이란 무엇인가What is an Emotion」이다. *Mind* 9.34(1884): 188-205면.

50 Hugh Walpole, "James's Friendships," *In Henry James: Interviews and Recollections*. Ed. Norman Page. New York: Macmillan, 1984, 22-26, 23면 참조

참고문헌

Adolphs, Ralph. "Who are We?" *Science* Vol. 323, Jan 30, 2009, p. 585.

Adolphs, Ralph & David J. Anderson. *The Neuroscience of Emotions: A New Synthesis*. Princeton: Princeton UP, 2018.

Arbibd, Michael A. & Jean-Marc Fellous. "Emotions: from brain to robot. *Trends in Cognitive Sciences* (8.12) 2004, 554-561.

Aristotle. "Poetics." *Critical Theory Since Plato. Ed. Harzard Adams*. New York: H.B. Jovanovich Inc., 1971, pp. 47-178.

Bahn, Geon Ho, Teckyoung Kwon, & Minha Hong. "Empathy in Medical Education." *Psychology and Neurobiology of Empathy*. Eds. Watt, Douglas F. & Jaak Panksepp, New York: Nova Biomedical Publisher, 2017, pp. 229-258.

Barrett Risa Feldman. *How Emotions are Made?* New York: Marina Books, 2017.

Bergson, Henri. *Matter and Memory*. Tr. Nancy Margaret Paul & W. Scott Palmer. New York: Dover Pub., Inc., 2004. (1910).

Berlin, Heather A. "The Neural Basis of the Dynamic Unconscious: Response to Commentaries." *Neuropsychoanalysis* 13.1(2011): 63-71.

Bernstein. W.M. *A Basic Theory of Neuropsychoanalysis*. London: Karnac Books,

2011.

Bohart, Arthur C. and Leslie S. Greenberg. Eds. *Empathy Reconsidered: New Directions in Psychotherapy*. Washington DC: American Psychological Association, 1997.

Braten, Stein ed. *On Being Moved: From Mirror Neurons to Empathy*. Amsterdam: John Benjamins Publishing Co., 2007.

Brothers, Leslie. "A Biological Perspective on Empathy." *The American Journal of Psychiatry*. 146.1(Jan. 1989): 10-19.

Buzsaki, Gyorgy & David Tingley. "Space and Time: The Hippocampus as a Sequence Generator." *Trends in Cognitive Sciences* 22.10 (2018): 853-869.

Carre, Arnaud, et al. "The Basic Empathy Scale in Adults (BES-A)." *Psychological Assessment* 25.3 (2013): 679-691.

Carroll, Joseph. *Reading Human Nature: Literary Darwinism in Theory and Practice*. Albany: SUNY Press, 2011.

Cohn, Dorrit. *Transparent Minds*. Princeton: Princeton University Press, 1978.

Damasio, Antonio. *Descartes' Error: Emotion, Reason and Human Brain*. New York: Penguin Books, 1994.

-----. "A Second Chance for Emotion." *Cognitive Neuroscience of Emotion*. Eds. R.D. Lane, Richard D. Lane, & Lynn Nadel. Oxford: Oxford University Press, 2000, pp. 12-23.

-----. *Looking for Spinoza: Joy, Sorrow, and the Feeling Brain*, Harcourt: A Harvest Book, 2003.

-----. *Self Comes to Mind: Constructing the Conscious Brain*. New York: Pantheon Books, 2010.

-----. *The Strange Order of Things*. New York: Pantheon Books, 2018.

de Vignemont, Frederique. "Knowing Other Peoples's Mental States as if They Were One's Own." Eds. Shaun Gallagher & Daniel Schmicking. *Handbook of Phenomenology and Cognitive Science*. New York: Springer, 2010, pp. 283-299.

de Vignemont Frederique & Tania Singer. "The empathic brain: how, when, and why?" *Trends in Cognitive Science* 10.10(2006): 435-441.

de Waal, Frans. *The Age of Empathy: Nature's Lessons for a Kinder Society*. New York: Three Rivers Press, 2009.

Decety, Jean and William Ickes eds. *The Social Neuroscience of Empathy*.

Cambridge, Mass.: A Bradford Book, the MIT Press, 2011.

Deigh, John. "Empathy and Universalizability." *Ethics* 105 (July 1995): 743-763.

Dissanayake, Ellen. *Homo Aestheticus: Where Art Comes from and Why*. Seattle: University of Washington Press, 1995.

Dqbrowski, Andrzej. "Emotions in Philosophy: A Short Introduction." *Studia Humana* 5.3(2016): 8-20.

Edelman, Gerald, M. *Wider than the Sky: the Phenomenal Gift of Consciousness*. New Haven: Yale University Press, 2004.

-----. *Second Nature: brain science and human knowledge*. New Haven: Yale University Press, 2006.

Elliott, Robert, Arthur C. Bohart, Jeanne C. Watson, & Leslie S. Greenberg. "Empathy." *Psychotherapy* 48.1(2011): 43-49.

Engen, Haakon G. & Michael C. Anderson. "Memory Control: A Fundamental Mechanism of Emotion Regulation." *Trends in Cognitive Sciences* 22.11(2018): 982-995.

Fitzgerald, F. Scott. (1925). *The Great Gatsby*. Oxford World's Classics. Oxford: Oxford University Press, 2008.

Freud, Sigmund. *Autobiography*. Trans. James Strachey. New York: Norton, 1935.

-----. "Project for a Scientific Psychology." *The Standard Edition of the Complete Psychological Works of Sigmund Freud*. Ed. & Trans. James Strachey. New York: Norton, Vol. 1, 281–397.

-----. "Screen Memories." *Standard Edition*. 3: 301–22.

-----. "Three Essays on the Theory of Sexuality." *Standard Edition*. 7: 123-243.

-----. "Remembering, Repeating, and Working-Through." *Standard Edition*. 12: 145–156.

-----. "Totem and Taboo." *Standard Edition*. 13: 1-161.

-----. "Mourning and Melancholia." *Standard Edition*. 14: 237-258.

-----. "From the History of an Infantile Neurosis." *Standard Edition*. 17: 3 –123.

-----. The Uncanny. 17: 217-252.

-----. "Beyond the Pleasure Principle." *Standard Edition*. 18: 1-63.

-----. "Group Psychology and the Analysis of the Ego. *Standard Edition*. 18: 65-143.

-----. "The Ego and the Id." *Standard Edition*. 19: 1-59.

-----. "A Notes upon the "Mystic Writing-Pad." *Standard Edition*. 19: 225-232.

-----. "Inhibitions, Symptoms, and Anxiety." *Standard Edition*. 20: 75-172.

-----. "Humour." *Standard Edition*. 21: 159-166.

-----. *The Complete Letters of Sigmund Freud to Wilhelm Fliess* 1887-1904. Trans. & Ed. J. M. Masson. Mass, Cambridge: Harvard University Press, 1985.

Freedberg, David & Vittorio Gallese. "Motion, emotion and empathy in esthetic experience." *Trends in Cognitive Sciences* 11.5(2007): 197-203.

Gallese, Vittorio. "The Root of Empathy." *Psychopathology* 36(2003): 171-180.

-----. "Toward a Neuroscience of Empathy: Integrating Affective and Cognitive Perspectives." *Neuro-Psychoanalysis* 9.2 (2007): 146-151.

-----. "Mirror Neurons and the Social Nature of Language." *Social Neuroscience* 3.4(2008): 317-333.

-----. "Mirror Neurons, Embodied Simulation, and the Neural Basis of Social Identification." *Psychoanalytic Dialogues* 19(2009): 519-536.

-----. "Neuroscience and Phenomenology." *Phenomenology and Mind 1*(2011):33-48.

Gendron, M & L.F. Berrett Gendron . "Reconstructing the Past: A Century of Idears About Emotion in Psychology." *Emotion Review* 1.4(2009): 316-339.

Ginot, Efrat. "Self-Narratives and Dysregulated Affective States." *Psychoanalytic Psychology* 29.1(2012): 59-80.

Goldie, Peter, ed. *The Oxford Handbook of Philosophy of Emotions*. Oxford: Oxford University press, 2012.

Goldie, Peter. "Anti-Empathy." *In Empathy: Philosophical and Psychological Perspectives*. Eds. Amy Coplan & Peter Goldie. Oxford: Oxford University Press, 2014, 302-317.

Goldman, Alvin I. "Two Routes to Empathy: Insights from Cognitive Neuroscience."*In Empathy: Philosophical and Psychological Perspectives*. Eds. Amy Coplan & Peter Goldie. Oxford: Oxford University Press, 2011, 2014, 31-44.

Heidegger, Martin. "The Question of Concerning Technology." *Basic Writings*. Ed. David Farrell Krell. HarperCollins, 1977, 1993, pp. 311-341.

-----. *What is Called Thinking?* Trans. J. Glenn Gray. New York: Prennial, HarperCollins, 1976, 2004.

Hustvedt, Siri. "Three Emotional Stories: Reflections on Memory, the Imagination, Narrative, and the Self." *Neuropsychoanalysis* 13.2(2011): 187-196.

Iacoboni, Marco. "Imitation, Empathy, and Mirror Neurons." *Annu. Rev. Psychol*.

60(2009): 653-70.

James, Henry. "The Beast in the Jungle." *The Short Stories of Henry James*. New York: A Modern Library Giant, 1945, pp. 548-602.

-----. *The Turn of the Screw*. New York: Dover Publications, Inc. (1898) 1991.

-----. *The Portrait of a Lady*. Oxford: Oxford University Press, 2009.

-----. *The Ambassadors*. New York: Penguin Classics, 1903, 2008.

James, William. *The Principles of Psychology Vol. 1 & 2*. Digireads. com Publishing 2010. Print. 원래 1890년 Dover Publisher에서 출간되었음.

-----. "What is an Emotion?" *Mind* 9.34(April 1884): 188-205.

-----. "The Physical Basis of Emotion." *Psychological Review* 1(1894): 516-529.

-----. "Does 'Consciousness' Exist? *Journal of Philosophy, Psychology, and Scientific Methods 1*(1904): 477-491.

Jensen, Rasmus T. & Moran, Dermot. "Introduction: intersubjectivity and empathy." *Phenom Cogn Sci* 11(2012): 125-133.

Jolly, Alison. "The Social Origin of Mind." *Science* Vol. 317 (7 Sept. 2007): 1326-1327.

Kandel, Eric R. "Neuroscience: Breaking Down Scientific Barriers to the Study of Brain and Mind." *Science*. Nov. 10, 2000. Vol. 290, Issue 5494.

-----. "Two Modernist Approaches to Linking Art and Science." *American Imago* 70.3(2013): 315-340.

-----. *The Age of Insight*. New York: Random House, 2012.

Kandel, Eric R & Squire, Larry R. "Neuroscience: Breaking Down Scientific Barriers to the study of Brain and Mind." *Science*, vol. 290, issue 5494. 11/10/2000.

Kant, Immanuel. "The Critique of Judgement." *Continental Aesthetics*, 5-27.

Katz, Robert L. *Empathy: Its Nature and Uses*. London: The Free Publisher of Glencoe, 1963.

Keen, Ernest. "Emotional Narratives: Depression as Sadness—Anxiety as Fear." *The Humanistic Psychologist*, 39(2011): 66-70.

Keen, Susanne. *Empathy and the Novel*. New York: Oxford University Press, 2007.

Kensinger, Elizabeth A. "Negative Emotion Enhances Memory Accuracy: Behavioral and Neuroimaging Evidence." *Current Directions in Psychological Science*. 16.4(2007): 213-218.

Kerr, Margee, Siegle, Greg J. & Johala Orsini. "Voluntary Arousing Negative Experiences (VANE): Why we like to be scared." *Emotion*, 19.4(2018): 682-698.

Kohut, Heinz. "On Empathy." *International Journal of Psychoanalytic Self Psychology* 5(2010): 122-131.

Konstan, David. "Affect and Emotion in Greek Literature." Online pulication. Oct 2015. Printed from *Oxford Handbooks Online*, Oxford UP, 2018.

Kris, Ernst. *Psychoanalytic Explorations in Art*. Madison: International Universities Press, (1952), 2000.

Krznaric, Roman. *Empathy: Why it Matters and How to Get it*. New York: A. Perigee Book, 2015.

Kwon, Teckyoung. "Materiality of Remembering: Freud's Wolf Man and Biological Dimension of Memory." *New Literary History* 41.1 (2010): 213-232.

-----."Nabokov's Memory War against Freud." *American Imago* 68.1(2011): 67-91.

-----. "Love as an Act of Dissimulation in'The Beast in the Jungle." *Henry James Review* 36.2(2015):148-162.

-----. *Nabokov's Mimicry of Freud.: Art as Science*. Larham, Maryland: Lexington Books, Rowman & Littlefield, 2017.

Lacan, Jacques, "Kant with Sade." Trans. James B. Swenson Jr. *October 51*, MIT Press, 1989, pp. 55-75.

-----. *Ecrits: The First Complete Edition in English*. Ed. J-A. Miller Trans. Bruce Fink. New York: Norton, 2006.

-----. *The Four Fundamental Concepts of Psychoanalysis*. Ed. J-A Miller, Trans. Alan Sheridan. New York: Norton, 1981.

Iacoboni, Marco. "Imitation, Empathy, and Mirror Neurons." *Annu. Rev. Psychol.* 60(2009): 653-70.

Lavazza, Andrea. "Art as a Metaphor of the Mind: A Neo-Jamesian Aesthetics embracing phenomenology, neuroscience, and Evolution." *Phenom Cogn Sci 8* (2009): 159-182.

Leslie, Alan M. "Pretense and Representation: The Origins of 'Theory of Mind'." *Psychological Review* 94.4(1987): 412-426.

Ledoux, Joseph. E. *The Emotional Brain: The Mysterious Underpinnings of Emotional Life*. New York: A Touchstone Book, 1996.

-----. "Emotion, Memory, and the Brain." *The Hidden Mind*. Scientific American, INC. 2002, 62-71. www.sciam.com

-----. *Anxious: Using the Brain to Understand and Treat Fear and Anxiety*. Penguin

Books, 2016.

Lindquist, Kristen A. & L.F. Barrett, et al. "Language and the Perception of Emotion." *Emotion* 6.1(2006): 125-138.

Lodge, David. *Consciousness and the Novel*. Cambridge: Harvard University Press, 2002.

Lohmar, Dieter. "Mirror neurons and the phenomenology of intersubjectivity." *Phenomenology and the Cognitive Science* 5 (2006): 5-16.

Lorblanchet, Michel. "The Origin of Art." *Diogenes* 54.2(2007): 98-109.

Mauro, Mancia. *Feeling the Words: Neuropsychoanalytic Understanding of Memory and the Unconscious*. Tr. Judy Baggott. London: Routledge, 2007.

McGilcjrist, Iain. *The Master and His Emissary: The Divided Brain and the Making of the Western World*. New Haven: Yale University Press. 2009.

McNally, Gavan P. et al. "Placing Prediction into the Fear Circuit." *Trends in Neuroscience* 34.6(2011): 283-292.

Merleau-Ponty, Maurice. *Phenomenology of Perception*. Trans. Colin Smith. New York: Routledge Classics, 2002.

Michael, John. "Mirror systems and simulation: a neo-empiricist interpretation." *Phenom Cogn. Sci* 11(2012): 565-582.

Miller, Greg. "A Surping Connection between Memory and Imagination." *Science* 315(19 Jan. 2007): 312.

Nietzsche, Friedrich. "The Birth of Tragedy."*Continental Aesthetics*. Eds. Richard Kearney & David Rasmussen. Mass: Blackwell Pub, 2001, 143-156.

Nussbaum, Martha C. *Upheavals of Thought: The Intelligence of Emotions*. Cambridge: Cambridge University Press, 2001.

-----. "Emotions as Judgement of Value and Importance." *Thinking about Feeling: Contemporary Philosophers on Emotions*. Ed. Robert C. Solomon. Oxford: Oxford UP, 2004, 183-199.

Nyberg, Lars, Roberto Cabeza, and Endel Tulving. "PET Studies of encoding and retrieval: The HERA Model." *Psychonomic Bulletin & Review* 3.2 (1996): 135-148.

Oatley, Keith & P.N. Johnson-Laird. "Cognitive Approaches to Emotions." *Trends in Cognitive Sciences* 18.3(2014): 134-140.

Obinson, Jenefer. "Emotions and the Understanding Narrative." Ed. Hagberg, Gerry L. *A Companion to the Philosophy of Literature*. England: Wiley-Blackwell, 2010, pp. 71-92.

Ochsner, K. N. and J. J. Gross. "The Cognitive Control of Emotion." *Trends in Cognitive Science* 9.5(2005): 242-249.

Onega, Susana. "Affective Knowledge, Self-awareness and the Function of Myth in the Representation and Transmission of Trauma. *JLT* 6.1(2010): 83-111.

Oppenheim, Lois. *A Curious Intimacy: Art and Neuro-Psychoanalysis*. New York: Routledge, 2005.

Panksepp, Jaak. *Affective Neuroscience: The Foundations of Human and Animal Emotions*. Oxford: Oxford University Press, 1998.

-----. "The Core Emotional Systems of the Mammalian Brain." *About a Body*. New York: Routledge, 2006. pp. 14-32.

-----. "The 'Dynamic Unconscious' May be Experienced: Can we Discuss Unconscious Emotions When There Are no Adequate Measures of Affective Changes?" *Neuropsychoanalysis* 13.1(2011): 51-59.

Panksepp, Jaak & Lucy Biven. *The Archaeology of Mind: Neuroevolutionary Origins of Human Emotions*. New York: Norton, 2012.

Phelps, Elizabeth A. "Human emotion and memory: interactions of the amygdala and hippocampal complex." *Current Opinion in Neurobiology*. 14(2004): 198-202.

Plato. "Republic." *Critical Theory Since Plato*. Ed. Hazard Adams. New York: H. B. Jovanovich Inc, 1971, pp. 19-41.

Rateliffe, Matthew. "The Phenomenology and Neurobiology of Moods and Emotions." *Handbook of Phenomenology and Cognitive Science*. Eds. Shaun Gallagher & Daniel Schmicking. Springer, 2010, pp. 123-140.

Ritvo, Lucille B. *Darwin's Influence on Freud: A Tale of Two Sciences*. New Haven: Yale University Press, 1990.

Rizzolatti, Giacomo. & Craighero, Laila. "The Mirror-Neuron System." *Annu. Rev. Neuroscience* 27(2004):169-92.

Schacter, Daniel L. *Searching for Memory: The Brain, the Mind, and the Past*. New York: Basic Books, 1996.

Schacter, Daniel L., Kenneth A. Norman, & Willma Koutstaal. "The Cognitive Neuroscience of Constructive Memory." *Annu. Rev. Psychol*. 49(1998): 289-318.

Schore, Allan N. "A Century after Freud's Project: is a rapprochement between psychoanalysis and neurobiology at hand?" *Journal of American Psychology*

Association 45.3(1997): 807-840.

Singer, Jefferson A. & Peter Salovey. *The Remembered Self: Emotion and Memory in Personality*. New York: The Free Press, 1993.

Sokolon, Marlene. K. *Political Emotions: Aristotle and the Symphony of Reason and Emotion*. Dekalb: Northern Illinois University Press, 2006.

Solomon, Robert C. ed. *What is an Emotion?: Classic and Contemporary Readings*. Oxford: Oxford University Press, 2003.

----- ed. *Thinking about Feeling: Contemporary Philosophers on Emotions*. Oxford: Oxford University Press, 2004.

Sophocles 1. Ed. and Trans. Hugh LLoyd-Jones. Cambridge: Harvard University Press, 1994, 1997.

Stanzel, F. K. *The Theory of Narrative*. Cambridge: Cambridge University Press, 1984.

Svendsen, Lars. *A Philosophy of Fear*. London: Reaktion Books, 2008.

Tulving, Endel & Martin Lepage. "Where in the Brain Is the Awareness of One's Past?" *Memory, Brain, and Belief*. Eds. Daniel L. Schacter & Elain Scarry. Cambridge: Harvard University Press, 2000, 2001.

Tyng, Chai M., Hafeez U. Amin, Mohamad N. M. Saad, and Aamir S. Malik. "The Influences of Emotion on Learning and Memory." *Front Psychol*, 8.1454(2017): 1-12.

Uddin, Lucina Q, Marco Iacoboni, Claudia Lange, & Julian P. Keenan. "The self and social cognition: the role of cortical midline structures and mirror neurons." *Trends in Cognitive Sciences* 11.4(2007): 153-157.

Watt, Douglas. "Toward a Neuroscience of Empathy: Integrating Affective and Cognitive Perspectives." *Neuro-Psychoanalysis* 9.2(2007): 119-140.

Wheeler, Mark A., Donald T. Stuss & Endel Tulving. "Toward a Theory of Episodic Memory: The Frontal Lobes and Autonoetic Consciousness." *Psychological Bulletin* 121.3(1997): 331-354.

권택영, 『생각의 속임수』. 글항아리, 2018

-----, 『소설을 어떻게 볼 것인가』, 문예출판사. 1995.

리처드 도킨스, 『이기적 유전자』. 홍영남, 이상임 옮김, 을유 문화사, 2010. Richard Dawkins. *The Selfish Gene*, Oxford: Oxford University Press, 1976.

리사 펠드먼 배럿, 『감정은 어떻게 만들어지나』, 생각연구소, 2017

사이먼 바론-코헨, 『공감제로』 홍승효 옮김. 서울: 사이언스 북스, 2013. Baron-Cohen, Simon. *Zero Degree of Empathy*. New York: Penguin Books, 2011.

데브 팻나이크, 『호모 엠파티쿠스: 공감하는 인간』. 주철범 옮김, 서울: 이상 미디어출판 사, 2016년, Dev Patnaik. Wired to Care. New York: Person Education Inc., 2009.

『뇌와 기억, 그리고 신념의 형성』 한국 신경인지기능 연구회, 권준수 외 11인 번역, 스그 마프레스(주), 2004. Schacter, Daniel L. & Elain Scarry eds. Memory, Brain, and Belief. Harvard UP, 2000, 2001.

『감정의 치유력』, 노경선·김건종 옮김, 서울: NUN 출판사. 2013. Fosha, Diana, Daniel J. Siegel, and Marion F. Solomon et al. *The Healing Power of Emotion: Affective Neuroscience, Development and Clinical Practice*. A Norton Professional Book, 2009.

조지프 르두, 『불안: 불안과 공포의 뇌과학』. 임지원 옮김, 서울: 인벤션, 2018. Joseph Ledoux. *Anxious: Using the Brain to Understand and Treat Fear and Anxiety*. New York: Penguin Books, 2016.

소포클레스, 「오이디푸스 왕」, 「안티고네」『소포클레스 비극』. 최병희 옮김, 단국대학교 출판부, 1998.

안톤 체호프, 「갈매기」

-----, 「귀여운 여인」

랠프 월도 에머슨, 「자긍Self-Reliance」.

찰스 디킨스, 『위대한 유산*The Great Expectations*』

마크 트웨인, 『허클베리 핀의 모험*The Adventure of Huckleberry Finn*』

윌리엄 셰익스피어, 『로미오와 줄리엣』, 『한여름 밤의 꿈』『햄릿』

헨리 데이비드 소로, 『월든*Walden*』

시

김소월, 「먼 후일」

정지용, 「호수」

천상병, 「귀천」

영화

「가을의 전설Legends of the Fall」

「대미지Fatale, Damage」

「바람과 함께 사라지다Gone with the Wind」
「빅 컨추리The Big Country」
「인사이드 아웃Inside Out」
「용서받지 못한 자The Unforgiven」
「흐르는 강물처럼A River Runs through It」
「트와일라잇Twilight」

노래

<마이웨이My way>
<셸로Shallow>
<네가 여기 있으면 좋을 텐데Wish you were here>
<시간은 어디로 가나?Where does the Time Go?>
<광화문 연가>
<천상재회>
<여백>

William James and Henry James

Anderson, Charles R. *Person, Place, and Thing in Henry James's Novels*. Durham: Duke University Press, 1977.

Fessenbecker, Patrick. "Freedom, Self-Obligation, and Selfhood in Henry James." *Nineteenth-Century Literature* 66.1(2011): 69-95.

Fogel, Daniel Mark. "Framing James's Portrait: An Introduction." *The Henry James Review* 7.2/3(1986): 1-6.

Gavin, Alice. "Thinking room and thought streams in Henry and William James." *Textual Practice* 26.5(2012): 871-893.

Gorra, Michael. *Portrait of a Novel: Henry James and the Making of an American Masterpiece*, New York: Liveright, 2012.

Hammond, Meghan. M. "Into Other Minds: William and Henry James." in *Empathy and the Psychology of Literary Modernism*. Edinburgh: Edinburgh UP, 2014. Chapter 1, pp. 32-59.

James, Henry. *The Portrait of a Lady* (1881-1882). Oxford: Oxford University Press, 2009.

-----. *Henry James: Interviews and Recollections*. Ed. Norman Page, London: Macmillan, 1984.

-----. *Henry James: the Contemporary Reviews*. Ed. Kevin J. Hayes. Cambridge: Cambridge University Press, 1996.

Jones, Peter. "Pragmatism and The Portrait of a Lady." *Philosophy and Literature*. 5.1(1981): 49-61.

Levin, Jonathan & Sheldon M. Novick. "Realism and Imagination in the Thought of Henry and William James: A Conversation." *The Henry James Review* 18.3(1997): 297-307.

McMaster, Juliet. "The Portrait of Isabel Archer." *American Literature* 45(1973): 50-66.

Miller, Hillis J. "What Is a Kiss? Isabel's Moments of Decision." *Critical Inquiry* 31(2005): 721-746.

-----. *Literature as Conduct: Speech Act in Henry James*. New York: Fordham University Press, 2005.

Novak, Frank G. JR. "'Strangely Fertilizing': Henry James' Venice and Isabel Archer's Rome." *American Literary Realism* 45.2(2013): 146-164.

Page, Norman. *Henry James: Interviews and Recollections*. London: Macmillan, 1984.

Power, Lydall H. "Visions and Revisions: The Past Rewritten." *The Henry James Review* 7.2/3(1986): 105-116.

Schuetz, Alfred. "William James's Concept of the Stream of Thought Phenomenologically Interpreted." *Philosophy and Phenomenological Research* 1.1(1941): 442-452.

Walker, Casey M. "Intimate Cities: The Portrait of a Lady and the Poetics of Metropolitan Space." *Studies in the Novel* 45.2(2013): 161-177.

Walpole, Hugh. "James's Friendships," *In Henry James: Interviews and Recollections*. Ed. Norman Page. New York: Macmillan, 1984, 22-26.

Wells, Hannah. "What Henry Gave to William." *The Henry James Review* 35(2014): 34-47.

감정 연구

감정 연구

감정 연구
– 따뜻하고 친근한 감정의 힘

ⓒ 권택영

1판 1쇄	2021년 7월 2일
1판 2쇄	2022년 10월 19일

지은이	권택영
펴낸이	강성민
편집장	이은혜
편집	진상원
마케팅	정민호 이숙재 김도윤 한민아 정진아 이민경 정유선 김수인
브랜딩	함유지 함근아 김희숙 고보미 박민재 박진희 정승민
제작	강신은 김동욱 임현식

펴낸곳	(주)글항아리 | 출판등록 2009년 1월 19일 제406-2009-000002호

주소	413-120 경기도 파주시 회동길 210
전자우편	bookpot@hanmail.net
전화번호	031-955-2696(마케팅) 031-955-1936(편집부)
팩스	031-955-2557

ISBN	978-89-6735-915-7 03180

이 저서는 2019년 대한민국 교육부와 한국연구재단의 인문사회분야 중견연구자원사업의
지원을 받아 수행된 연구임(NRF-2019S1A5A2A01034894)

geulhangari.com